입양의 생애주기

ADOPTION LIFE CYCLE

The Children and Their Families Through the Years

ADOPTION LIFE CYCLE: The Children and Their Families Through the Years
by Elinor B. Rosenberg

This Korean edition was published by ShinJeong Publishing in 2023 by arrangement with the original publisher, Free Press, a Division of Simon & Schuster, Inc. through KCC(Korea Copyright Center Inc.), Seoul.

입양의 생애주기

Elinor B. Rosenberg 지음

이미선 옮김

신정

지은이의 말

필자가 입양의 세계에 발을 들여놓은 것은 시몬스 칼리지의 사회사업 석사과정을 다닐 때 보스톤에 있는 부스 메모리얼 병원의 부설기관인 미혼모 시설에서 첫 번째 현장실습을 했던 1962년이었다. 그곳에서 나는 어린 나이에 출산을 하고 아동을 포기한 여성들과 그들의 가족을 위해 일을 하였다. 그들 중 일부는 몇 년이 지난 후에도 내게 연락을 해왔는데 주로 자신들이 낳았던 아기의 생일 즈음이었다. 내가 만났던 친모들은 사회경제적 배경이나, 성격 그리고 가족의 역동성 등에 있어서 매우 다양한 계층의 출신들이었다. 건강하고 사회적으로 잘 기능하는 친모들이 있는 반면 심리적으로 매우 불안한 친모들도 있었다. 대부분의 친모들은 이 양극단의 사이에 있었던 것으로 기억된다. 계획되지 않은 임신과 아동의 포기라는 사건은 친모들마다 각기 다른 의미를 갖는다.

전문가로서의 나의 첫 번째 업무는 아동보호치료센터에서의 일이었다. 그곳에서 나는 아주 소수의 입양아동과 그들의 가족들을 만나게 되었다. 그 시절에는(1964년에서 1966년까지) 입양에 관한 문헌들이 거의 없었으며, 그래서 입양에는 특별한 문제가 없다는 생각이 지배적이었다. 그러나 나는 입양가족들과 일하면서 입양아동과 그들의 가족이 직면하게 되는 특별한 문제들에 대해 여러 가지 의문점들이 생겼다. 이러한 의문점들은 나와 남편이 신생아였던 우리 아들과 딸을 각각 1966년과 1968년에 입양했을 때 까지도 여전히 해결되지 않았다. 이러한 의문점들을 좀더 조사하기 위해, 1970년대 초반에 나는 내가 일했던 미시간대학 아동정신의학과의 아동정신분석 박사인 험버토 나이게라에게 상담을 받았다. 나이게라 박사는 내게 한 가지 견해를 소개해 주었는데 입양아동의 발달적 과정이라는 새로운 개념이었다. "양부모들은 그들의 입양자녀들과 앞으로 더 고생하게 될 것입니다."라고 나이게라 박사는 말했다. 나는 나중에서야 이것이 굉장한 명언이라는 것을 깨달았다.

지난 20년 동안 나는 우리 가족의 성장을 지켜보았고 지역사회와 임상현장에서 또 다른 많은 입양가족들을 관찰하였다. 동시에 입양에 관한 중요한 문헌이 출판되기 시작하였다. 전문가로서의 나의 직업과 나의 개인적인 경험을 통해, 그리고 다른 여러 보고서들을 통하여 입양은 친부모들, 양부모들, 입양아동들 그리고 입양 서클에 연결된 모든 사람들에게 심각한 문제가 된다는 것이 점점 더 분명하게 드러났다. 어떤 사람들에게는 이러한 문제들이 매우 큰 책임으로 다가왔으며 그들의 삶의 추진력이 되었다. 또 다른 사람들에게는 이러한 문제들이 삶의 배경음악같이 내내 남겨져 있다. 또한 중요한 시기에 입양과 관련된 문제들이 나타나거나 또 다른 시기에는 사라지거나 하는 것처럼 자연스러운 흥망성쇠가 있다. 나는 이러한 문제들이 인간의 발달단계의 선상에 어떤 식으로 놓여 있으며 입양 서클의 구성원들이 그들 삶의 주기 전반에 걸쳐서 어떤 방식으로 적응하고 해결하는지를 관찰하기 시작했다.

이 책을 쓰기 위한 준비과정으로, 나는 입양 관련 그룹들, 그리고 내가 이미 알고는 있었지만 개인적으로는 거의 경험하지 못했던 입양 관련 법적·사회적 제도들과 좀 더 긴밀하게 접촉하기 시작했다. 그리고 입양 관련 컨퍼런스에 열성적으로 참가했으며 200명의 참가자로 이루어진 입양 관련 그룹에 가입했다. 나는 입양서클의 구성원이 함께 공통 관심사에 대해 토론하는 것을 좋아했다. 토론 중에는 중재자가 친부모, 양부모, 그리고 입양인의 찬반투표가 필요할 때가 있다. 친부모들과 입양인들에 대한 점잖은 지적이나 나아가 양부모들에게 박수갈채를 보내는 미숙한 지식들도 있었다. 이것은 나를 당혹스럽게 했다. 이런 유사한 일이 내가 참여했던 워크숍에서도 있었다. 내가 다른 양부모들을 지지하는 발언을 하기 위해 손을 들었을 때 내 뒤에 있던 한 여자가 "나 원 참, 세상에"라고 속삭이며 말하는 소리를 들었다. 나의 발표가 끝나고 뒤이은 토론의 시간이 지난 후에야 내가 철저하게 무식했었다는 걸 깨달았다. 즉, 양부모로서 나는 친부모와 입양인들과는 질적으로 다르다는 것을 보여주기 위해 노력했었던 것이 분명했다. 서투른 박수갈채와 비난들은 상반된 감사의 표현으로서 유복한 사람들이 그러한 모임에 참석한 다른 사람들을 충분히 배려한다는 것을 보여주는 것이었다. 또한 양부모들을 친부모와 입양인을 조사하는 사람으로서 보는 이들도 있다. 입양 서클에는 분명 강력한 정치적인 역류의 소용돌이가 있다. 이러한 현상을 관찰하면서 나는 입양

서클을 친부모, 양부모 그리고 입양인들이 그들 인생의 전반에 걸쳐 서로의 삶에 중요한 존재라는 상호 연관된 체계로서 어떻게 보이는지에 대해 글을 쓰기 위한 영감을 얻었다.

미시간 대학에서 입양의 생애주기 문제들에 대한 발표가 있은 후, 나의 동료인 모톤 케틱이 내게 다가와 "당신은 이미 책을 쓴 거나 다름없잖아요."라고 충고했다. 그 이후로 이 책을 쓸 생각을 하게 했던 그에게 신뢰와 원망을 동시에 하고 있다. 나의 친구들, 동료들 그리고 가족들 모두 내가 이 책을 쓰는 데에 많은 도움을 주었다. 그들 모두에게 감사를 드린다.

코넬 의학 센터의 패디 헤젤과 그의 연구 그룹은 입양의 생애주기 문제들에 대한 최초의 개념화 작업을 하는 데에 기여를 했다. 미시간 대학의 아동 및 가족 센터의 직원들도 이러한 개념화 문제들에 대한 추가 토론에 참여를 했다. 1991년 미시간 대학의 아동 정신의학과에서 열린 가족치료 세미나에 참가했던 멤버들은 책을 쓰기 위한 나의 자료들에 대해 세미나 기간 내내 충실하게 조언을 해줌으로써 내가 책을 쓰는 데에 몰두하게 했다. 세미나 멤버는 밥 코헨, 수잔 대로우, 죠슈아 엘리크, 브랜다 홀트, 케시 맥도날드, 프란시스 쉐클리포드, 그리고 베넷 울포였다. 그들 모두 나의 저서 작업의 틀을 형성하는 데에 도움을 주었다. 바바라 카인, 마릴린 영, 샤론 휘텐버그, 죠슈아 엘리크, 토마스 호너, 마가렛 버튼헤임, 닐 칼터, 죤 홀리너, 피터 로젠버그는 이 책의 한 부분씩을 맡아서 읽고 유용한 조언들을 해주었는데, 정말 감사드린다. 수잔 모셔 퍼거슨은 따뜻한 격려와 중요한 순간에 유용한 조언을 해주었다. 프레스 출판사의 수잔 알리아노는 날카로운 비판을 해주었으며 이 책이 독자에게 근거를 두고 맞춰서 집필되도록 굉장히 많은 도움을 주었다. 그리고 폴렛 록우드와 케롤 랄프의 뛰어난 타이핑 노록에 감사를 드리며 특히 나의 자르고 붙이는 옛날식 원고수정 방식을 잘 참고 견뎌준 점에 대해 너무나 감사를 드린다.

안드레아 에들러는 내가 이 책을 쓰겠다는 생각을 처음 했을 때부터 초조한 시간들과 완성의 시간들, 그리고 수정하는 내내 끈기 있게 읽어주기까지 최고의 전문적인 도움과 우정을 보내주었다. 또한 내가 책쓰기를 포기하려고 마음먹었을 때마다 어떻게 알았는지 내게 전화를 해서 책을 쓰도록 격려하는 기이한 능력을 보여주었다. 다만 이 책이 완성되어 읽게 되기 전까지는 입양을 하겠다는 결정을 연기하고 있는 많은 친구들이 있다는 그녀의 말이 여전히 의문으로 남아있다. 그녀의 통찰력과 지지는 이 책이 나오기까지 매우 큰 헌신이었기에 앞으로도 늘 감사할 것이다.

내 남편인 빌 로젠버그는 내가 이 책을 쓰기 훨씬 전부터 나의 작업에 참여해 왔다. 나의 노력에 대한 그의 신뢰는 여러 가지 형태로 보였다. 이 모험의 동료로서 그는 내게 조언을 하고, 지도를 하고, 자극을 주고 구슬리기도 했다. 우리는 양부모가 되기 위한 학습의 파트너였다. 무엇보다도 그는 나의 가장 친한 친구였다.

나의 아이들, 피터와 사라는 우리가 그 애들을 집으로 데려온 바로 그날부터 이 책의 집필에 중요한 기여를 하였다. 그 아이들은 그들의 경험을 내게 가르쳤으며 내가 내 자신을 좀 더 잘 이해하도록 도와주었다. 또한 필수 과제들을 완수함으로써 따르는 보상이 있다는 것을 알게 해주었고, 그들이 결코 이해할 수 없는 방법들로 나의 인생을 풍족하게 해주었다. 나는 이 책이 나와 내 남편, 우리 아이들, 그들의 친부모들, 치료자들 그리고 입양의 세계에 있는 다른 모든 사람들에게 유익하길 바라는 마음에서 쓰기 시작했다. 이 책은 모든 상황들에 대해 설명하고 있지도 않으며 특별히 명확한 해답을 제시하고 있지도 않다. 다만, 입양 서클의 안과 밖에서 살고 있는 개인과 가족들에게 적절하고 유용하길 바라는 마음일 뿐이다.

이 책은 다양한 범주의 독자들의 욕구에 최대한 맞추어 구성을 하려고 노력하였다. 각 장은 자유로운 기준에 의해 구성하였다. 친부모, 양부모, 입양인들의 발달적 과제들은 그들의 공통된 문제들에 대한 일부 논평들과 함께 각각 분리하여 설명하였다. 그들의 상호관계들은 제5장에서 중점적으로 다루었다. 임상적 개입에 대한 부분은 전문적인 접근이며 발달론적 논제들을 통합하였다. 법적·사회적 함의에 대한 최종 논의는 이 책의 전반에 걸친 발달적 과제 및 상호작용적 개념화에 근거를 두었다. 이 책이 입양과 관련된 중요한 문제들에 대한 일관된 제언과 자료집으로서 독자들이 사용하기에 적절하게 구성이 되었기를 바라는 마음이다.

옮긴이의 말

이 책의 두 번째 번역을 다시 하게 될 줄은 몰랐습니다.

이 책의 번역은 입양가족뿐만 아니라 입양아동, 친생부모, 입양기관에서 일하고 있는 전문가들, 그리고 입양에 관심이 있는 모든 사람들에게 도움이 되고자 하는 마음에서 2007년에 첫 번역서로 출판하였습니다. 그리고 15년이 지난 지금 다시 이 책의 번역서를 작업한 이유는 일부 양부모님들께서 이 책의 재출간을 요청하셨기 때문입니다. 그동안 많은 입양저서들과 역서들이 출간되었기에 이 책이 얼마나 입양가정에게 도움이 될 수 있을지는 모르겠지만, 미시간 대학의 교수이며 임상학자이자 두 아이를 입양한 양부모인 이 책의 저자가 전문가로서의 자신의 견해를 최대한 제시하고 양부모로서의 주관적인 생각은 되도록 배재하고자 애를 쓴 흔적이 곳곳에 보이는 것이 이 책이 가진 장점이라고 생각합니다. 이 책을 저술한 저자의 깊이 있는 경험과 지식을 통해 이 책이 가지고 있는 가치를 존중하여 두 번째 번역작업을 하게 되었습니다.

이번 작업을 통해 발견된 무수한 오역들과, 어색한 문구들이 너무 많이 눈에 띄어 지난번 번역본을 읽었을 분들께 부끄러움에 앞서 죄송한 마음뿐입니다. 전문번역가가 아니기에, 그리고 원저자의 의도를 충분히 전달하기 위해 숱하게 머뭇거리며 소극적으로 내용을 옮겼던 첫 작업의 결과였습니다. 이번의 재번역 작업은 몇 가지 부분을 염두에 두고 작업을 진행하였습니다.

먼저, 원작의 내용을 이해하기 쉽게 의역하는 것에 중점을 두었습니다. 원저자의 견해를 그대로 살리면서, 한국말로 이해하기 쉽도록 번역하는 것에 초점을 두어, 읽는 사람의 이해의 범주를 넓혀드리고자 하였습니다.

두 번째, 각 장마다, 원저자가 중요하게 전달하고자 하는 핵심내용이나 문장을 역자의 관점에서(역자의 경험을 어느 정도 바탕에 두었다는 점을 밝힙니다.) 간략하게 포인트로 정리하여 제시하였습니다. 포인트 내용을 따로 정리한 것은, 이 책의 각 장마다의 내용이 매우 많고, 서술 방식이 다소 장황하기 때문에, 입양을 공부하거나 처음 접하는 분들을 위해 핵심 부분을 정리하여 각 장의 이해를 돕고자 하였습니다.

세 번째, 한국 입양문화에 맞는 용어를 선택하였습니다. 입양의 용어들은 아직까지 명확하게 정의되었거나 통일되지 않았습니다. 그렇기 때문에, 현장에서, 그리고 법과 정책의 공식 문구에서 사용하는 용어를 중심으로 하였으며, 문장의 맥락에 맞추어 일부 용어는 두 가지로 혼용하기도 하였습니다. 예를 들면 불임의 영단어는 난임, birth parents는 친생부모로 번역하였습니다. 기본적으로 친생부모라는 표현으로 통일을 하였으나, 일부 대화체 문구들 중에서는 문장의 자연스러운 표현과 내용의 전달력을 위해서 '친엄마', '친모', '친자'라는 단어로 번역하였음을 널리 이해해 주시기 바랍니다.

아동복지 분야에서 오랜 역사를 갖고 있는 입양은 사실 그동안 학계를 비롯하여 사회적으로도 큰 관심을 끌지 못하였습니다. 지난 20여 년간 입양은 정책적 임상적 변화가 있었으며, 과거에 비해 다양하고 효과적인 연구들도 많이 이루어졌습니다. 매우 반가운 일이며 소중한 자료들입니다.

앞으로 이 책이 입양가족과 입양인, 그리고 친생부모를 비롯하여 입양관련 전문가들에게 도움이 되길 바랍니다. 이 책의 출판을 또다시 맡아주신 신정 출판사의 최용구 사장님께 감사의 인사를 드립니다.

2023년 10월

역자 이미선

차례

제1장

완벽한 해결책에 대한 통념

1971년, 리사와 요나단(윌리암 부부)은 아이를 입양하기 위해 뉴욕시에 있는 한 명망 있는 입양기관에 입양신청을 하였다. 일 년 후 윌리암 부부는 제니퍼 루이스라는 이름의 예쁜 여자아기를 입양하였다. 그들은 이 아기를 입양한 것을 크게 기뻐했으며 아기의 친생모가 아기가 그들에게 입양된 것을 알고 좋아했다는 말을 듣고 또한 기뻤다. 입양기관은 양부모와 친생부모에게 서로에 대한 약간의 정보를 알려주었다. 아기의 출생증명서에는 아기의 이름이 (양부모의 성을 따라) 제니퍼 윌리암으로 바뀌어서 기록되었고, 출생증명서 원본은 법원의 비밀 서류함에 보관되었다. 입양기관의 사회사업가는 리사와 요나단 부부에게, 이 아이는 다른 아이들과 마찬가지로 단지 사랑 많은 부모님이 있는 안정된 가정이 필요했던 것이며, 더이상 아무 일도 일어나지 않을 거라고 안심시켰다. 그들 모두 어떤 문제들이 생길 것이라고는 예상하지 못했다.

그 당시엔, 아동의 입양은 많은 문제들에 대한 완벽한 해결책이라고 일반적으로 생각하였다. 즉, 출산을 하기로 선택했지만 자신들의 아이를 키울 수 없는 친생부모는 아이가 보살핌을 잘 받고 양육될 수 있을 거라고 기대하며, 아이를 원하는 난임부부에게는 가족을 원하는 그들의 소원을 이루어줄 수 있을 것이고, 난임은 아니지만 좀 더 많은 가족을 원하는 부부들에게는 그들의 사회적인 욕구를 충족시켜 줄 수 있을 것이며, 부모가 필요한 아이들은 환영받는 가정을 제공받을 수 있을 것이고, 법적 · 사회적 · 의료적 체계의 아동복지 종사자들은 모두를 위한 완벽한 해결책을 제시할 수 있다는 생각에 그 어느 누구도 반대를 하지 않았다. 이렇게 볼 때 입양이라는 사회제도는 흔히 우리가 입양 서클(입양 삼자)이라고 부르는 모든 멤버들의 – 친생부모, 양부모, 입양인 – 그리고 그들을 둘러싸고 있는 사회적·법적 체계들의 욕구를 만족시키는 것처럼 보인다.

하지만 과연 그러한가? 1991년 미국 입양 의회American Adoption Congress의 연례모임에서, 입양현장에서 일하고 있는 유명한 두 명의 발표자가 '그렇지 않다'고 강력히 주장하였다. 그 대신 그들은 입양이라는 관행을 완전히 끝내기 위해서는 단순히 친척이 아닌 사람에 의한 입양을 진행할 것이 아니라, 보호가 필요한 아동을 위해 완전히 새로운 방식의 결연이 이루어져야 한다고 말했다.

문제에 대한 분명하고 간단한 해결책이라고 믿었던 이전의 생각이 사실은 많은 복잡한 과정들을 포함하고 있다는 것이 지난 수년간 드러나게 되었다. 양부모, 친생부모, 입양인의 욕구들은 입양동의를 위해 서로가 했던 서명(사인)의 의미를 완벽하게 충족시켜 주지 못하였다. 오히려 입양 삼자들은 그들의 전체 삶에 걸쳐 그들이 했던 입양동의와 관련된 중요한 문제들과 부딪히게 된다.

여러 가지 다른 입양계약들의 실행가능성과 관련된 견해를 만들기 위해서라도, 우리는 입양삼자 모두가 겪는 그들의 기쁨, 고통, 희망, 소망, 갈등 과 같은 삶의 경험들과 그들의 삶의 과정에서 그들의 존재가 상호작용하고 서로 충돌하는 방법들을 이해하여야 할 것이다. 이러한 이해만이 사회제도와 다른 현실적인 대안들 – 아직 부모가 될 준비가 안됐다고 느끼는 친생부모가 아이를 키운다거나, 그러한 상황에 놓인 부모에 의해 아동이 양육된다거나, 잠재적인 양부모들이 아이가 없는 채로 남아있게 된다거나 하는 – 을 비교했을 때 우리를 입양의 성공에 이르게 한다.

우리는 단지 대중매체나 우리 자신의 개인적인 경험을 통해서만 입양 삼자들의 삶을 막연하게 알아챌 수 있을 뿐이다. 그들이 부딪히게 되는 이런 문제들은 종종 다양한 수준들의 의미를 담은 스냅 사진처럼, 아주 짧은 순간 동안 그들 스스로를 나타내며 어떤 것들은 우리를 피해가기도 한다. 예를 들면, 우리는 저녁 5시 뉴스를 틀어 한 친생모가 신생아 때 입양을 보냈던 28살의 아들과 상봉하는 장면을 목격하게 된다. 많은 친구들과 가족들이 눈물을 흘리면서 그들을 보고 있고, 엄마와 아들은 수줍어하며 속삭인다. "난 당신을 항상 사랑했다." 그리고 기자는 입양인이 오랫동안 어렵게 뿌리찾기를 했던 것, 일생 동안 스스로가 완벽하지 않다고 느껴왔던 감정들, 자신의 뿌리를 알고자 하는 열망 등에 대해 설명한다. 그리고 친생모를 인터뷰한다. 친생모는 28년 동안 날마다 아들을 생각해 왔던 슬픔, 그의 생일날 마다 촛불을 밝혔던 것, 아들이 언젠가 그녀를 찾아오길 바랐던 것 등에 대해 이야기한다. 친생모와 아들은 상봉에 도취된 상태이며 두 사람은 앞으로 계속 만나기로 약속을 한다. 뉴스보도는 양부모에 대해서는 아무런 언급도 하지 않는다. 그들이 뿌리찾기에서 어떤 역할을 했었는지, 그리고 그들은 뿌리찾기와 상봉에 대해 어떤 느낌을 가지고 있는지 등등. 이 장면에서는 마치 양부모는 유령의 집 같고 친생모가 아들의 지난 28년간의 삶 속에 존재했던 것 같다. 이것은 과연 무슨 의미인가? 결국 친생모가 '진짜' 엄마라는 말인가? 그러면 그 젊은 입양인은 지난 28년간 불행했었다는 말인가? 양부모가 좋은 가정을 제공하지 못했다는 의미인가? 입양가족에서는 "시간 공유"가 있을 수 있다는 의미인가?

이 상봉 장면에서 분명하게 보인 것은 친생모와 입양인이 그동안 서로의 상실에 대한 엄청난 슬픔을 경험해 왔다는 것이다. 그리고 분명하지 않는 것은 이것이 필요한 상실이었는지, 그러한 상실을 어떻게 처리할 수 있었는지, 그리고 만일 친생모가 아들을 키웠더라면 "그들 각자의 삶의 질이 어떠했을까?"라는 것 등이다.

그러나 친생모 찾기에서의 슬픔에 대한 묘사는 우리가 들었던 것만이 유일한 것은 아니다. 우리가 조간신문의 '에비 여사에게'라는 지면을 유심히 보면, 다음과 같은 편지를 보게 된다.

에비 여사에게.

저는 16세였을 때 임신을 했고 미혼모가 되었습니다. 저는 너무나 부끄러웠고 아무에게도 말하지 않았습니다. 임신 4개월이 되었을 때, 저는 사랑과 이해심이 많으셨던 부모님께 말씀드렸습니다. 결국 저는 다른 주에 살고 계신 할머니 댁으로 보내졌고 그곳에서 할머니와 함께 살면서 고등학교를 졸업할 때까지 있었습니다. 부모님과 할머니를 제외하고는 다른 가족들은 나의 임신 사실을 몰랐습니다. 심지어 저의 형제들에게도 말하지 않았습니다. 그 시절에는 혼전임신이란 엄청난 수치였기 때문에 나는 아기를 입양보내기 위해 포기하였습니다.

20년이 지난 지금, 가장 끔찍한 악몽이 현실이 되었습니다. 입양기관으로부터 내가 지금 어디에 살고 있는지 알고 싶다는 편지를 받은 것입니다. 그 편지는 내가 더 이상 살고 있지 않는 나의 부모님 집으로 보내졌습니다. 부모님은 사생활침해로 나 만큼이나 피폐해졌습니다.

에비 여사님, 나는 내 인생에서 그 사건을 은폐하기 위해 아기를 입양 보냈고 내가 어디에 살고 있는지 알려지기를 원치 않습니다. 어떻게 해야 할지 모르겠기에 지금까지 저는 입양기관의 편지에 아무런 답을 하지 않고 있습니다. 공포가 내게 다가왔고 나를 병들게 했습니다. 이런 일이 일어날 수 있다는 걸 알았다면 전 아마 다른 선택을 했을 겁니다. 어떻게 해야 하는지 알려주시기 바랍니다.

- "은폐된 사건"으로부터

에비의 첫 번째 답은 다음과 같았다. "당신의 변호사가 입양기관에 편지를 보내 당신이 아기를 입양 보낼 때 당신의 신원과 소재지가 알려지지 않는다는 조건이었음을 확인하도록 하십시오. 그리고 그것이 당신이 원하는 방법이라고 하십시오."

그러나 나중에 독자들의 반대가 있었고, 에비는 그녀의 조언을 바꾸어 다음과 같이 말했다.

나의 독자들로부터 엄청난 편지를 받았고 이에 대해 나의 의견을 부분적으로 수정하게 되었습니다. 나는 입양인들이 자신의 친생가족과 관련된 모든 사실들을 알권리가 있으며 양쪽이 원할 경우에는 그들을 만날 수도 있도록 기회를 만들어야 한다는 것을 알았습니다. 입양에 둘러싸인 비밀은 이제 더 이상 필요하지 않으며 사회는 "불법적 임신"이 용서받을 수 없는 범죄가 아니라는 것을 알아야 합니다.

이것은 스스로를 "은폐된 사건"이라고 이름붙인 친생모에 대해서 어떤 암시를 하고 있는가? 그리고 우리가 5시뉴스에서 보았던 친생모와는 어떻게 다른가? 이 친생모(은폐된 사건)는 정상적인 모성본능이 없는 사람인가? 지나치게 자기보호적인가? 아이가 엄마를 찾는 것을 그녀가 거절함으로써 어떤 결과가 일어날 것인가? 그 친생모는 사생활을 침해당한 것이고 그녀의 아이가 관심을 가졌다는 것 때문에 스스로 고통스러워졌다는 말인가? 에비 여사의 독자들이 입양인은 친생가족에 대한 사실을 알 권리가 있다고 지적한 것이었나? 그렇다면 입양인의 알권리가 친생모의 사생활보호의 권리보다 우선한다는 말인가?

앤 렌더스 여사는 자신의 칼럼에서 비슷한 질문에 대해 다르게 답변을 했다. 입양인은 자신의 의학적 정보에 대한 알권리만을 가지며 과거사가 들춰지는 것을 원치 않는 사람들의 삶을 마구 침입해서는 안 된다고 주장한다. 덧붙여 자신의 아이를 입양보낸 사람은 나중에 그 아이를 찾거나 관계를 요구할 권리가 없다고 강조하였다.

이러한 편지들은 친생모들의 경험 사이에 뚜렷한 차이점들을 보여주고 있다. 입양 보낸 아이들에 대한 정보나 연락을 간절히 원하는 친생모들이 있는 반면, 어떤 친생모들은 계속적으로 비밀보장을 원한다. 그리고 누가 어떤 권리를 가졌는가에 대하여 여러 가지로 의견이 분분한 여론들에 대해서도 설명하고 있다. 어떤 이들은 비밀보장에 대한 본래의 계약은 신성한 것이며 밀봉된 서류를 개봉할 권리는 그 어느 누구에게도 없다고 주장한다. 반면 또 다른 이들은 때로는 상호 간에 충분히 동의가 되었거나 때로는 그렇지 않기도 한, 확인되었거나 혹은 확인되지 않은 정보에 대한 권리의 변화를 찬성한다. 권리에 대한 문제는 사회적 및 법적으로 중요한 함의를 가지고 있다.

양부모 또한 그들 자신의 문제들에 직면해있다. 여기 3명의 입양자녀를 키우고 있는 한 50세 여성의 이야기를 들어보자.

그녀의 아이들은 모두 잘 자라고 있고 그녀와도 아주 좋은 관계를 맺고 있다. 최근에 그녀는 한 친구의 임신축하 선물파티에 참석했었는데 자신이 슬픔과 시샘의 감정을 느낀다는 걸 알게 되었다. "난 이런 내 감정을 이해할 수가 없어요."라고 눈물을 글썽이며 말한다.

> 내 친구 카렌이 임신해서 전 정말 기쁘거든요, 그리고 나는 우리 아이들로 인해 너무나 만족하고 있어요. 전 아이들을 사랑하고 함께 있어서 즐겁고, 그런 자녀를 가졌다는 것이 행운이라고 생각합니다. 난 정말이지 더 이상 바라는 게 없어요. 그런데 내가 왜 친구의 임신을 그렇게 시샘하고 '나는 왜 임신하지 못했을까?'라는 생각이 들면서 슬퍼졌을까요? 이해할 수가 없어요. 아마도 내가 미쳤나봅니다.

그녀가 미친것인가? 다른 아기를 원하지는 않았지만 임신을 하고 싶어 하는 것은 미친것인가? 그 입양아동은 양부모에게 잘 맞는 아이가 아니며, 양부모는 그들이 가장 원하는 아동을 가진 것이 아니었다는 것을 의미하는가? 이러한 질문들은 일생에 걸친 발달적 맥락에서만 답변될 수 있다. 50세 여성의 경우 보통 폐경기에 이르게 되며 이 시기에는 가임연령이 끝나게 된다. 여자들은 자신만의 방식으로 인생에서의 그 단계에 작별인사를 고하게 된다. 실제로 아동을 출산한 적이 없는 여성은 여전히 출산이 실제로 일어날 수 있을 거라는 환상에 대해 작별을 고하는 것이며 그 환상을 잃어버리는 것이 슬프지만, 부모역할에 대한 그녀의 기쁨은 현실로 존재하는 것이며 만족스러운 것이다.

다른 모든 부모들과 마찬가지로, 양부모들도 아동의 성장통을 함께 겪어야만 한다. 우리는 13살 난 아들을 둔 한 양부모의 이야기를 알고 있다. 그 아들은 동네 쇼핑몰에서 연필을 훔치다가 경찰에 붙잡혔고 심리치료를 받도록 인계되었다. 부모들은 아들의 행동에 어떤 패턴이 있음을 알게 되었는데, 아들이 해마다 자신의 생일이 다가오면 그런 문제들을 일으킨다는 것이었다. 처음엔 이러한 행동이 생일을 맞이하는 흥분 때문이라고 생각을 했지만 지금은 그것이 흥분이 아니라 사실은 '분노'라는 것을 알게 되었다. 심리치료사와의 상담을 통해, 생일은 그에게 있어서 친생모에 대해 생각하고 친생모 또한 자신에 대해 생각을 하는지가 궁금스러워지는 아주 부담스러운 날이라는 것이 밝혀졌다. 그는 친생모도 그에 대해서 생각하기를 바라며 또한 그를 찾아와서 데려가고 싶어 하기를 원했다. 동시에 그는 양부모님을 사랑하며 결코 양부모님을 떠나고 싶어 한 적이 없다. 그래서 그는 친생모가 정말로 그를 찾아와서 데려가려고 하면 어쩌나 하는 생각에 두려워하고 있다. 자신을 친생부모와 공유함으로서 양부모님에게 상처를 주는 것이 두려웠지만, 그러한 감정들을 다른 사람들에게 말하지는 않았다. 그는 자신이 “쓰레기 같은” 아이이며 불성실한 양아들이라고 생각한다. 이러한 “나쁜 상태”의 감정들이 물건훔치기 행동 같은 나쁜 행동으로 표현된 것이다. 자기 안에서의 감정의 갈등이 지역사회 내에서의 문제로 전이된 것이다.

이 소년과 가족의 이야기에서 우리는 무엇을 생각할 수 있는가? 만일 그가 양부모를 “진정으로” 사랑했다면 친생모에 대해 생각하지 않았을까? 양부모에게 자신의 감정에 대해 말하고 싶지 않았다는 말은 너무 궁색한 말이었을까? 입양된 아동이 일반아동보다 더 문제를 일으키는 것일까? 분명한 것은, 이 소년이 입양과 직접적으로 관련된 문제, 특히 사춘기가 되어 자신의 정체성에 의문을 가지면서 드러나는 문제들에 직면해야 한다는 사실이다.

이 소년이 자신과 주변사람들에게 문제를 일으키게 되면서, 그러한 문제들이 입양인에게만 해당되는 감정적 과제들을 수행하고자 노력하는 과정에서 생기는 당연하고 예상가능한 과정의 부분인 것처럼 보일 수 있다.

최근 수년 동안, 장애아동(특별한 욕구가 있는 아이들special needs children)이 위탁이나 시설에 남겨지기보다는 입양으로 추천되는 경우가 증가하고 있다. 한 예로 양부모에 의해 법원으로 돌려보내진 용감무쌍한 11살 난 수지의 이야기를 살펴보자.

이 어린 꼬마는 폭력가족으로부터 구출된 아이이다. 수지는 3살이었을 때 아버지가 어머니를 살해하는 것을 목격하였다. 엄마가 죽고 난 후 수지는 형제들과 함께 위탁가정으로 보내졌고, 그곳에서 2년간 지내면서 짜증을 잘 내고 다른 사람의 화를 돋게 만드는 행동들을 보였다. 그래서 그녀는 한 입양가정으로 보내졌는데 그 양부모에게는 이미 입양되서 잘 적응하고 있는 한 아이가 있었다. 입양기관은 양부모에게 수지가 사랑이 많은 안정된 가정에서 지낸다면 수지의 분노가 가라앉을 거라는 확신을 주었다. 그러나 양부모가 수지에게 애착을 보였음에도 수지는 결코 차분해지거나 양부모가정과 애착을 맺지 못했다. 수지는 시간이 지날수록 점점 더 폭력적으로 되었으며 심각한 문제행동을 보였다. 거짓말하고, 훔치고, 가족들이 소중히 여기는 물건을 부수고, 불을 질렀다. 양부모는 수지를 행동치료사에게 데려갔고 수지는 두 번이나 입원치료를 받아야만 했다. 수지와 가족의 담당치료자는 수지가 엄마의 죽음이 자기 탓이라는 생각을 아주 강하게 갖고 있다는 것을 알게 되었다. 그래서 수지는 자기 때문에 다른 사람들이 다치게 될까봐 두려웠으며, 어느 누구와도 가까워지는 것을 무서워했다. 따뜻하게 대해주고 가까워지고자 하는 양부모의 노력은 수지로 하여금 나쁜 행동을 함으로서 양부모로부터 자신을 멀리 떨어트리게 만들었을 뿐이었다. 집중적인 치료적 개입에도 불구하고 수지는 감정적으로 친밀한 가족과 사는 것이 불가능한 것 같았다.

정서적·육체적으로 기진맥진하여 모든 것이 고갈되어 버린 양부모는 결국 법원에 파양신청을 했다. 비록 그들이 더 이상 수지의 부모는 될 수는 없었지만, 그들은 향후 몇 년간 수지와 연락을 하여 계속해서 정서적· 재정적 도움을 주기를 원했다. 판사는 그들의 파양을 승인했지만, 그들이 아동에 대한 책임을 다하겠다는 약속을 어긴 것에 대해서는 질책을 했다. 판사는 수지의 인생 초기의 경험을 구축하는데 실패했다는 이유로 그 양부모를 법정으로 소환했다. 입양을 실패한 것이 그들의 잘못인가? 만일 그들이 아닌 다른 사람이었다면 수지가 잘 적응할 수 있었을까?

최근 들어 점점 더 많은 숫자의 "특별한 욕구를 가진 아동 special needs children"들이 입양 대상 아동이 되고 있다. 그러나 연구보고서에 따르면 이들 중 10~15%의 아동은 입양이 종결되기 전에 파양이 되고 있다. 이것은 그러한 아동들이 좀 더 따뜻하고 안정된 가정을 필요로 하고 있음을 보여주는 것이다. 그리고 거기에는 '특별한 욕구를 가진 아동'을 양육하는 양부모들이 필요한 양육기술을 개발하고, 그들을 상담하고 지지하는 것까지 포함된 광범위한 서비스가 요구된다.

예비양부모들은 건강한 신생아나 혹은 모든 선택 가능한 사항들을 두루 갖춘 아동들을 찾는다. 잡지와 신문기사에서는 인가받은 입양기관이나 또는 국내 및 국외에 근거를 둔 개인입양 알선가를 통해 선택 가능한 아이를 찾으려고 애를 쓰는 예비 양부모들에 대해 묘사하면서 "아기산업"을 논한다. 우리는 경이로운 성공 사례나 혹은 끔찍한 악몽 같은 이야기를 듣곤 한다. 입양서비스 요금은 '입양되기 어려운' 아동을 위한 정부보조금에서부터 건강한 백인 신생아를 입양하기 위해 양부모가 지불하는 2만~3만 달러의 입양비에 이를 만큼 광범위하다.

- 아동이 자신이 태어난 나라를 떠나 국외로 입양되어야만 하는가?
- 합리적인 입양수수료는 과연 얼마인가?
- 돈을 주고받는 것이 정말로 아동을 사고파는 것일까?

아동에게 입양 사실에 대해서 알리는 적절한 시기와 범위는 그동안 많은 논쟁이 되어온 주제이다. 1988년 미국 대통령 입후보자였던 마이클 듀카키스의 부인인 키티 듀카키스는 그녀의 자서전에서, 자신이 오랫동안 낮은 자존감을 가졌고 알코올과 약물중독에 빠졌던 것이, 자신의 어머니가 입양되었다는 사실을 비밀로 숨겨왔던 가족의 탓이라고 말했다. 그녀가 18세였을 때 그녀의 어머니가 입양되었다는 사실을 사촌으로부터 들었으며, 후에 어머니가 혼외자로 태어났다는 것도 알게 되었다. 그녀는 자신의 할머니와 할아버지가 사실은 엄마의 양부모이며, 입양의 조건으로 친생모가(엄마의 친생모) 아이의 유모로 가사일을 도우며 함께 살도록 했다는 사실을 알고 "벼락을 맞은" 것처럼 깜짝 놀랐다는 말로 자신의 감정상태를 표현했다. 그녀는 진실이 무자비하게 파괴되어 폭로되는 경험을 했으며 이러한 쇼크적인 순간이 수년간 그녀를 따라다니며 26년 동안 약물과 알코올과 각성제에 중독이 되는 계기가 되었다고 말한다.

- 이 이야기는 우리에게 무엇을 말하고 있는가?
- 어떤 형식으로든지 진실의 파괴는 이 정도의 충격을 만들어 내는가?
- 아니면 그것은 입양문제에만 국한된 것인가?
- 키티 듀카키스의 고통은 실제로 혈연관계가 아니라는 사실 때문이었는가?

그녀가 생물학적관계와 입양관계의 차이를 이해할 수 있는 나이가 되었을 때 입양사실을 말해 주었더라면, 파손된 가계적 연계를 훨씬 더 잘 감당할 수 있었을 것이며 입양은 그녀의 어머니의 행복을 위해 가장 적절했던 조치였다고 이해할 수 있었을 것이다.

우리는 매스컴에서 입양기록의 공개를 요구하는 사람들의 시위 장면을 보게 된다. 1989년에서 시작되어 매년 3월에 워싱턴에서 열리는 모임에서 참가자들은 "우리는 입양인이 스스로 누구인지를 알권리와, 친생부모들이 자신의 아들과 딸이 어디에 있는지를 알권리를 위해 전진한다."고 결의를 밝혔다. 반면에 다른 집단들은 입양법조항의 모든 해당자들을 위한 비밀보장의 정당성과 필요성에 대한 신념을 주장한다. 그들은 입양현장이 본래 설립된 목적을 유지하길 원하며 낙태보다는 입양을 강력히 지지한다.

1990년에 링컨 케플란은 서로 만나고, 서로를 선택하고, 연락을 하고 아이의 생활에 대해 이야기하기로 계획하는 양부모와 친생부모의 경험을 그린 『개방입양Open Adoption』이라는 책을 출판했다. 이것이 비밀보장과 관련된 사회적, 감정적, 법적인 문제들을 위한 해결책인가? 답은 너무나 광범위하다.

입양삼자에 대한 이러한 단편적인 예는 친생부모, 양부모, 입양인이 일생동안 자신의 길을 통과하면서 직면하게 되는 많은 문제들의 어떤 단면을 우리에게 보여준다. 입양과 관련된 체계적인 논의들이 전무한 지금, 입양을 가족생활이나 성서에 기록된 모세이야기 만큼 오랜 역사를 가진 것으로서 기억하는 것은 어려운 일이다.

입양은 항상 복잡하고 혼란스러우며 갈등적인 것인가? 사회제도로서의 입양의 역사를 간략하게 살펴봄으로서 우리가 지금 처해있는 입양의 현실은 어떠한지 좀 더 분명하게 알 수 있을 것이며 또한 앞으로 좀 더 효과적인 입양실천의 방향을 탐색할 수 있을 것이다.

입양의 역사

역사적으로 어느 시대에서나 어떤 사회에서나 친생부모가 키울 수 없는 아이들이 있었으며, 사회는 그 아이들을 위한 방법을 찾아야만 했다. 19세기 이전에는, 그러한 아이들은 대부분 비공식적인 방법으로 보호를 받았다. 많은 가정들이 아무런 법적, 사회적 개입 없이 필요한 아이들을 데려갔다. 그러나 대부분의 가정들은 미혼모에게서 태어난 아이들을 환영하지 않는 경향이 있었다. 그들의 출생은 너무나 수치스러운 일이었기 때문에, 친생모의 평판을 지키기 위해 다른 사람들에게로 보내졌다.

17세기와 18세기에는 그러한 아이들이 정부에 의해 고아원으로 보내졌다. 살아남은 아이들은 노동력을 착취당했다. 어떤 아이들은 '고아기차'에 태워서 시골의 농부들에게로 보내졌고 농부와 그 부인은 건강해 보이는 아이를 골라서 입양하여 들에서 일하는 일꾼으로 부리기도 했다. 1851년 매사추세츠주에서는 아동의 안전권을 보장하기 위해 고안된 첫 번째 입양법령을 제정하였고 주정부가 입양을 관리하도록 하였다. 자선조직들은 아동의 보호를 위해 입양결연을 계속했고 조직의 종교적 및 도덕적 신념을 반영하였다. 1912년에 최초의 아동복지기관인 "미국 아동국United states Children's Bureau"이 설립되었다. 개별적 입양(입양기관을 통하지 않은 입양, 종종 의사나 변호사가 양부모와 친생부모를 연결하기도 한다)과 기관입양 모두 그때부터 지금까지 지속되어 오고 있다.

1940년대부터 1980년대 중반까지, 미국에서 기관입양은 비밀입양으로 진행되어 왔다(보통 "폐쇄closed" 또는 "전통적traditional"이라고 불린다). 양부모와 친생부모는 서로 연락할 필요가 없었으며, 서로에 대한 최소한의 정보만을 가졌다. 출생기록은 아동이 마치 양부모에게서 태어난 것처럼 다시 쓰였으며, 진짜 서류는 법원의 밀봉기록으로 보관되었다. 진짜 서류는 오직 생사가 걸린 문제로 친족을 찾아야만 하는 의학적인 개입이 필요한 경우에만 개봉되었다. 이러한 정책에 숨겨진 근본적인 이유는 아동을 비도덕적 존재라는 인식에서 보호하고, "나쁜 피"에 감염된 혼외자라는 바람직하지 못한 낙인으로부터 보호받고 순결한 아동으로 인식시키기 위해서이다. 미혼모의 비밀을 보호하기 위한 그 원칙은 미혼모가 계속해서 자신의 삶을 유지해갈 수 있도록 만들어 주었다.

1955년 전미아동복지연합회Child Welfare League of America 주최로 열린 전국 입양 컨퍼런스에서 "아동의 최대 이익"을 추구하는 방향으로 입양현장에서의 모든 과정을 재구성했다. 입양에서의 비밀보장이야말로 입양아동이 마치 입양가정에서 태어난 것처럼 만든 분위기를 제공함으로서 이러한 아동의 이익을 충족시킨다고 믿었다. 이때가 바로 입양이 완벽한 해결책으로 생각된 시기였다.

이러한 해결책이 완벽한 것으로 여겨진 것은 그것이 입양삼자 모두의 욕구를 똑같이 잘 충족시킨 것처럼 보였기 때문이다. 친생부모는 그들의 부담을 벗어버리게 되었고, 양부모는 오랫동안 고대하던 아이를 받게 되었으며, 아동은 그들을 환영하는 가정을 갖게 되었다. 입양현장은 이러한 대안 가족의 구조의 특성을 "마치 ~인 것처럼"이 되도록 지원을 하였다. 즉, '친생모는 이 아동을 낳은 적이 없는 것처럼, 양모가 아동을 낳은 것처럼' 되도록 하는 것이었다.

그리고 복지서비스와 입양기관의 직원들은 자신들의 입양결연 기능과 서비스를 제공하면서 느끼는 기쁨을 즐겼다. 1960년대 후반에 신생아의 입양이 종결되었는데, 소년법원의 한 판사는 이것이 그의 직업에서 그에게 진정한 기쁨을 가져다준 유일한 부분이었다고 말했다.

무슨 일이 일어났기에 사람들이 이러한 실천업무가 정말로 모든 사람들의 욕구를 충족시켰다고 믿어온 것에 대해 의문을 갖게 만들었는가?

1960년대에 사회적 및 성sexual혁명이 일어나면서 보다 효과적인 피임약이 개발되었고, 1970년대에 낙태가 합법화됨에 따라 입양현장에 엄청난 영향을 미쳤다. 임신이 보다 잘 예방되기도 했고 쉽게 낙태를 하기도 했다. 여성들은 혼외 성관계에 대해 사회적 낙인을 덜 느끼게 되었으며 계획하지 않았던 아이를 키우는 경우가 더 많아졌다. 입양을 위해 포기되는 아기들의 숫자가 감소되면서 개별적 입양이 늘어나게 되었다. 동시에 입양가족의 특성인 "마치 ~인 것처럼"을 지지했던 근본적인 사회적 · 심리사회적 신념의 일부가 변화하기 시작했다. 중요한 한 가지 변화는 개인의 발달에 관한 것으로서 후천적인 탁월함이 선천성을 능가한다는 믿음이 바뀐 것이다. 완벽한 해결책으로서의 입양 초기에는, 신생아는 백지 같아서 환경으로부터의 영향을 가장 크게 받는 것으로 알려졌다. 그러나 유전구조와 형질에 대한 새로운 정보는 이러한 시각을 바꾸었고, 선천성과 후천성 모두가 영향을 미친다고 생각하게 되었다. 이러한 새로운 지식은 모든 사람이 생물학적 문제를 좀 더 심각하게 생각하는 계기가 되었다.

또 다른 중요한 심리사회적 변화는 다민족국가인 미국사회에서 비롯된 '동종의 가치를 존중'하는 것에서 '개인과 민족의 차이를 존중'하는 것으로의 변화였다. 1976년 뿌리와 정체감의 중요성에 대한 알렉스 할리의 발표는 이러한 현상을 개념화하고 정교화시켰다. '흑인에 대한 긍지를 갖자는 운동The Black Pride Movement'은 다른 집단을 인정하고 그들의 민족적 배경을 흔쾌히 받아들이고 그들의 뿌리를 찾도록 만들었다.

세 번째 변화는 심리학적 연구의 대중화 결과로 일어났다. 상실감과 슬픔은 인기 있는 연구주제가 되었으며, 억압된 사고와 감정을 제거해야 한다는 주장이 기하급수적으로 증가하였다. 그리고 솔직한 생각을 말하고, 마음깊이 숨겼던 생각을 자유롭게 표현하고, 진정한 자신의 정체감을 찾도록 적극으로 지지하였다.

이러한 모든 변화들은 그동안 완벽한 해결책으로 여겨졌던 입양의 개념에 의문을 갖게 했으며, 기존의 관행적으로 이루어져왔던 입양에 대해 의구심을 갖게 만들었다. 타인종 및 타문화 입양뿐만 아니라 앞서 입양에 부적합하다고 분류된 아동을 입양보내기 위한 운동이 일어났다. 양부모의 범위는 독신자와 동성애자까지 포함하도록 확대되었다. 많은 친생부모와 입양인들이 비밀입양에 대해 그들의 시민으로서의 권리를 박탈당한 것으로 보기 시작하면서, 입양서클의 모든 관련자들은 그동안 가져왔던 비밀입양의 가치에 대하여 의문점을 갖기 시작하였다.

그리고 입양인, 양부모, 친생부모들로 구성된 거대한 옹호조직들과 지지집단들이 생겨났다. 대부분의 집단은 입양법과 입양실천 현장이 재구성되어야 한다고 주장한다. 예를 들어, 친생부모 연합회Concerned United Birth Parents: CUB는 데스모니스에 근거를 둔 비영리조직으로서, 입양인에게 입양기록을 공개하는 것을 옹호하며 의붓부모stepparents나 위탁가정foster home을 결연하는 것처럼, 입양인이 두 세트의 부모를 받아들이도록 권고하고 있다. CUB는 불필요한 입양을 피하고 친생가족이 함께 아동을 키우도록 하는 것을 최우선적으로 내세운다.

반면에 워싱턴 DC에 있는 비영리 조직인 전국 입양위원회 National Committee for Adoption는 다른 입장을 취하는데, 양부모와 친생부모를 위해 비밀 보장이 유지되어야 한다는 것을 지지한다. 35개주에서는 법적 친생부모와 성인 입양인이 서로 동의할 경우 만날 수 있도록 하는 공동 등록 시스템을 만들었다.

주 정부의 입법자들은 입양법의 중대한 재구성으로서 등록소의 설립을 고안했지만, 많은 입양인 활동가들은 이것이 그들의 시민권을 침해하는 것이며, 입양기록에 대한 자격이 있다고 느끼는 사람들의 수중이 아닌 주정부의 관리하에 두고 입양인과 친생부모의 연락을 통제하기 위한 것이라고 생각하여 그러한 시스템에 반대한다. 또한, 입양을 보낸 자녀들이 연락하고자 하는 요청을 친생부모가 거절할 수 있는 시스템에 대해서도 반대한다. 이러한 이유들 때문에 입양인과 친생부모의 권리는 여전히 논쟁거리로 남아 있다.

최근의 입양운동은 양부모와 친생부모 사이가 좀 더 개방되거나 협조관계가 되도록 입양정책을 바꾸거나 수정하는 것을 목적으로 개선되고 있다. 1980년대 중반, 몇몇 주(예를 들면, 텍사스, 캘리포니아, 미시간)에 있는 입양기관들은 더 개방된 입양을 진행하기 시작했다. 친생부모와 양부모는 서로에 대해 좀 더 많은 정보를 가질 수 있게 되었고 친생부모는 자기 아이의 양부모를 선택하는 데 있어서 좀 더 적극적인 역할을 할 수 있게 되었다. 그러한 경우에, 친생부모와 예비양부모가 서로 만나기도 하며, 앞으로 아이가 자라는 동안 어느 정도 그리고 어떤 방법으로 서로 연락을 할 것인지에 대해 결정을 한다. 어떤 경우에는 서신 연락만을, 혹은 단기간의 방문을, 혹은 정기적인 연락을 하는 것에 동의한다.

개방이나 협력적 입양에 반대하는 경우는 다음의 몇 가지 근거에서 비롯되었다. 어떤 비평가들은 두 세트의 부모와 관계를 맺어야 하는 아동의 능력에 대한 걱정, 유대관계를 맺는 능력에 대한 두려움, 그리고 이러한 결합 때문에 가족에게 누를 끼쳤다는 감정에 대해 염려한다. 또 다른 사람들은 개방입양이open adoption 현실적으로 실용 가능한 대안이 아니라고 생각한다. 왜냐하면 양부모와 친생부모는 개방입양에 따른 약속을 종종 잘 이행하지 않기 때문이다. 어느 한쪽이 연락을 끊어버리거나 처음 동의한 사항을 실행하는 데 있어서 변덕을 부리기도 한다. 이러한 상황들 때문에, 몇몇 개혁가들은 입양을 없애자고 주장한다. 그 대신 그들은 법적 후견인제도를 지지하는데, 친생부모는 아동과 정기적으로 연락을 하게 되며, 여전히 아동의 부모이자 법적 후견인으로 남아있으며, 아동의 위탁지가 없을 때 법적 권한을 행사하며 아동을 보호하고 재정적인 지원을 하게 된다. 과연 이러한 개혁들이 적절하게 이루어진 발전인가? 그러한 개혁들은 어떤 문제들을 해결하고 예방했으며 어떤 다른 문제들이 발생할 수 있는가? 누구의 욕구를 가장 충족시켰으며, 갈등이 일어났을 때는 모든 사람들의 욕구를 어떻게 우선순위를 매기는가?

완벽한 해결책에 대한 재고

지난 역사를 보면, 사회가 아동과 가족의 욕구에 대한 기존의 이해 정도에 따라 부양아동을 원조해 왔던 것을 볼 수 있다. 수년간 진행되어 온 비밀 입양 방식은 현재 면밀하게 재검토되고 있다.

입양가족이라는 시스템은 입양서클의 구성원들이 겪는 뿌리 깊은 상실감에서 비롯된 욕구들을 만들어 낸다는 것이 드러나게 되었다. 임신이 가능한 부모들 중에서는 본인들의 선택에 의해 입양을 하는 경우도 있지만, 대부분의 양부모들은 자신의 친생자를 갖는다는 기대를 포기해야만 한다. 아동을 포기하는 친생부모들은 자신들이 낳은 아동을 잃어버린다. 입양된 아동들은 그들의 친생부모와의 관계를 잃어버린다. 이처럼 입양 가족 시스템의 모든 구성원은 그들의 "차이"에 따라 정의된다. 이들 중 누구에게든지 "완벽한 해결책"이 첫 번째 선택이 되는 경우는 거의 없다.

입양은 입양 삼자들의 현실적인 욕구를 충족해주면서 동시에 마음깊이 간직된 소망은 부인한다. 양부모들은 자신들이 키우고 있는 아동이 자신이 낳을 수 있었기를 바란다. 그리고 아동들은 자신을 낳은 부모와 키워주는 부모가 같은 사람이길 바란다. 친생부모들은 자신이 낳은 아이를 키울 수 있는 환경이었더라면 얼마나 좋을까 하고 바란다. 이러한 소망들은 앞서 우리가 보았던 사례들에서도 나타났었다. 아동을 입양 보낸 후 28년간 아동을 그리워하고 찾았던 친생모, 친생모가 자신을 찾아주길 바라는 13살짜리 소년, 그리고 자신의 아이들을 자신이 임신할 수 있었더라면 하고 바라는 양모를 보았다. 이 각각의 당사자들은 자신들만의 슬픔과 고통을 갖고 있다. 욕구가 충족된 것에 대해 감사하는 마음 때문에, 비현실적인 소원들은 깊숙이 덮어두게 된다. 때문에 "완벽한 해결책"의 당연한 부분인 슬픔과 고통은 개인과 가족의 발달의 중대한 결과와 함께 완전한 비밀이 되며 숨겨지게 된다. 친생모는 운이 좋은 상황에도 불구하고 슬픔을 느끼는 스스로를 발견하며 자신이 왜 이런 감정을 갖는지 이해할 수가 없다. 양모는 아직도 자신이 임신하고 싶어 못 견뎌 한다는 것에 놀라워한다. 13살 난 소년은 평소의 자신답지 않게 물건을 훔치는 행동을 하는 스스로를 발견한다. 지금까지 살펴본 것처럼, 입양서클의 당사자들이 겪는 어려움을 개선하거나, 혹은 예방하기 위한 방법과 관련된 여러 가지 의견들이 있다. 이러한 열띤 논쟁을 이해하기 위해서, 입양이라는 그림을 구성하는 많은 복잡한 조각들에 대해 알아야 할 필요가 있다.

우리는 계획에 없던 임신을 했을 때의 주변 상황들, 자녀를 입양보내기 위해 '포기'하기로 결정한 것, 일련의 입양 진행과정들이 이루어진 것, 자녀와의 헤어짐, 자녀의 '포기'와 관련되어 지속적으로 이어지는 이후의 삶의 경험 등을 포함한 친생부모의 경험들을 주목할 필요가 있다. 이러한 경험들을 관찰함으로서, 우리는 친생모가 임신에 대한 스스로의 책임을 수용하고, 태아와 출산 후 헤어짐에 대한 그들의 감정들을 다루고, 양부모와 비교하여 그들의 부모로서의 능력을 평가하고, 입양보내기 위해 아동을 포기하기로 결정하고, 그리고 그들의 상실감을 애도하는 것 등 과 같은 발달 과제를 수행하기 위해 어떻게 노력했는지를 알게 되면, 친생부모를 더 잘 이해할 수 있다.

우리는 양부모가 입양을 하기로 결정을 하기까지의 과정, 아이들과의 애착관계를 형성하는 것, 그리고 그에 뒤따르는 생각들, 감정들, 행동들을 이해하기 위해 양부모의 삶을 검토해 볼 필요가 있다. 여기에서 우리는 생식능력, 성적 만족도, 부모로서의 능력뿐만 아니라 친생자를 낳을 기회를 상실한 것에 대한 애도 사이의 차별성을 통해 난임부모의 과제에 대해 알게 된다.

난임이며 입양을 선택한 사람은 심리적인 부모역할(생물학적과 반대되는 의미에서의)을 수용하고, 아동을 정서적으로 소유하며, 친생자가 아닌 아동을 포용하도록 가족관계를 재조정하고, 아동과 가족 모두의 삶에 존재하는 가계 단절의 파생물을 처리하는 등의 과제를 똑같이 수행하고 있다.

입양인들은 친생부모로부터 양부모에게로 옮겨지는 과정을 어떤 식으로 경험하며 입양 문제 때문에 발달 과정이 복잡해질 때 어떻게 그것을 처리해 나가는지에 대해 좀 더 이해하기 위해, 입양인의 내면의 삶에 대해 연구해야 할 필요가 있다. 입양인이 갖는 특별한 과제는 친생부모에 대한 상실감을 극복하고, 양부모와 애착관계를 맺고, 두 세트의 부모가 존재한다는 것을 깨닫게 되고, 그 결과 양가감정을 갖게 되는 것 등을 포함하며, 궁극적으로는 자아정체감의 통합을 이루는 것이다.

친생부모, 양부모, 입양인의 개인적 발달 과정뿐만 아니라, 입양 서클의 구성원들이 갖고 있는 공통주제를 서로 나누는 방식에 대해 주목할 필요가 있다. 각각의 구성원들은 상실감, 애착, 분리(헤어짐), 그리고 입양과 관련된 정체감 문제를 다루게 된다.

이 책에서는 체계적인 방법으로 그러한 복잡한 퍼즐 조각을 짜 맞추고자 노력했다. 또한 전 생애에 걸친 발달적 관점에서 쓰였으며 입양가족체계의 모든 당사자들의 전반적인 범위를 포함하고 있다. 친생부모, 양부모 입양인의 발달적 과정과 그들 간에 존재하는 상호작용 및 그들의 인생 전반에 걸쳐 서로에게 영향을 주는 방식에 대해 조사하였다.

입양서클의 구성원들은 그들의 발달적 과제와 그들의 반응 및 행동의 영역에 대한 이 책의 내용(입양인들에게 착각의 상태로 남겨진 문제들에 초점을 맞추도록 이끄는)을 읽으면서 스스로에 대해 깨닫게 될 것이다. 덧붙여 이러한 추가적인 통찰력이 정상적 입양가족시스템의 발달에 필수적인 과제들을 인지하고 대처하고, 완수하는 능력에 도움이 되길 바란다.

치료자, 아동복지 사회사업가, 입양 관계자 및 입법가들은 친생부모, 양부모, 입양인의 인생전반에 걸친 경험들과 관련된 문제들에 대한 그들의 지식을 확대시키게 될 것이다. 그들의 특별과제를 완수하기 위한 투쟁이 입양 서클에서는 삶의 필수적이며 정상적인 부분이라는 사실을 알게 될 것이며, 임상적·사회적·법적 개입은 그들의 과제 완수를 지원하는 방향으로 잘 구성되어야만 한다.

입양 연구문헌에서 밝히고 있는 기본지식들과, 입양서클에 대한 필자의 지난 30년간의 개인적이면서도 전문가로서의 경험을 통해, 입양의 사회체계는 많은 문제들에 대한 여전히 좋은 해결책이 되고 있다는 결론을 내렸다. 그러나 성공적인 입양이 되기 위해서, 입양은 현실적으로 책임 있게 잘 관리되어야만 한다. 이러한 현실성은 입양경험이 비입양 경험과 비슷하기도 하며 완전히 다르기도 하다는 사실을 인정하는 것을 포함한다. 입양가정도 다른 모든 일반가정과 비슷하게 부모와 성장하는 아동의 필요를 채워주고자 노력한다. 그러나 또한 역설적인 관계를 토대로 하기 때문에 다른 점도 있다.

친생부모는 낳은 부모이지만 키워준 부모는 아니다. 양부모는 키워준 부모이지만 낳은 부모는 아니다. 입양인은 양부모의 자녀이지만 양부모의 친생자녀는 아니고, 친생부모의 자손이긴 하지만 친생부모가 키우는 자녀는 아니다. 입양서클의 모든 구성원들은 이러한 역설적인 관계를 인정하고, 대면하고 극복해야만 한다.

성공적인 입양 경험을 위해서는 개인과 가족의 다양한 차이를 이해하면서 입양 경험이 수행되고 관리되어야 한다. 거기엔 “입양인의 경험”이나 “양부모의 경험”이나 “친생부모의 경험”과 같은 것은 없다. 반면에 완수되어야 할 공통된 발달적 과제와 문제들이 있으며, 각 개인과 가족은 그들만의 독특한 방식으로 이러한 과제들을 경험하고 다루게 된다. 어떤 가족들은 정말 친가족인 것처럼, 다른 가족들보다 훨씬 더 성공적이고 만족스러운 경험을 할 것이다. 성공의 기준은 필수적인 과제를 완수하고 실제적인 대안들 보다 가족들의 필요를 더 충족시켜 주는 가족을 이루는 능력에 있다.

Key-point

- 입양이 입양삼자 모두의 욕구를 똑같이 잘 충족시킨 것처럼 보이는 '완벽한 해결책'이라고 믿었던 전통적 신념이, 사실은 그 이후의 여러 가지 이슈들을 동반하는 새로운 시작임을 기억하라.
- 아동을 포기하는 친생부모들은 자신들이 낳은 아동을 잃어버린다. 입양된 아동들은 그들의 친생부모와의 관계를 잃어버린다. 입양가정시스템의 모든 당사자들은 그들의 "차이점"을 분명히 한다. "완벽한 해결책"은 좀처럼 누구에게든지 "첫 번째" 선택이 되지 않는다.
- 입양인이 갖는 특별한 과제는 친생부모에 대한 상실감을 극복하고, 양부모와 애착관계를 맺고, 두 세트의 부모가 존재한다는 것을 깨닫게 되고, 그 결과 양가감정을 갖게 되는 것 등을 포함하며, 궁극적으로는 자아정체감의 통합을 이루는 것이다.
- 입양은 입양 삼자들의 현실적인 욕구를 충족해주면서 동시에 마음깊이 간직된 소망은 부인한다. 양부모들은 자신들이 키우고 있는 아동이 자신이 낳을 수 있었기를 바란다. 그리고 아동들은 자신을 낳은 부모와 키워주는 부모가 같은 한 사람이길 바란다. 친생부모들은 자신이 낳은 아이를 키울 수 있는 환경이었더라면 얼마나 좋을까 하고 바란다.
- 성공적인 입양이 되기 위해서는, 개인과 가족의 다양한 차이들을 이해하면서 입양경험이 수행되었고 관리되어야 한다. 거기엔 "입양인의 경험"이나 "양부모의 경험", "친생부모의 경험"과 같은 것은 없다. 반면에 완수되어야 할 공통된 발달적 과제와 문제들이 있으며, 각 개인과 가족은 그들만의 독특한 방식으로 이러한 과제들을 경험하고 다루게 된다.
- 입양 연구문헌에서 밝히고 있는 기본지식들과, 입양서클에 대한 필자의 지난 30년간의 개인적이면서도 전문가로서의 경험을 통해, 입양의 사회체계는 많은 문제들에 대한 여전히 좋은 해결책이 되고 있다는 결론을 내렸다. 그러나 성공적인 입양이 되기 위해서, 입양은 현실적으

로 책임 있게 잘 관리되어야만 한다.

- 친생부모는 낳은 부모이지만 키워준 부모는 아니다. 양부모는 키워준 부모이지만 낳은 부모는 아니다. 입양인은 양부모의 자녀이지만 양부모의 친생자녀는 아니고, 친생부모의 자손이긴 하지만 친생부모가 키우는 자녀는 아니다. 입양서클의 모든 구성원들은 이러한 역설적인 관계를 인정하고, 대면하고 극복해야만 한다.

제2장

가졌지만 간직하지 못한 것

친생부모들의 발달적 과제들

역사적으로 친생부모들은 입양서클에서 드러나지 않고 무시된 존재였다. 최근까지도 저명한 전문적인 연구보고서들은 친생부모들이 입양의 최초 개시자임에도 불구하고 입양과정에 아주 조금 관여된, 그저 스쳐가는 인물로 다루고 있다. 그리고 친생부들은(친생부인 것으로 '의심되는' 혹은 '추정되는' 사람으로 소개된) 거의 언급되지도 않는다. 한 연구자는 친생부모를 "그들의 자녀에 대해 부모로서의 기능을 하지 않는 부모로 남아있는 수수께끼 같은 존재"라고 설명한다. 그들은 포기서류에 사인을 했지만 부모로서의 감정과 관심에는 본질적으로 사인하지 않은 것이다. 아주 최근에서야 이런 친생부모들이 갖고 있는 감정들과 경험들이 신중하게, 연민어린 입장에서 고려되고 있다.

누가 친생부모가 되며 그들은 어떤 경험을 하는가? 해마다 많은 커플들이 - 기혼커플이던지 미혼커플이던지 - 계획하지 않은 아기들을 임신한다. 이들 중 일부는 낙태를 결정하기도 한다. 그리고 또 다른 일부는 출산을 결정하는데, 대부분은 결혼한 커플들로 아이를 낳아서 기르게 된다. 일부 미혼 커플들 또한 아이를 낳아서 키우기도 하지만, 입양을 보내기로 결정하는 경우도 있다. 그러한 결정을 하는 사람들의 비율에 대한 통계는 전국적으로 자료를 합산하는 시스템이 없기 때문에 신뢰할만한 통계수치는 아니다. 1982년에, 한 연구자가 15세~44세의 여성에게서 태어난 549,000명의 아동들이 입양되었다고 조심스럽게 추정하였다.

등록된 미국 10대 미혼모의 숫자를 보면 1960년에 5%에서 1976년에는 24%로 증가하였다. 1970년대에, 백인이 아닌 미혼

청소년의 출산비율은 백인 청소년의 2배에서 6배에 이르며, 백인에게 입양된 아기의 숫자가 크게 증가하였다.

1988년 연방질병관리센터The Federal Centers for Disease Control의 보고서를 보면, 최근 1,005,299명의 아기들(신생아의 26%)이 미혼모에게서 태어났으며, 대부분이 20세 또는 그 이상이었다. 그리고 그 아기들 중 입양 보내지는 아기들의 비율이 굉장히 급격한 변동을 보였는데 1970년에는 미혼모의 80%가 아기를 입양 보냈지만 1983년에는 4%에 불과하였다. 1986년, 전국입양의회 The National Committee for Adoption는 51,157명의 아동들이 입양과는 관계없이 가정 내에서 보호되었고, 10,019명의 외국아동들이 미국인에 의해 입양되었으며, 이 아동들의 절반이 신생아였다고 보고하였다. 그러나 이용가능한 자료들은 일차적으로 입양기관의 자료들을 근거로 하였고 대부분은 입양의뢰된 아동들의 숫자를 실제보다는 적게 추산하였다.

정확한 통계수치의 부족에도 불구하고, 입양을 위해 아동을 포기하는 패턴에 분명한 변화가 있다는 것을 알 수 있다. 이러한 변화는 1960년대에 각광을 받았던 성 혁명과 새로운 자유주의를 반영하고 있는데, 당시에는 혼외 성관계와 그로 인해 태어난 아기들에 대한 사회적인 수용정도가 최고로 증가하였다.

몇몇 연구자들은 자신의 아기들을 입양 보내는 미혼모와 자신이 키우는 미혼모를 비교연구하였다. 1982년에 전국적으로 이루어진 조사에서, 아기를 입양 보낼 계획을 세운 미혼임산부는 아기를 키우는 미혼모들보다는 출산 전에 결혼을 했거나 아기를 낙태한 여성과 인구통계학적으로 훨씬 더 비슷한 양상을 보인다는 것을 알게 되었다. 즉, 입양을 결정한 미혼모들이 아기를 키우는 미혼모들보다 경제적으로 더 독립적이며 고등학교를 졸업한 경우가 더 많은 것으로 나타났다. 한 연구에서는, 아기를 포기한 미혼엄마들 중 공부를 하는 엄마들이 아기를 키우기로 결정한 엄마들보다 더 학업성적이 좋고 표준적인 인격을 가진 것으로 나타나 '더 건강하고', '더 기능적'이라고 생각되었다. 그럼에도 불구하고, 현재의 보고관행으로는 아동을 포기하는 부모에 대한 정확한 인구통계학적 자료를 파악하는 것이 불가능하다.

부적절한 피임기법이나 강간에 의해 임신을 한 경우도 종종 있지만, 일반적으로 입양을 위해 아동을 포기하는 부모들은 효과적인 피임관리에 실패한 경우이다. 그러한 실패를 설명하는 여러 가지 이론들이 있으며 이러한 이론들은 충동성, 이차적으로는 임신을 유발하는 욕구충족 행동들로부터 임신이나 아기자체를 원하는 깊은 심리학적 욕구의 성취, 성적인 행동까지의 광범위한 역동들이 있다고 주장한다.

그러나 이러한 역동들은 어느 커플(결혼을 했거나 안했거나, 아동을 포기했거나 하지 않았거나)에게나 해당될 수 있다. 아동을 포기하는 부모들의 특징을 보면, 그들은 어쩔 수 없었으며 현재 도저히 아동을 키울 능력이 없다는 이유들 때문에 아동을 입양보내기로 결정을 한다.

돌이켜보면 많은 친생모들은 임신의 원인이나 자원들의 결핍만큼이나 아동포기의 이유 또한 단순하고 미성숙하다. 그들은 자신들이 "임신할 것이다"라고는 생각하지도 못한 전형적인 청소년들이다(우리가 실시한 정규 조사 결과에서 매우 높은 비율의 10대들이 무방비 상태로 섹스를 한다는 것을 알게 되었다). 이러한 많은 여성들은 자신의 아기를 키우고 싶어 하지만 그렇게 하기 위해 필요한 사회적, 재정적 지원을 받을 수가 없었다. 몇 년이 지난 지금은, 이러한 부족함들 때문에 자기 아이와 떨어져야 한다는 것에 대해 쓰디쓴 분노를 표현하는 이들도 있다. 그러나 또 다른 친생모들은 모든 사람들의 최고의 이익을 위한 결정이라는 점에서 아동을 포기하는 것이 낫다고 생각한다.

1960년대 성 혁명이 일어나기 전에는, 혼전 성관계와 그로 인한 아기들은 일반적으로 부끄러운 것으로 인식되었으며 미혼부모들은 굉장히 다양한 부정적인 방식으로 '인식되는' 경향이 있었다. 그들은 사회적·경제적 상실의 희생자로서 보였으며, 하류층의 관습과 가치관의 소유자이며, 그리고 심리적으로 불안정하며, 임신을 하게 된 것은 바로 그 "일탈행동"의 증거였다. 문제의 해결로서 아동을 입양보내기 위해 포기하는 것은(대게는 "버리다" 또는 "입양에 내놓다"라는 것을 가리킨다) 당연한 결과이며 종종 벌을 받는 것으로 생각되기도 할 것이다. 대부분의 친생모들은 "강제결혼"을 하거나, 아니면 "주홍글씨"를 달고 미혼모로서 혼자 아이를 키우며 사회적 낙인이 찍히는 것 외에는 다른 선택이 없다고 느꼈다. 전문가들은 아동을 포기하는 미혼모들이 그들의 포기경험을 깨끗이 지우고 단순화시키도록 만들었다. 즉, 미혼모 시설이나 병원 직원들은 친생모들이 출산 후 아기를 보는 것을 말렸다. 그들이 갖고 있는 지배적인 생각은 미혼커플들(대부분이 '소녀들')은 예상치 못한 임신을 했기 때문에

'문제가 생긴' 것이며 입양을 통해 '문제가 해결'되었다는 것이다. 따라서 모든 문제들은 입양포기를 통해 해결된다고 믿게 되었다. 사회복지 서비스 기관들은 입양이 완벽한 해결책으로 여겨지고 난 후부터는, 포기결정을 하기 위한 법정기간 이외의 시간을 좀 더 요구하는 일부 친생모들에 대해 조급하게 구는 경향이 생겼다.

그러나 시대는 변하였다. 혼전성관계에 대한 새로운 사회적 태도는 친생부모관계를 말할 수 있고 심지어는 흥미로운 주제로까지 만들게 하였다. 벨바플라인이 쓴 『축복blessing』이라는 베스트셀러 소설은 한 친생부모의 투쟁과 분노를 섬세하게 표현하였고, 링컨 케플란의 "공개 입양Open Adoption"은 「New Yorker(미국의 한 고급주간잡지)」에 인용되어 엄청난 대중적인 흥미를 끌었다. 한부모의 증가 풍조는 준비가 부족한 부모라는 새로운 선택사양을 제시하게 되었다.

모든 연구에서 연구자들은 샘플집단의 엄선된 성향을 갖춘 친생부모들을 연구대상으로 삼았다. 응답자들은 전국 친생부모 조직을 통해 지지를 구한 적이 있는 친생부모들이나 혹은 정신과치료의 도움을 받은 적이 있는 임상적 샘플의 친생부모들이 우선적으로 해당되었다. 이러한 친생부모들은 그들의 경험을 묘사하거나 그들 스스로를 옹호하는 데 있어서 점점 더 적극적으로 변했다. 따라서 연구에 참여했던, 친생부모들의 기억들과 그들의 생각들을 통하여 정보를 모을 수가 있었다. 하지만 우리는 지지집단에 연락하지 않았거나 정신과치료를 받지 않았거나 본 연구에 참여하기를 거절한 친생부모들에 대해서는 잘 알지 못한다. 그래서 우리는 그러한 친생부모들과 연락을 한 친구들, 가족들, 전문가들의 관찰을 통해 정보를 들을 수가 있었다. 그 자료들이 그다지 정확하진 않지만 그래도 최소한 입양서클 중 보이지도 않고 들을 수도 없는 이러한 입양구성원들(친생부모)의 생각과 감정들을 파악할 수 있었다. 우리는 이러한 사람들(부모이지만 부모가 아닌)과의 과제나 여러 과정들에 대한 몇 가지 실마리 정보를 가지고 있다. 우리의 정보들은 친생부들 보다는 친생모들에 대해 우선적으로 수집되어져 왔으며, 따라서 우리의 논의는 여성의 경험에 보다 더 중점을 두고 있다.

제1단계: 입양을 위한 포기를 결정하기까지

입양을 위해 포기하는 부모들에 대한 정보는 임신상황이 되기까지 엄청난 범위에 이르는 의식적 및 무의식적인 요인들을 보여주고 있다. 남자친구를 붙잡기 위해서 또는 부모님 집에서 나가기 위해서 임신을 이용하는 것 같은 어떤 동기적인 요인들이었을 수도 있다. 어떤 가족유형의 반복일 수도 있고, 자신의 소유인 어떤 사람을 갖고 싶은 소망일 수도 있으며, 누군가의 성적 특징을 증명하는 것일 수도 있다. 매춘이나 피임에 어려움이 있었을 수도 있으며, 특히 청소년들 중에는 결과를 상상하는 능력이 미성숙하거나 불충분 했을 것이다. 또한 데이트 강간이나 낯선 사람에 의한 강간도 있었을 것이다. 금욕 이외에는

100% 효과적인 방법이 없기 때문에 정말로 비효과적인 피임방법을 사용했을 것이다.

때때로 사람들은 그들의 의식적 또는 무의식적 계획들이 예상된 결과를 만들어내지 못한다는 것을 알게 되며, 그들은 스스로가 부모가 될 준비가 되지 않았거나 불충분하다고 느낀다. 무의식적으로 동기화되거나 우발적으로 부모가 되는 사람들은 스스로 쇼크 상태에 빠져 대부분 그 상황을 '부인'하게 된다. '부인'은 임신 사실의 인지를 연기하게 만든다. "생리가 좀 늦어질 뿐이다." 또는 "아기는 아마 이미 유산되었을 것이다.", 또는 "처음 성관계를 해서는 임신이 될 수가 없다."와 같은 생각들이 몇 달의 시간이 지나버리도록 만들며 낙태를 선택 할 시기를 놓치게 만든다. 가족들 또한 그런 부인에 동참하게 되는데, 입덧이나 한여름에 크고 두꺼운 셔츠를 입는 모습과 같은 결정적인 단서들을 놓쳐버리는 것이다.

부인하는 것이 더이상 힘들어지면 임신사실을 인지하게 된다. 여성들은 그들의 계획에서 친생부에 대한 정보를 알려주기도 하고, 계획안에 친생부를 포함시키기도 하고, 또는 그렇지 않기도 하다. 친생부를 포함시키고 싶지 않은 강한 이유가 있는 경우에는 그 결정이 애매모호해지기도 한다. 이러한 불분명한 결정의 배경은 굉장히 다양하다. 극단적인 경우는 강간이나 데이트 강간의 경우로, 친생부와 더 이상의 연락이 없는 것이 더 많은 재정적 지원이나 다른 지원을 얻는 데에 더 유리할 수도 있다.

친생부와 관계가 지속되고 있거나 또는 짧은 기간 동거한 여성들은 아이에 대한 친생부의 책임을 다하도록 압력을 가하기도 한다. 요즈음은, 친생부를 확인하는 것이 법적인 문제를 파생시킨다. 어떤 여성들은 아동에 대한 친생부나 친생부 가족의 요구와 싸우기보다는 친생부에 대해 알지 못한다고 기록하는 것을 선택하기도 한다.

미혼모나 미혼커플은 그들의 계획에 다른 사람들을 포함시키고 그들을 통해 필요한 자원들을 얻으려는 결정을 하기도 한다. 어떤 경우에는 여자 쪽 가족에게만, 또는 남자 쪽 가족에게만 도움을 요청하기도 하고, 양쪽 가족 모두에게 도움을 청하기도 하거나 양쪽 모두에게 도움을 받지 않기도 한다. 이러한 경우 그들 가족들 간의 기존 관계의 성향(가족관계가 좋거나 혹은 나쁘거나 등등), 뜻밖의 임신에 대한 가족의 예견된 태도들, 그리고 수용가능한 해결책에 대한 잠재적인 지원 등이 장애물이 될 수 있다. 어떤 경우에는 자신들의 부모에게 임신사실을 알리지 않기로 결정한다. 왜냐하면 그것이 불필요하고 돌이킬 수 없는 고통이 될 것이라고 생각하기 때문이다. 한 어린 여성은 자신의 엄마에게, 자기 '친구' 중에 '미혼'으로 임신을 한 친구가 있다고 이야기를 하면서 엄마의 반응을 슬쩍 떠 보았다. 엄마의 반응은 아주 분명했는데, 엄마는 미혼의 임신은 그 가족이 완전히 망가졌다는 것을 뜻하며 그 집안에 대대로 전해 내려온 모든 가치관들을 나타내는 것이라고 생각하고 있었다. 이 어린 여성은 그러한 생각에 동의하진 않지만 과부인 엄마에게 그런 엄청난 고통을 겪게 하지 않기로, 그리고 그녀 자신도 그런 결과를 당하지 않기로 결정을 하였다. 부모가 임신사실을 알게 되면 도움을 주기보다는 처벌을 내릴 것이라며 두려워하는 여성들도 있다. 수잔도 그와 비슷한 생각을 하였다.

> 나는 엄격한 종교적 가정에서 자랐는데, 나의 성장과정을 돌이켜보니 어떤 면에서 우리 가족과 잘 들어맞지 않는 사람들에 대해 우리 가족들이 반응했던 방식들을 보면, 우리 가족들은 도덕 법규에서 벗어난 것을 대체적으로 용납하지 못했다. 따라서 나의 임신에 대해 (내가 낙태를 하든 입양을 보내든) 절대 용서하지 않을 것이라고 생각한다. 이러나저러나 나는 달갑지 않은 인물이 될 것이며 결코 용납되지 않을 것이다. 그래서 나는 내 스스로 이렇게 만들 이유가 없다고 생각한다.

유명한 대중문화 작품들을 보면 "엄마 나 임신했어요."라는 장면이나 소녀가 아기를 앉고 문 앞에 서있는 장면들로 가득하다. 이러한 장면들은 모든 사람들의 격렬한 감정표현을 담아 매우 드라마틱해질 수가 있다. 부모들의 분노가 단숨에 절정에 이를 수 있고 또는 영원한 의절이나 가족의 분화가 생길 수 있다. 또한 깊은 절망상태에서 가족들이 서로를 받아들일 경우 아주 단단한 가족간의 유대관계를 맺게 할 수도 있다.

> 내가 가족들을 실망시켰는데도 내게 그렇게 잘 대해 줄지는 정말 몰랐어요. 가족들의 그런 모습이 내게 큰 변화를 가져다주었습니다.

부모나 가족들이 임신사실을 알게 되면 친생부모들은 가족들의 여러 생각들과 감정들에 대처하게 된다. 어떤 친생부모들과 그 가족들은 종교나 건강, 돈 또는 다른 이유들 때문에 즉시 낙태라는 선택은 제외시켜 버리며 다시는 생각하지도 않는다. 또 다른 사람들은 해결방법에 대해 자기들끼리 서로 싸우기도 한다.

1973년 로이 웨드Roe v. Wade사건(여성의 임신기간을 3분기로 나눠 임신 3개월까지는 낙태를 허용하게 한 사건)으로 낙태의 합법화 결정은 합법적인 치료적 낙태든지 불법적 낙태든지 여성의 선택을 인정하게 하였다. 치료적 낙태는 임신이 생명을 위협하거나 의학적인 이유, 또는 자살의 위험 때문일 경우에만 허락되었다. 치료적이든 불법적이든 대부분 낙태는 굴욕적이고 고통스러운 경험이다. 낙태에 대한 합법화와 사회적 수용이 증가하면서, 낙태는 보다 안전하고 심리적으로 스트레스가 적은 선택이 되었다. 골드 스텐버그의 최근 연구에 따르면, 1930년대부터 1980년대까지의 연구논문들에서 합법적 낙태와 불법적 낙태를 비교한 결과 주목할 만한 변화를 발견하였다. 즉, 연구결과들은 낙태를 처음에는 트라우마로 보았고(1835~1951), 그 다음에는 위기로(1967~1976), 그 다음은 스트레스 상황에 대한 성공적인 대처반응으로(1984~1985), 그리고 가장 최근에는 중요한 관계적 의무를 평가하는 행위로(1982~ 1988) 보았다. 그의 연구에서는 많은 여성들이 아동을 포기 양도하는 것 보다는 양육이나 낙태를 하는 경향이 더 현실적인 선택이며, 의학적·사회적·법적으로 그들에게 유용한 것으로 나타났다. 1960년대의 성혁명과 1970년대의 낙태의 합법화 이전에는, 많은 여성들이 선택의 여지가 없이 아동을 낳아서 입양을 위해 포기해야 한다고만 생각했다. 그들은 불법적인 낙태도, 부끄러움 속에서 아동과 함께 사는 것도 선택할 수 없었으며, 부모가 될 준비도 안 되었다.

오늘날 자신의 아이를 키울 수 없다고 결정한 일부 여성들은 낙태보다는 여전히 입양을 위한 포기를 선택한다. 이들 중에 일부는 낙태란 도덕적으로 잘못된 것으로 생각한다. 어떤사람들은 임신 초기에 태아와 애착의 느낌을 갖기도 한다. 아이를 낙태한 한 여성은 "내가 실수를 한 거예요. 내 아이가 그런 대가를 치르게 하지 말았어야 해요."

입양을 보냈더라면 자신의 아이에게 좋은 삶의 기회를 줄 수 있었을 거라고 생각한 것이다. 어떤 여성들은 자신의 아이를 입양 보냄으로서 아이에게는 삶을 주었고 아이를 기다리는 부부에게는 아이를 주었다는 믿음으로 만족스러워 한다.

임신에 대한 책임성의 문제도 있다. 누구의 "잘못"이었는가, 남자? 여자? 둘 다? 아니면 아무의 잘못도 아니었는가? 책임을 누구의 탓으로 돌리거나 회피하는 것은 잘못이며 부끄러운 것이다.

17살 샐리는 임신을 하였는데 그 문제에 대해 자신의 가족을 담당하고 있는 사회사업가와 의논하면서 불안과 분노에 차있었다. 그녀는 자신의 어머니가 피임에 대해 전혀 가르쳐주지 않았으며 그녀의 데이트에 대해서도 "마음대로 하라"며 내버려두었다고 비난을 했다.

이렇게 주변사람들의 잘못을 비난하고 그들에게 그 대가를 치르게 해야겠다는 그녀의 확고한 결심 때문에 아기의 미래를 위한 계획을 세우는 일은 혼란스러워졌다. 사회복지사의 도움을 통해, 샐리는 스스로에 대한 실망감뿐만 아니라 다른 사람들에 대해 가졌던 실망감에 대해서도 깨닫게 되었다. 그러고 나서야, 그녀는 아기에게 가장 좋다고 여기는 결정을 할 수 있었다. 샐리처럼 많은 젊은이들은 자신이 아이를 위해 할 수 있는 일에 대한 책임감을 인정하고, 만약 여전히 타인의 책임에 대해 용서가 안 되었다면 용서가 될 때까지 책망하고 분노하는 과정을 통해 그러한 감정들을 해소해야만 한다. 그것이야말로 적절한 의료적인 보호를 구하고 아이의 미래를 위한 계획을 세우는 과정을 통한 충분한 해결책이 될 것이다.

계획하는 중에 내적·외적 갈등이 있기도 하다. 부모들은 아이에 대한 자신들의 복잡한 감정들과 싸우게 된다. 그들은 원하면서 동시에 원하지 않기도 한다. 그들의 삶을 복잡하게 만드는 아이를 사랑하면서 미워하기도 한다. 친생모와 친생부는 스스로, 또는 서로, 종종 가족끼리, 다른 관련 있는 사람들과 결정을 내리는 과정에서 싸우기도 한다.

아기를 입양 보낸 친생모들의 경우에서도, 그들은 자신이 아기를 위한 최선의 결정을 내린 좋은 부모라는 믿음을 가지고 있을 수 있다. 그것은 서로 자신의 아기라고 우기는 두 여자가 나오는 솔로몬왕의 이야기처럼 자신이 비슷한 상황에 처했었다는 생각에 위로를 받는다. 동시에 스스로가 사랑스러운 부모라고 생각하면서도 아이를 포기했다는 모순 때문에 고통스러워한다. 또한 아기를 포기하는 것을 이기적인 행동으로 보는 또래친구들이나 다른 사람들로부터의 압력이 있을 수도 있다. 입양을 보내기 위해 포기한 것은 아이를 위한 최선책이었다는 주변의 지지에도 불구하고 그들은 과연 자신과 아기를 위한 최선의 결정이었는가에 대해 근심하기도 한다. "내 머리는 그렇게 말하지만, 내 마음은 다른 것을 말합니다." 메리의 슬픔에 잠긴 고백이다.

> 내가 이 아기를 잘 돌볼 준비가 되어 있지 않다는 것을 잘 압니다. 양부모가 아기에게 정서적, 재정적, 문화적으로 더 많은 것을 줄 것이라는 것도 압니다. 정말로 그렇게 믿습니다. 그리고 내가 지금 아이를 돌보기 원치 않는다는 것 또한 잘 알고 있습니다. 아기를 기른다면 내 인생이 앞으로 견뎌내기 어려운 과정으로 된다는 것도 압니다. 나는 중학생 소녀일 뿐입니다. 학교도 졸업하고 직업도 갖고 중산층 남자와 결혼도 해서 평범한 삶을 살고 싶습니다. 만일 내가 아이를 키운다면 그렇게 할 수 없을 겁니다. 나중에 엄마가 자기를 버렸다는 걸 아이가 알게 되었을 때 상처를 받을 거라는 걱정보다는 내 인생의 목표를 더 소중히 여기는 내 자신에게 스스로 이기적이라고 말합니다.

비록 친생부모가 자신의 이러한 감정을 누른 채 아이를 포기한다 해도, 이러한 갈등들은 세월이 흐른 후에도 다시 그들의 마음속에 찾아와 온통 휘저어 놓기가 쉽다.

제2단계: 아이를 포기하기 위한 준비

아이를 포기하는 부모들은 아이가 입양되기까지 많은 결정들을 하게 된다. 입양기관을 통해서 진행할 건지 아니면 개인입양 알선가를 통해서 진행할지를 결정해야만 한다. 이러한 결정은 다양한 자원들에 대해 그들이 접근해 본 결과와 재정적·의료적·사회적 서비스에 대한 자신들의 특별한 욕구들에 근거하여 이루어진다. 미혼모들은 때때로 미혼모 시설에서 살기도하고 단독 주거시설에서 살기도 한다. 1980년대 중반 이후, 입양 서비스 현장에서 개방적 경향이 증가함에 따라, 아이를 포기하는 부모들은 입양부모들과 연락하고 싶은 유형에 대한 부수적인 결정까지 해야만 했다. 그들은 입양기관이나 개인입양알선가가 (양부모를) 선택하도록 하기보다는 그들이 (양부모를) 선택하는데 얼마나 적극적으로 참여하고 싶은지를 결정해야 한다. 입양이 되고난 후에도 연락을 지속하기 원한다면, 어느 정도 그리고 어떤 방법으로 연락할 것인가를 결정해야 한다. 그들은 입양기관의 이데올로기나 잠재적인 양부모의 욕구에 근거한 특정 형식의 연락 방법을 선택하도록 입양기관이나 개인입양알선가에 의해 무언의 압력을 느끼기도 한다.

아기를 입양보내기로 한 결정에 부모로서의 권리에 대한 감정적인 포기까지 담겨있는 것은 아니다. 이것은 그 자체만의 과정을 가진다. 엄마들은 9개월 동안 태아와 신체적으로 감정적으로 애착관계를 경험한다. 많은 아빠들도 비슷한 연결감정을 가진다. 출산을 통한 분리의 과정은 모든 엄마들이 잘 알고 있는 변화를 가져오는데, 일반적인 침전상태인 산후 우울증이나 때로는 심각한 우울증을 겪기도 한다. 아이를 포기하는 부모들의 경우, 임신기간 내내 애착과 상실의 고민으로 가득 차 있다. 극단적인 경우, 일부 엄마들은 아기를 보낼 때까지 아기와의 애착상태를 즐기기도 한다. 그들은 오늘 함께 살고 있고, 임신동안 몸을 조심하고, 아기와 함께 있는 동안 자신이 할 수 있는 모든 것을 다한다. 반대로, 어떤 엄마들은 앞으로 있게 될 상실의 감정으로부터 스스로를 보호하기 위해 어떤 애착의 감정도 인정하지 않으려고 애쓰기도 한다.

애착을 경험하고 아이를 떠나보내는 경험과 함께 그런 모든 감정도 떠나보내야만 한다. 태중에서 움직이는 태아에게 대답하는 따뜻한 순간과 함께 또 다른 슬픔의 순간이 잇달아 뒤따르게 된다.

출산과정 자체는 내적 및 외적 불안과 갈등을 동반한다. 아동을 포기하는 부모들이 그들의 신체적 및 정서적 고통을 다루기 위해 그들 주변에 있는 지지체계의 도움을 받는 일은 드물다. 아동복지 종사자와 예비 양부모들이 의자에 앉아 (분만실 앞에서) 간절히 기다리고 있는 동안 기득권자와 아닌자가 점점 명확해진다. 병원 직원들이 대게는 효과적으로 일을 잘 하지만 그런 상황에 대한 감수성이나 배려하는 마음은 없다. 예를 들면, 대부분의 산부인과병동은 정해진 시간에 정규적으로 수유하기 위해 아기들을 방마다 데려다 준다. 아기를 포기한 엄마는 같은 방에 있는 다른 산모가 아기를 받아서 수유하는 모습을 보기도 한다. 그러나 자신은 다시는 볼 수 없는 아기를 보거나 수유를 한다. 그녀의 경험은 다른 산모들과는 굉장히 다른 것이지만 비슷하게 다루어지기 쉽다. 샐리는 출산 후 바로 아기를 안았지만 더 이상 연락하지 않기로 결정을 했다. 그녀는 다른 아기들이 그들의 엄마에게로 가서 수유하는 모습을 보는 것이 '악몽' 같았으며 그때마다 그녀는 병원 예배실에 가서 울곤 했다.

아기를 포기하는 부모들은 임신과 출산 기간 동안 고립감과 외로움과 슬픔을 자주 느낀다는 보고들이 있다. 산드라는 따뜻한 마음을 가진 활달한 18세 소녀로 엄마와 아주 친밀한 관계를 가지고 있지만 엄마가 가진 종교적인 신념 때문에 자신의 임신 사실을 엄마에게 알리지 않기로 결정을 했다. 그녀는 "나는 내가 아기를 가졌을 때 엄마가 내 옆에 있는 모습을 늘 상상했었죠."라고 말했다. "아마 대부분의 여자들이 엄마가 옆에 있기를 원할 겁니다. 난 엄마가 옆에 없어서 외로웠어요. 난 숨죽여 엄마를 부르면서 괴로워했죠. 엄마가 없이 그런 중요한 경험을 한다는 것이 내겐 정말 우울했습니다."

임신기간 동안 그리고 출산 후, 십대들은 자신들이 또래들로부터 고립되어졌고 멀어졌다는 것을 알게 된다. 친구들이 알아채고 비난할 것이 예상되기 때문에 비밀로 숨기게 되고, 엄청난 외로움을 느끼며 자신이 친구들과 다르다고 생각하게 된다. 그리고 사실 그들은 10대들이 인생에서 가지는 일반적인 관심사들보다는 잃은 아이에 대해 집착한다는 점에서 다르다. 그들은 사회규범으로부터 벗어난 중대사건을 경험했으며 이것이 아마도 그들을 철들게 하고, 성숙하게 하며, 고독감에 따른 상처를 갖게 되는 일종의 혼합물을 만들어 내게 된다.

가정을 선택하는 데 있어서 최고의 기회를 가질 수 있는 건강한 아기를 낳은 경우에는 그나마 만족감을 갖는다. 하지만 장애나 신체적인 이상이 있는 아기를 낳았을 경우에는, 죄책감이 들고 다시 강한 수치심이 생긴다. 그리고 본래의 입양 계획은 개인입양알선가나 공공입양기관으로부터 취소가 된다. 위탁이나 시설 보호가 이제 남은 선택이 될 것이다. 아이가 좀 더 좋은 환경에서 살게 될 것이라고 위안 받았던 생각은 산산이 부서져 버린다. 장애를 가진 아동을 어디론가 보내는 문제에 부딪힌 여느 부모들과 마찬가지로, 아동을 포기하는 부모들은 친생가족이 제공하게 될 삶과 앞으로 아동이 (입양 보냈을 경우) 갖게 될 더 나은 삶의 질을 비교하면서 괴로워한다. 건강한 아동이건 그렇지 않건, 그들은 출산 주변에 따르는 문제들을 홀로 처리하도록 남겨진다.

아동을 포기하는 행위와 관련된 친생부모들의 내적인 복잡함과 주변 관계와의 갈등은 곧 그들에게 가해지는 사회적 태도이며 압력이다. 몇몇 가족들, 친구들 및 주변사람들은 아동과, 친생모, 및 양부모를 위한 최선책으로서 아동을 포기하는 결정을 지지할 것이다. 그러나 어떤 사람들은 다른 측면에서 그에 대해 반대한다. 어떤 이들은 그것이 엄청난 상실의 무덤을 파는 일이며, 일생을 슬픔과 후회로 만들어 버릴 것이라고 생각한다. 어떤 이들은 그에 대해 도덕적인 판단을 할지도 모른다. "어떻게 자기 아이를 버릴 수가 있지요? 그건 순리가 아니며 비인간적이고 하나님의 뜻이 아닙니다." 그것은 자기가족의 이름과 가계에 또 하나의 가족 구성원을 데려오기를 바라는 마음에서 비롯된 기득권을 표현한 것일 수도 있다. 이러한 모든 욕구들, 소망들 그리고 판단들은 친생부모들의 양가감정을 악화시키며, 그들을 위한 거짓말을 하도록 하여 결정을 더 어렵게 만들 수도 있다.

"우리 엄마는 내가 아이를 키우면 내 인생이 파멸될 거라고 날 설득시켰어요." 쥬디의 항변이다. "지금 생각해 보면 내가 아이를 키우면 엄마 자신의 인생이 엉망이 될 거라는 말이었던 것 같아요. 엄마가 자신의 욕구를 내게 강요하도록 놔두지 말았어야 했어요. 난 정말로 내 스스로를 위해 그런 결정을 내린 건 아니었어요."

아동을 포기하는 것에는 모든 그 밖의 사람들의 생각과 감정들이 함께 드러난다. 조부모님들은 자신들의 손자(아마도 첫 번째 손자일 것이다)에 대해 슬퍼한다. 그들도 자신의 아들과 딸의 편에 서있기 때문에, 이런 결정에 따라 그들 역시 아기와 작별인사를 해야 한다. 그들은 자신들 스스로와 그들의 자녀(아이를 낳은 미혼 친생부모)들 때문에 슬퍼할 것이다. 그리고 또한 영원히 기억할 것이다. 형제들(아기의 이모, 고모나 삼촌)도 비슷한 상실을 경험하며 때때로 자신들이 그 아기를 키워야 한다는 압박감을 갖기도 한다. 친생부모들은 입양이야 말로 모든 사람들을 위한 최선책이라고 믿는 사회사업가의 판단에 주로 의존하기도 한다. 그래서 그러한 개별적 및 전문적인 압력은 미혼모 자신의 소망과 욕구를 부인하도록 만드는 스스로의 양가감정과 충돌을 일으킬 수 있다.

아동의 포기가 아동을 위한 최선의 이익이라는 결정을 내리기 위해서, 친생부모들은 입양제도의 기본적인 신조 한 가지를 믿어야만 한다. 즉, "양부모는 아이에게 더 낳은 것을 줄 수 있으며 따라서 더 유능한 사람이다"라는 신념을 갖는 것은 자신의 이익만을 생각한 결정이라는 것에 대한 불안감을 완화시키고 더 큰 평화에 기여한다. 하지만 능력이 없거나 심지어는 학대하는 양부모에 대한 이야기를 우리 모두 들었거나 읽은 적이 있다. 그런 경우 친생부모는 아동의 포기에 있어서 위기를 맞게 된다. 그들은 입양기관의 홈스터디가 확실하기를 바라며 개인 입양알선가가 합법적으로 올바른 신념을 가지고 일하기를 바란다. 심지어 친생부모들이 양부모를 선택하는 경우에도, 그들은 자신들의 직감과 판단이 올바르게 잘 되어진 것이길 바란다. 자신들의 감정적인 편안함과 아동포기의 과정을 잘 진행시키려는 목적 때문에, 그들은 양부모 가정의 질에 대한 숨겨진 염려들을 깊이 생각할 여유가 없으며 이상적인 환경보다 다소 부족한 부분들에 대한 생각을 억눌러야만 한다. 양부모를 선택하는 데 친생부모의 관여가 증가함에 따라 친부모에 의해 선택받는 경우들도 있고, 친생부모가 생각하는 자신의 아이를 위한 이상적인 양육환경과 비교하여 상대적으로 최저수준의 생활이라고 판단되는 경우에는 '선택받지 못한' 예비양부모들도 있다. 유아교육을 전공한 30대 초반의 성숙하고 세련된 여성인 제인은 아이를 키우기에 적합하지 않다고 판단되는 여러 예비 입양가족들을 차례대로 거절했다. 마침내 그녀는 자신이 제안하는 요구사항에 맞는 완벽한 가정은 존재하지 않는 다는 것을 깨달았으며, 결국 입양가정의 선택권을 입양기관에게 맡겼다.

아동의 포기를 생각하는 친생부모들은 자신들의 양육능력과 가능성들을 동시에 검토한다. 계획에 없던 아이를 성공적으로 키우는 경우도 있으며, 그런 사례들을 알게 될 수도 있다. 반면에 아이를 키우다가 결국 불행해진 사례에 대해서도 알게 될 것이다. 그들은 자신들이 이러한 연속적인 상황에 빠져버리지 않을까 걱정하게 되며, 내가 정말 노력을 하고, 나의 꿈과 소망들을 기꺼이 미루고 희생한다면, 입양보다는 더 낳은 결과를 이룰 수 있을지에 대해 스스로에게 묻기도 한다.

친생부모들의 양가감정에 영향을 미치는 중요한 문제는 친생부모 자신의 가족, 자신의 인생 경험 등과 관련이 있다. 아동을 위한 좋은 가정을 찾는 과정에서 친생부모가 갖고 있는 자기 부모와의 경험이 영향을 미치기 쉽다. 예를 들어 가난한 가정에서 성장했다면, 자신들이 가져보지 못한 기회를 아동이 가질 수 있다는 생각이 아동을 포기하는 결정을 내리는 데 굉장히 설득력 있는 요인일 것이다. 아주 고단한 한 부모(예를 들어 싱글맘) 가정에서 자란 경우라면, 아이에게 엄마와 아빠가 모두 있는 가정을 줄 수 있다는 생각이 분명하게 작용하기도 한다.

이와 유사하게, 친생부모가 분리와 유기를 경험했다면 그와 관련된 중요한 심리적인 이슈들이 있게 된다. 과거에 그러한 경험으로 고통을 받았다면 자신의 아이를 그런 상황에 처하게 한다는 것을 절대 받아들일 수 없을 것이다. “난 3살 때 아버지로부터 버림을 받았어요.” 토니가 말했다. “상처와 거절이 일생 동안 내게 남겨졌죠. 난 내 아이에게 그런 고통을 줄 수가 없어요. 아이를 키우기 위해 무슨 일이라도 할 겁니다.” 반면에 성장과정에서 안정감과 편안함을 경험한 사람들의 경우에는 아동포기에서 비롯되는 영향을 가볍게 보며 양부모 가정에서 갖게 되는 기회들이 아동포기의 결과로 생기는 심리적 손상의 가능성보다 훨씬 더 많을 거라고 생각한다. 후자 쪽 상황은 역사적으로 입양기관들에 의해 주장되어 왔다. 입양된 사람들의 특별한 과제들을 설명하는 문헌들이 증가하는 것이 친생부모들에게는 불편한 것일 수 있으며 그들의 결정을 훨씬 더 어렵게 만들 수도 있다.

친생모들이 아기를 포기하도록 결정하게 만드는 몇 가지 결론들이 있다. 친생모들은 자신들이 양부모가 제공하는 것과 똑같은 양육환경을 아동에게 제공하는 것이 불가능하다고 결론짓는다. 이러한 결론은 포기되는 아동의 감정은 입양가족과의 긍정적인 경험을 통해 충분히 극복할 수 있다는 믿음을 포함하고 있다. 친생모들에 관한 또 다른 가능한 결론은 친생모가 양부모와 같은 양육환경을 제공할 수 있음에도 자신을 희생하고 싶지 않아 수용할 수 있는 대안으로 입양을 생각한다는 것이다. 세 번째 가능한 결론은, 그들이 만일 다른 상황에 있었더라면(예를 들면 학업을 끝마쳤다거나, 직업을 가졌으며 재정적으로 안정되었다면) 자신의 아이를 충분히 돌볼 수 있었을 것이지만, 그들은 이러한 상황이 아니었기 때문에, 책임을 다할 수가 없다는 것이다. 친생모들은 결론을 이끌어내고 결정을 내리는 과정에서 여러 가지 생각과 감정들에 휩싸이게 된다. 사회규범, 친생모 자신의 인생경험, 현재의 자원 및 미래의 목표들과 앞으로 아동이 가질 수 있는 잠재적 입양가정을 비교하게 된다(마치 저울에 저울추를 올려놓고 비교하는 것처럼). 어떤 사람들은 아동을 포기하는 쪽으로 저울추가 압도적으로 많이 올라갔을 것이고, 어떤 사람들은 아주 가벼운 정도로만 올라갔을 것이다. 하지만 저울추와 상관없이, 자신과 잠재적 양부모와의 능력을 비교하는 것에 대한 분노는 가라앉지 않을 것이다.

아동의 포기를 준비하는 이러한 단계는 대부분 혼잡하고 복잡한 생각과 감정들로 가득 차 있다. 로베타는 너무나 많은 방향들을 강요당하고 이끌려 다녀 지쳐버렸다. 그녀는 아기에게 애착을 느꼈지만 자신이 키우고 싶진 않았다. 그녀는 아기를 포기하지 말고 가족이 돌보기를 원하는 어머니의 소원을 들어주고 싶었지만, 자신의 삶이 복잡해지는 것을 원치 않았다. 하지만 그녀는 아이가 양부모 가정에서 적절하게 보호받는다는 충분한 확신을 가질 수 있을지가 의문스러웠다.

몇 달간의 혼돈과 고민 끝에, 로베타는 자신의 상황이 본질적으로 갈등적일 수밖에 없으며, 결코 완벽하고 분명한 답이 나오지 않으리라는 사실을 깨달았다. 그녀는 자신과 아기를 위해 가장 옳다고 느낀 쪽으로 결정을 내리기로 했고, 앞으로 자신에게 남아있는 혼란스러운 감정들과 계속 싸워야 한다는 사실을 수용하기로 했다. 이 단계에서는 그러한 양가감정들을 수용하는 것이 필요하다. 이러한 수용은 로베타가 그녀의 감정들을 부인하지 않고도 자신과 아기를 위한 합리적인 결정을 할 수 있게 만들었다. 몇 년 전에 그녀의 친한 친구가 우유부단함 때문에 무력해졌던 것을 보았기 때문에, 그녀는 이러한 결과에 대해 만족스러워했다.

결정을 내리지 못해서 가족들이 언쟁에 빠져있는 동안 위탁가정에서 지냈던 그 친구의 아기는 세 번이나 위탁가정이 바뀐 후 두 살 반이 되어서야 양부모 가정에 안정적으로 입양이 되었다. 로베타는 자신의 아기에게 출생 직후 바로 안정적인 가정을 줄 수 있어서 기뻤다.

제3단계: 아동의 포기

아동이 실제로 양부모 가정에 옮겨지는 것은 친생부모들이 자신의 자녀들을 신체적·감정적으로 상실하게 만든다. 반면 일부 슬픔의 과정은 이미 임신 기간 중에 일어나기도 하며, 신체적인 분리로 인해 슬픔이 한층 더 심화된다. 사람은 저마다 자신만의 방식으로 애도를 표하는데, 아동을 포기하는 부모들은 자녀를 영원히 시설에 보냈거나 혹은 사망했거나 하는 이유로 인해 자녀를 상실한 부모들이 갖는 문제들과는 다른 유형의 문제들을 처리해야만 한다. 지난 수십 년간 신체적인 분리는 대부분 분만과 동시에 이루어졌기 때문에 아동을 포기하는 친생부모들이 자기 자녀를 분만한 후 만난다거나 안아보게 하지 않았다. 그러나 요즈음은 분만 후 친생모가 아동에게 초기에 모유수유를 하게 한다거나 하는 것과 같은 약간의 신체적인 접촉을 갖게 하는 것이 보다 일반적이다. 친생부모와 신생아 사이의 신체적인 접촉에 더하여, 양부모와 신생아가 출생 후 바로 분만실에서 접촉을 하는 경우가 점점 더 많아진다는 이야기도 들린다. 링컴 케플란Lincoln Caplan이 쓴 "개방입양An Apen Adoption"에서는 친생모가 주장하는 한 상황에 대해 서술하고 있는데, '신생아는 출생 하자마자 기다리고 있던 양부모의 품에 안겨야 하며 그렇게 함으로서 양부모의 냄새와 신체에 유대관계를 형성할 수 있다'는 것으로, 이는 친생모 자신의 소망보다는 아기의 욕구에 더 우선하는 선택을 의미한다.

주변 상황이나 실행과정이 어떠했던지 간에, 임신기간 동안 존재했던(친생모와 아동의) 애착과정은 출생과 동시에 이제 상실감으로 가득 차게 된다. 심지어 개방입양에서도 아동이 다시는 같은 방식으로 친생부모에게 소속되지 못할 것이다. 친생모는 이 아동과 일상의 부모역할 경험을 한 적이 없다. 예를 들면, 잠들기 전에 동화이야기를 해준다던가, 콧물이 줄줄 흐르는 코, 생채기가 난 무릎, 무서운 천둥번개, "내가 했어요", "엄마, 나 집이야" 등등. 단순히 아동을 방문하거나 아동의 성장과정에 대한 소식을 듣는 것과 아동과 함께 살면서 기쁨과 고통을 직접 경험하는 것은 완전히 다르다. 시련을 겪는 친생부모들은 돕고 있는 몇몇 단체와 기관들이 있기는 하지만, 우리의 사회의 전반적 구조는 상실감과 슬픔에 빠져있는 친생모를 위로하고 지지하는 관습이나 의식이 전혀 없다. 친구들과 가족들이 그 고통을 함께 느끼고 이해할 수도 있고 또는 그렇지 않을 수도 있다. 안심을 시키려고 노력하는 사람들은 친생모들에게 종종 "최선을 다한 거야"라고 상기시키면서 위로를 한다. "완벽한 해결책"이라는 믿음은 이러한 고통을 비밀로 깊숙이 간직하고 있는 개인의 고통을 더 위태롭게 만들 것이다. 오히려 친생부모나 다른 관련된 사람들의 상실을 인정하는 것이 그 고통을 보다 적절하게 다룰 수 있을 것이다. 이러한 목적을 위해 일부 기관들과 사회사업가들은 이제 친생부모가 아동에게 이별을 고하고 양부모에게 아동을 사랑과 돌봄에 대한 책임을 맡게 하는 공식적인 의식행위를 조항에 넣도록 장려하고 있다.

양부모들은 아동을 자신들의 품에 안고 아동을 위해 최선을 다할 것을 약속한다. 모든 친생모들은 자신만의 방법으로 아이와 작별인사를 하고 싶어 한다. 어떤 이들은 공식적인 의식이 가장 유용할 것이며, 또 다른 이들은 자신만의 개별적인 시간이나 의식을 더 선호하기도 할 것이다. 형식이야 어떻든 간에, 앞으로의 과제를 보다 효과적으로 수행하기 위해 이러한 생물학적인 유대관계와 분리를 인정하고 이해하는 것이 필요하다.

아동을 포기하는 엄마들이 애도하는 과정에 대한 연구보고서가 있다. "솔로몬의 엄마들: 병리적 사별에 대한 특별한 사례"라는 제목의 이 보고서는 심리치료를 받고 있는 22명의 여성을 대상으로 하였다. 이 여성들과 병리적인 사별 방법들에 대한 설명과 함께, 이 보고서는 이러한 특별한 사별 케이스에 대한 우리의 이해를 도울 것이다. 아동을 포기하는 엄마들에게는 어떤 독특한 요인들이 있는지, 그리고 병리적이지 않은 슬픔에 대한 자신들만의 특별한 형식을 어떻게 이루는지.

학자들은 문헌을 통해, 아동을 포기하는 여성들의 슬픔을 일반적으로 6단계로 서술하고 있는데, ① 현실 인지 과정, ② 경고 반응(스트레스에 대한 첫 번째 위급 반응), ③ 찾기(잃어버린 아동을 찾아달라고 공식적으로 간청), ④ 분노와 죄책감, ⑤ 자기상실에 대한 감정들(자아의 내적 상실이나 훼손된 감정), ⑥ 현상 확인 등이다.

1. 현실 인지의 과정

상실에 대한 인간의 가장 일반적인 반응은 '부인denial'이다. "나는 그것을 믿을 수가 없어." 누군가가 죽었을 때, 생존자들은 그들의 고통에도 불구하고 자신들의 삶과 행복을 앗아간 피할 수 없는 충격을 부정하는 하나의 방법으로 평소와 같은 일상생활을 그대로 지속하곤 한다. 이것은 상실을 수용하고 자연스럽게 현실을 인정하는 쪽으로 움직이기 위해 현실과 직면하는 것과는 아주 다른 유형이다. 그들의 삶은 잃어버린 사람이 없다고 인식하면서 생활하며 단지 추억을 가지고 다시 시작할 뿐이다. 이 과정은 아동을 포기하는 부모들에게 있어서는 훨씬 더 복잡한데, 비록 더 이상 그들 앞에 존재하진 않지만 여전히 존재하기 때문이다. 장례식도 없고, 화장하지도 않았으며, 무덤도 없으며, 잃어버린 사람을 다시 데려올 방법이 없다는 현실을 궁극적으로 수용하게 만드는 마지막 선언문도 없기 때문이다. 아동을 포기한 부모들이 갖는 상봉에 대한 환상은 지속적으로 존재하는 아동에 대한 실체 때문이다. 그것은 다른 종류의 상실(즉, 누군가의 아이를 영원히 상실했거나, 심지어 개방입양일 경우에도)에 대한 수용을 당연하게 받아들인다. 수용하는 방법에 있어서도, 아동을 포기한 부모들은 "마치 아이가 죽은 것 하고 똑같아."라는 태도로부터 "그 애는 여전히 내 아이야, 그리고 난 언젠가 그 애를 다시 찾게 될 거야."라는 태도까지 경험하게 될 것이다. 그들은 아이를 출산하고 계속 키워야 했지만, 포기하게 되었던 수수께끼 같은 상황을 수용하기 위해 애를 쓴다. 심지어 정기적인 방문과 실제로 아동을 돌볼 수 있는 개방입양의 경우에서도 아동은 마치 다른 사람들의 아동인 것처럼 그들이 소유할 수도 잡을 수도 없다.

2. 경고 반응(스트레스에 대한 첫 번째 위급 반응)

이 단계는 친숙하고 당연했던 신념과 행동이 거의 쓸모없어지면서, 안전성이 무너지는 경험을 나타낸다. 대리모가 되기로 선택한 사람들을 제외하고는, 어느 날 갑자기 아이를 낳고나서 포기하기로 계획을 하는 사람은 드물 것이다. “어떻게 이런 일이 일어날 수 있는 걸까?”, 그리고 “내가 어떻게 이런 일을 할 수 있었을까?”라는 겁에 질린, 그리고 놀라운 반응들과 생각들, 심지어 친생부모들이 아동포기야말로 최선의 행동이었다고 확고하게 믿는 그러한 상황들도 이해 가능하다.

“나는 이런 느낌이 들 거라고는 상상해 본 적이 없어. 마치 나의 한 부분이 죽은 것 같아. 어떤 면에서는 사산아 같기도 하고, 왜냐하면 내가 그 아이를 떠나 보낸 거니까.” 그것은 실존적 염려에 대한 고통스러운 순간과 같다. “이것이 내게 어떤 의미인가? 내가 그 아이에게 무슨 일을 한 거지?”, “내가 무슨 일을 한 건가?”에 대한 한 가지 반응은 아이를 다시 찾아서 상처를 원상복구시키는 희망적인 상상을 하는 것이다.

3. 찾기(잃어버린 아동을 찾아달라고 공식적으로 간청)

사람이 사랑했던 사람의 죽음을 슬퍼하는 것은 종종 잃어버린 사람을 찾는 전의식의 하나라는 연구보고가 있다. 계단에서 익숙한 발자국 소리를 듣는다거나 구름 속에서 잃어버린 사람의 얼굴을 분명히 본 그런 느낌의 순간들이다. 마치 죽은 사람이 가까이에 혹은 지금도 있는 것처럼 사별한 사람들은 잃어버린 사람의 옷차림, 생각, 행동, 감정 등과 같은 특징들을 간직하고 있다. 대게, 시간이 지나면 이러한 경험들은 소멸된다. 반면에 아동을 포기하는 부모들은 다른 점이 있다. 잃어버린 아이가 실제로 보이는 것이다. 우연히, 또는 계획에 의해(개방입양의 경우처럼) 환상에서 아이가 나타나는 것이다. 그러한 많은 부모들은 일생동안 전의식에서의 찾기를 한다고 보고된다. 즉, 항상 일정 나이, 성별, 신체적 특징을 가진 한 사람을 찾는 것이다. 그런 끈질긴 요청은 아이가 스스로 부모를 찾을 수 있는 충분한 나이가 되도록 시간이 빨리 흘러가기를 바라게 된다. 아동이 18세나 21세가 되면 친생부모들의 소망이 더 강해진다. 아동을 다시 찾고 싶은 충동, 다시 소유하고 싶은 충동은 현실에 의해 강화될 수 있으며, 이러한 충동은 대부분의 경우 죽음에 뒤따라 생기는 그런 감정들과는 달리 시간이 지나도 쉽게 줄어들지 않는다.

4. 분노와 죄책감

어떤 나쁜 일이 일어나면, 사람은 당연히 자신이나 다른 사람

누구에게 책임이 있는지를 묻게 된다. 따라서 죄책감과 책망 사이에서 고통스러워하는 것은 흔한 일이다. 일반적인 슬픔에서는 소중한 사람의 죽음에 대해 주로 스스로를 책망한다. 그들은 또한 보호자나 의사들, 담배회사와 같은 다른 사람들을 책망하기도 한다. 시간이 지나면서 그들은 죽음이 어느 누군가의 잘못 때문이 아니라는 삶의 현실성을 깨닫고, 거기에서 정당한 비난을 가려내게 된다. 아동을 포기하는 부모들은 그들이 가진 상실감의 상황들을 만들어 내기 위해 그들의 책임성과 직면해야만 한다. 이것은 맹목적으로 판단을 표현하는 타인들에 의해 종종 강요 된다. "문제는 당신 자신이 만든 것이다. 그러니까 불평할 수 없다." 이런 점에서 볼 때 친생부모들이 갈등하고 있는 것은 임신 보다는 아동을 포기하는 것에 대한 책임성이다. 그들은 입양계획을 결정한 것에 대한 책임성을 충분히 느끼지 않을 수도 있다. 친구들이나 가족들, 그리고 다른 가능한 선택들에 대한 지지를 보류하거나 입양을 결정하도록 압력을 가했다고 느껴지는 사회복지사에게 비난을 쏟아 부을 지도 모른다.

"솔로몬의 엄마들"이라는 연구에서는 제 삼자들에 대한 분노는 시간이 지나면서 소멸되기보다는 오히려 강화된다고 밝혀졌다. 그런 현상이 아동을 포기하는 친생모들에게서는 어느 정도 보편적으로 나타나는지는 잘 모르겠다. 그것은 그들 스스로 자기비난에 대한 방어이거나, 그들의 상황에 대한 정확한 평가일 수 있다. 그러나 우리는 모든 친생부모가 아동을 포기할 당시의, 그리고 아마도 영원히 지속될 죄책감과 비난의 이슈들을 해결해야 한다고 생각한다.

5. 자기상실에 대한 감정들(자아의 내적 상실이나 훼손된 감정)

사람들이 상실을 다룰 때, 흔히 상실에 앞서 그들 스스로에 대한 인식을 먼저 상실하는 경험을 하게 된다. 그들은 자신이 "산산조각이 났다"고 느낄지도 모르며, 이제 그들의 삶에서 그 사람이 없는(자신이 낳은 아이 없이) 자신의 삶을 다시 일으켜야만 한다고 생각할 것이다. 이런 과정은 자신의 아기를 빼앗겼다고 느끼는 엄마들에게 한층 더 강하게 나타난다. 신체적으로 공허하고 비어있다고 느끼게 된다. 어떤 사람들은 영원히 상처 입었다고 느끼기도 하며 이젠 더 이상 정상적으로 아기를 출산할 수 없을 거라고 느끼기도 한다.

스테이시는 '정상'적인 중서부지방의 가정에서 성장하였다. 그녀가 아는 한, 일반적이지 않은 일이나 '비정상적'인 일은 그녀 집안의 지난 몇 세대 동안 일어난 적이 없었다. 그녀의 삶은 순탄하며 예측 가능한 것이었다. 가족들은 해야 할 일들을 했으며 자연스럽게 보이는 삶의 기쁨들을 즐겼다. 스테에시에게 있어서 아기를 포기한다는 것은 있을 수 없는 일이었다. 그녀는 비정상적인 방법으로 출산을 하는 소설 시나리오의 장면과 같은 악몽을 꾸기도 했다. 마치 자신이 가족들에게 낯선 이방인이며 해를 끼치는 부랑인처럼 느껴졌다. 자신과 비슷한 처지에 놓인 다른 여성들을 만나면 일시적으로 위안을 받기도 했지만 그녀는 자신의 가족 안에서 스스로가 "괴상한 사람"이라는 느낌을 떨쳐버릴 수가 없었다.

남성들 또한 상실감으로 인해 침식당했다는 느낌을 받는다고 말하지만, 여성들이 설명하는 신체적 상실의 경험보다는 관계적 측면에서의 상실을 더 많이 경험한다. 남자는 보호자이며 제공자로서 스스로에 대해 인식한다. 로베타는 많은 동생들을 돌보아야 했던 대가족에서 성장하였다. "내가 내 아이를 다른 사람이 돌보도록 보냈다는 게 정말이지 믿어지지 않습니다. 그 상황에서 최선의 결정을 한 거라고 생각하지만 그런 일을 한 게 정말 내가 아니었던 것 같은 느낌이 듭니다." 죄책감을 극복하기 위해서 수년 동안 많은 치료의 경험들을 하게 될 것이다.

6. 현상 확인

잃은 사람을 간직하는 한 가지 방법은 그 사람과 어떤 면에서 비슷하게 되는 것이다. 일반적으로 정신건강 전문가들이 "잃어버린 대상을 확인하기"라고 부르는 기간이 있다. 그 사람의 증세를 경험해 보거나 외모나 행동의 어느 한 면을 취해보는 것이다. 감정적인 "놓아주기"를 가져오는 것으로, 대게 이러한 행동은 자연스럽게 소멸되며, 잃어버린 사람으로부터 분리되어 정체감을 다시 구성하게 된다. 아동을 포기하는 엄마에게 있어서 이 '놓아주기'는 직접적이고 어머니다운 방식으로 아이에게 애착을 갖고 있다는 자신의 감각을 포기하는 것을 의미한다. 처음에는 임신이나 아동과의 초기 접촉 경험을 간직할 것이다. 그리고 스스로를 엄마를 그리워하는 버림받은 아이로 인식하며, 잃어버린 자신의 아이를 상상할 것이다. 아버지들의 경우 역시 자신들의 아이를 잃어버렸다고 느끼는 것처럼 "상실"의 감정을 표현하기도 한다. 그들은 제거 당했으며 길을 잃었다고 느끼며 일정기간동안 "안주"하지 못하는 자신을 발견하게 된다. 그리고 "내가 보호자도 아니고 아버지도 아니라면 나는 대체 누구란 말인가?"라는 의문을 가지며 고민할 것이다.

좋은 친생부모들은 자신의 온힘을 다해 건강한 아기를 낳고 아기를 위해 최고의 가정과 발달적 경험을 제공할 수 있는 가정을 찾아서 연결해 준다. 이렇게 하고 나면, 친생부모로서의 정체감에 대해 자부심을 가질 수도 있지만 동시에 아이를 양육하지 못하는 자신의 무능력을 후회하기도 한다. 따라서 과제는 누군가의 친생부모 자격은 수용하지만 양육부모로서의 정체감을 포기하는 것이다. 이것은 쉬운 과제는 아니다.

"솔로몬의 엄마들"의 저자들은 그들의 임상 사례에서 슬픔 과정을 지연시키거나 억압하는 몇 가지 요인들을 제시하였다.

첫째, 상실은 사회적인 낙인이 될 수 있다. 둘째, 외적인 사건들이 상실감정의 표현을 방해할 것이다. 셋째, 실질적인 상실이 있었는지 없었는지 불분명하다. 넷째, 정상적이며 예상된 시점에서 애도하는 의식이 없었을 것이다. 다섯째, 애도의식들이 자주 결핍된다.

우리는 모든 회고록이나 사례기록에서 이러한 요인들의 증거를 볼 수 있다. 외로움과 고독감에 대한 가슴 아픈 내용들, 무엇을 해야 하는지 어디에서 변화해야 하는지를 모르는 친생부모들은 자신들이 가진 가장 효과적인 애도의 방법들을 발전시킬 수 있다.

로즈는 어떻게 자신이 가족의 전통적인 유대교식 애도의식을 몰래 숨어서 해왔는지를 설명했다. 그녀는 7일 동안 집에만 있었으며 거의 아무것도 하지 않으면서 포기한 자신의 아들만 생각하였다. 시간이 지나면서 그녀의 슬픔은 행복한 양부모 집에서 지내고 있는 아들을 생각하면서 사라지기 시작하였다. 매년 아들의 생일 때마다 촛불을 켜고 아들을 위해 기도하기로 계획했다. 다른 친생부모들도 아이의 생일을 기억하는 자신들만의 비밀스러운 의식을 만들어 낸다. 어떤 사람들은 출산의 경험에 동참했던 기관이나 전문가들과 연락을 유지하면서 이러한 방법으로 그들의 감정을 확인하기도 한다. 친생부모들의 모임은 구성원들 서로가 지지할 수 있게 만든다. 이러한 방법들로, 아동을 포기하는 부모들은 슬픔의 이 단계를 해결하는 것이다.

제4단계: 아동포기 이후의 단계

입양의 사건과 과정의 종결은 아동을 포기한 부모들이 그들의 일상적인 일을 다시 시작하게 한다. 그들은 직장과 학교로 돌아가서 그들이 남겨두었던 것들을 다시 시작하기를 기대한다. 그러나 감정적인 문제들은 아직 끝나지 않으며, 때때로 정상적인 삶을 시작하는 것을 방해한다.

입양 이후에도 애도의 과정은 오랫동안 계속되는데 그것은 여러 가지 다른 방법들로 굉장히 다양하게 일생 동안 일어난다. 아동을 포기한 부모들은 일종의 환상 속 트랙에서 자신의 아이를 계속해서 뒤따라간다고 말한다. 즉 하루하루의 생활과 발달 단계에 맞춰서 아이를 상상한다. "난 내 아이에게 어떤 일이 있을지 알지 못합니다."라며 제시카는 자신의 딸을 포기한 후 10년간에 대해 이야기한다.

> 나는 내 감정들을 잘 이해하지 못했고 어떻게 그것들을 없애야 하는지도 잘 모른다는 걸 알았어요. 지난 수년 동안, 내가 제니(제가 지어준 이름입니다)에게 얽매여 있었다는 걸 알았습니다. 예를 들면, 5년 전 어느 가을날 직장에 출근했을 때 분노와 좌절감이 넘쳐 올랐던 것을 생생하게 기억합니다. 저는 내가 왜 이런 감정을 느끼는지 모르는 채 화장실로 갔고 흐느껴 울었습니다. 아침에 집에서 나왔을 때는 기분이 좋았습니다. 내가 정말로 신경이 예민해져간다는 생각이 들었습니다. 나중에 저는 동네 초등학교로 갔었던 생각이 납니다. 여름휴가 바로 다음날이었죠. 제니의 학교생활 초기였던 것 같습니다. 제니와 함께 하지 못한다는 사실과, 제니의 학교생활이 궁금해지면서 저는 괴로워졌습니다. 제가 결코 좋은 학생이 아니었기 때문에 제니가 혹시나 학교생활에 어려움이 있지는 않는지 불행한건 아닌지 걱정이 되었습니다. 또 어떤 때는 예기치 않게 만족스러운 느낌이 들 때도 있습니다. 최근에 저녁외식이 있었는데 특별한 이유없이 제 기분이 굉장히 좋았습니다. 저는 가족레스토랑에 갔었는데 거기에서 많은 행복한 가족들이 함께 식사를 즐기는 모습을 보았습니다. 저는 가난하고 불행한 가족에서 자랐기 때문에 이런 장면처럼 행복했던 적이 없었습니다. 저는 제니가 입양가족들과 함께 그곳에 있다는 상상을 했습니다. 그리고 내가 주지 못한 기쁨들과 기회들을 그녀에게 주었다는 생각에 행복감을 느꼈습니다.

부모들은 그들의 자녀가 좋은 환경에 있지만 멀리 떨어져 있다는 생각 때문에 생일날이 되면 특별히 슬퍼지거나 즐거움과 슬픔이 교차될 수 있다. 이날은 혹시 아이가 부모를 생각하는지, 그리고 포기한 것에 대해 어떤 감정을 느끼는지가 궁금해지는 때이다. "매년 크리스마스 즈음이 되면 나는 깊은 두려움에 빠지곤 합니다." 케티의 회상이다.

> 나는 그런 내 감정이 '휴일'과 관련이 있다고 생각하기 시작했고 기념의식들을 피하였습니다. 마침내 '휴일' 때문이 아니라 '생일' 때문이며, 나에게 천벌이 내린 거라고 생각했습니다. 내 아들은 12월12일에 태어났고 12월23일에 나는 입양동의서에 사인을 했습니다. 그래서 그 애는 '가정'에서 첫 번째 크리스마스를 보낼 수 있었습니다. 그 해에는 아주 우울한 크리스마스였고 그 이후 해마다 그랬습니다. 내가 그렇게 이해한 이후부터는 좀 더 나아졌습니다. 12월은 내게 있어서 단지 아들을 기억하고 안녕이라고 다시 작별인사를 하는 때라고 생각합니다. 아들이 가족들과 함께 있으면서 선물을 받는다는 상상을 하면 저는 행복해집니다. 나는 그가 충분히 이해하고 내게 화내지 않기를 바랍니다. 내가 그 애를 생각한다는 것을 알기 바라며 그 아이도 내 생각을 하길 바랍니다.

제시카와 케티는 그들의 불가사의한 감정들을 처리할 수 있었으며, 그것들이 입양과 관련되었음을 확인하였다. 그렇게 함으로서 돌출된 문제들을 밝히고 그것들을 다루는 방법들을 개발할 수 있었다. 그렇지 않았다면 그들은 불행한 감정들과 그들의 혼돈 속에 갇혀서 꼼짝할 수 없었을 것이다.

애도는 친생부모들이 공유하지 못하는 아동기의 단계들 동안 계속된다. 친생부모들은 아이들이 자신들과 동떨어진 세계에서도 자신들의 유전자를 발달시키면서 성장하는 모습을 상상한다. 심지어 아동을 포기했던 결정을 후회하지는 않는다 해도 아동에 대한 슬픔은 지속될 것이다. 어떤 부모들은 아동에 대해 생각하지 않고 지내는 날이 없다고 보고한다. 어떤 사람들은 시간이 지나면서 감정들이 소멸되지만 생일이나 휴가철 또 다른 기념일 즈음이면 강하게 생각난다고 한다. 그런 강한 생각과 함께 아동을 찾고 싶다는 바람이 종종 다시 생기기도 한다. 동시에, 친생부모들은 그들의 세계와 아이들의 세계에 그 비밀이 드러나게 될까봐 두려워하기도 한다.

> 내가 아이를 그리워하고 보고 싶어 하는 만큼, 그 아이를 데려오거나 그 아이에 대한 소식을 내 삶에 가져온다는 것은 지난 수년 동안 내가 일궈온 모든 것들을 파괴시키는 것이라는 걸 나는 안다. 나는 남편도 있고 자녀들도 있다. 그들은 아무것도 모르고 있다. 만일 이 아이가 다시 나타난다면 내 결혼 생활은 파괴될 것이고 나의 아이들을 황폐화시키게 될 것이다. 상봉에 성공한 몇몇 사람들을 나는 알고 있다. 하지만 그런 일이 내게도 있을 수 있다고 생각하지는 않는다.

때때로 친생부모들이 갖고 있는 상봉의 충격에 대한 최악의 두려움들이 사라지기도 한다. 이것은 소설 『축복』에서 잘 드라마화되었는데, 한 아동이 친생모를 찾았고 하필이면 그녀가 결혼을 준비하고 있는 좋지 않은 시기에 만나게 된 것이다. 약혼자가 아이의 존재를 알면 자신을 거절할 것이라고 생각한 엄마는 아이를 지키고 싶은 마음에 약혼자를 떠나보낸다. 드라마의 엔딩은, 남편이 아동에 대하여 알게 되며 마침내 부인을 받아들이는 것으로 끝맺는다. 이러한 허구적인 이야기가 때로는 실제 있는 사실들을 각색한 것일 때도 있다. 친생부모들은 종종 자신에게 가혹하며, 타인에게 반대의 감정을 투사하기도 한다. 투사는 과거의 문제로 덮어버렸지만 계속해서 존재하고 있는 죄책감이나 자책의 표현일 수 있다. 친생부모들은 또한 자신이 아동을 찾았을 때 생길 수 있는 충격에 대해서도 염려한다.

> 만약 아이가 행복하고 건강하며 입양보내기 위해 포기되었다는 사실을 받아들였다면, 저는 그의 삶을 휘저어놓고 싶지 않습니다. 하나님이 아시죠, 내가 더 이상 그 아이의 인생을 어렵게 만들고 싶어 하지 않는다는 것을요. 전 이미 충분히 복잡했었습니다. 하지만 아이가 불행하거나 잘 대접받지 못하고 나와 함께 살고 싶어 할지도 모르지요, 제가 지금이라도 이런 책임을 지고 싶어 하는 걸까요? 아이가 처음의 포기에 대해 여전히 가지고 있을지도 모를 분노를 내가 감당하고 싶어 하는 걸까요?

이러한 양가감정들이 적극적인 뿌리찾기 행동을 방해하며, 그러한 걱정은 친생부모들의 환상 속에서의 삶의 한 부분으로 영원히 남게 된다.

아이를 포기하는 엄청난 경험은 일상적인 삶의 많은 면들에 충격을 줄 수 있다. 상황이야 어떻든 간에, 거기에는 친생부모들이 가지고 있는 영구적인 문제들이 있다. 아동을 포기한 후에 서로 결혼을 했거나 함께 관계를 지속하는 커플들은 지난 수년 동안의 괴로움에 대한 개인적인 혹은 공통적인 감정들을 함께 겪을 것이다. 그것은 그런 조취를 취해야 했던 것에 대해 계속 해서 서로를 적극적 또는 소극적으로 비난하는 것일 수도 있다. 아동포기에 대한 기억이 고통스러워질 때면 "당신이 돈을 많이 벌기만 했었어도", "당신이 술꾼만 아니었어도", "당신이 학교에 계속 다녀야 한다고 하지만 않았어도"라는 표현들을 마구 해댄다. 아동의 만성 질병이나 죽음은 결혼생활의 큰 스트레스가 되며 높은 이혼율과 상당한 관련이 있다. 배우자의 존재 자체가 아동의 질병이나 죽음을 고통스럽게 상기시키게 만들 수 있으며 따라서 하루하루 대면하고 싶지 않게 만들 수 있다. 아동을 포기하는 부모들의 이혼율에 대해서는 알려진 통계는 없지만, 그들의 문제와 유사성이 있기 때문에 아이들이 만성적인 질병을 앓거나 혹은 아이가 죽은 부모들과 아동을 포기한 부모가 가깝게 지내게 된다는 것은 그리 놀랄만한 일이 아니다.

아동의 친생부가 자기 자식의 존재에 대해 전혀 알지 못한다면, 친생모는 아동포기의 결정을 내린 것에 대해 약간의 죄책감이 남아있거나 혹은 그 일과 책임을 공유하지 않은 것에 대해 후회할지도 모른다. 비록 그 당시는 친생부에게 사실을 알리지 않은 정당한 이유가 있다 해도, 친생모는 친생부가 자기 아이의 존재에 대해 알아야 할 권리가 있으며 자기 본연의 책임에 대해 결정을 하게 해야 한다고 생각이 바뀔 수도 있다. 친생부가 사실을 알게 되었는데도 책임지지 않았거나 나타나지 않았다면 죄책감과 실망감, 분노와 복수심이 지속될 것이다. 좀 더 성숙한 경우라면, 친생부는 친생모와 자기 아이에 대한 자신의 책임을 포기한 것에 대하여 스스로 죄책감과 부끄러움, 후회의 감정을 느낄 것이다. 친생부는 어쩌면 다른 사람들에게 헌신함으로서 그것을 보상하려고 노력할지도 모른다. 17세 때 여자친구의 임신에 대한 책임을 회피했었던 한 청년은 법원 소속의 기관의 아동 보호사회사업가가 되었다. 그는 버림받음에 대한 아이들의 감정에 특히나 잘 감정이입이 되었으며 그의 활동은 지칠 줄 몰랐다. 자신의 일에 대해 지나치게 필사적이라는 것을 알게 되면서 그는 심리치료를 받았으며, 자신이 과거에 돌보지 않았던 아들과 비슷한 버림받은 아이들을 돌보기 위해 애를 써왔다는 것을 알게 되었다. 치료의 과정에서, 그는 여자친구에게 잘못을 고백하고 스스로를 용서하여 보다 합리적이고 만족스러운 삶을 만들 수 있었다.

다른 많은 사람들에게 있어서도 아동의 포기와 관련된 감정들은 다른 부모들과의 관계에 지속적으로 영향을 미치거나 심지어는 다른 관계에까지 영향을 미치게 된다. 친생부모들이 많은 고통의 절정에 이를 때 성적인 감정의 중기적 또는 장기적인 억압이 생길 수도 있다. 그것은 아동을 포기한 '나쁜 행동'에 대한 벌로서 감각적인 기쁨을 스스로 박탈해 버린 것일 수도 있다. 아동을 포기한 부모들에게서 평균보다 더 높은 임신의 문제들이 나타난다는 보고서가 있다. 그 연구는 임산부의 숫자나 연령을 통제한 집단이 없기 때문에 정확한 것은 아니지만, 이후의 성욕이나 임신능력에 대해 심각한 어려움이 있으며 이러한 문제들은 죄책감에 대한 잠재의식의 표현이며 이전의 실수를 만회하고 또 다른 실수를 방지하려는 바람이다.

이러한 부모들에 대한 연구들에서는 또한 그 부모들이 낳은 다른 자녀들(포기한 아동보다 이전에 혹은 이후에 태어난)과의 관계가 아동포기에 의해 영향을 받는다고 제시한다. 그들은 자신의 자녀들에 대해 평범하게 생각하지 않으며 다른 부모들보다 훨씬 더 극진하고 보호적인 관계를 맺는다는 것이다. 그것은 마치 그들이 잃어버린 자녀에게 줄 수 없는 것을 이 자녀들에게 주려는 것과 같으며, 아직도 그 잃어버린 아이를 소중하게 데리고 있는 것처럼 하는 것이다. 아이러니하게도, 이것은 우리가 자주 듣는 양부모들에 대한 설명과도 동일한데, 그들은 자신들이 자녀를 가지게 된 것이 너무나 굉장한 일이라고 여기며 자녀를 아주 귀하고 가깝게 소유하려한다.

삶을 다시 전개하기 위해서, 아동을 포기한 친생부모들은 그들의 계속되는 애도를 다루고 이해하며 그 사건이 현재의 인간관계들에도 미치는 영향을 다루어야 할 것이다. 그들은 현재로부터 과거를 분리시켜야 하며 과거의 후회스러운 행동들을 인식해야 한다. 이렇게 스스로와 다른 사람들을 용서하는 것은 새로운 관계들과 경험들을 자유롭게 할 수 있도록 만든다. 이 단계에서의 성공적인 노력의 결과는 고통을 경감하고 해결하며 이후의 삶을 진행하게 한다.

제5단계: 이후의 삶(노년의 삶)

당연히, 우리는 아동을 포기한 부모들의 그 이후의 삶에 대한 정보가 거의 없다. 좀 더 억압된 시간 동안 이러한 경험을 했던 사람들은 오랜 시간이 지난 후에 다시 그것에 대해 논의하는 것을 훨씬 더 불편해하기 쉽다. 우리의 정보들은 대부분 인생의 노년기에 있는 친생부모와 상봉을 한 성인 입양인들과의 조사에서 얻어진 정보들이다. 친생부모들 대부분은 자급자족의 삶을 살고 있으며, 자녀에 대해 여러 가지 관심들을 가지고 있었다. 외롭고 도움이 필요한 아주 극소수의 친생부모들은 자신들의 병든 몸을 보호받고 안락하게 살기 위해 친자녀에게 돌아가고 싶어 했다. 자녀와의 상봉은 아직 끝마치지 못한 중요한 일을 마무리 짓는 것이라고 생각하는 친생부모들도 있다. 한 친생모는 "난 단 한 번도 내 딸을 마음속에서 잊을 수가 없었습니다. 하지만 이제 내 딸을 만났고 이젠 편안해질 수 있을 것 같습니다. 딸이 나를 찾아주어서 얼마나 고마운지 모릅니다." 반면에 다른 경우에는, 상봉으로 인해 아동 포기 이후에 찾았던 평온한 삶의 균형이 깨짐에 따라 불안해지기도 하며 수년 전에 이미 작별을 했던 자녀와 다시 만난다는 것에 대해 아직 준비가 안됐다고 느끼거나 만남을 감당할 수 없다고 느끼기도 한다.

통념적으로 우리는 친생부모들이 어떤 마지막 사실들을 받아들이기 위해 애쓰면서 노년의 삶에서 계속적인 애도를 할 거라고 기대한다. 예를 들면, 나이를 먹는다는 것은 그들이 포기했던 아동들이 어디쯤에 살고 있는지 지금 행복한지에 대해 알아야할 때임을 의미한다.

아주 소수의 노인들만이 이러한 깨달음을 실행에 옮겨야겠다는 촉박함을 느낀다. 대게는 젊은 시절에 품었던 뿌리찾기와 상봉에 대한 환상을 이제는 더 이상 갖지 않는다. 따라서 친생부모들의 최종적인 슬픔이란 그들의 아이에 대해 아는 것도 없으며 앞으로도 알지 못한 것이라는 사실을 받아들이는 것이다. 나아가, 그들이 모르고 있는 친손자들이 어쩌면 있을지도 모른 다는 사실이다. 아동을 포기한 친생부모들은 자신들이 언제 할머니, 할아버지가 되었는지도 모를 것이다. 대부분의 친생부모들이 답을 얻지 못한 많은 질문들을 남긴 채 인생을 마감한다.

점점 더 많은 친생부모들이 뿌리찾기의 가치를 그들 자신과 그들의 자녀들에게 미치게 될 모든 가능한 부정적인 영향들 보다 훨씬 더 중요하게 느끼고 있다. 그들은 진실했고 한결같은 마음으로 노력했다. 최근 들어 일부 친생부모들은 보다 정치적인 행동을 통해 뿌리찾기를 가능하게 하고, 그들과 미래의 친생부모들에게 자녀들에 대한 정보를 가질 권리 및 연락할 권리를 갖게 하기 위해 노력하고 있다.

뿌리찾기와 상봉은 35개 주에서 상호 간의 등록을 통해, 그리고 사설 조사기관 및 뿌리찾기 그룹들을 통해서 일어나고 있다. 뿌리찾기와 상봉에 대한 이용 가능한 통계들이 없는 동안에도 이 과정은 보다 더 분명하게 나타났고 사회적으로 인정되어졌다. 1989년에 출간된 『혈연Birthbond』이라는 책은 상봉 이후에 대해 쓰였다. 이 책은 비구조화된 인터뷰에 자발적으로 응한 30명의 친생모들의 상봉 후 경험에 대해 서술되었다. 그들 중 반 정도는 상봉한 지 3년 미만이었고 나머지 반 정도는 3년에서 10년 정도였다. 저자는 상봉 이후의 경험에 대한 친생모들의 고통이나 기쁨과 관련된 주요 요인은 입양인의 나이와 성별, 친생가족에의 소속감이라고 하였다. 십대 자녀들과 상봉을 한 친생모들은 대부분 십대 입양인에 대해 염려를 나타낸 반면, 결혼이나 자녀출산과 같은 성인의 과정에 있는 좀 더 나이가 든 입양인에 대해서는 훨씬 더 안정감이 느껴진다고 말하였다.

일부 친생모들이 그들의 아들에게 성적인 매력을 느낀다는 사실이 보고된 이래로 성별은 중요한 요인으로 등장하였는데, 상봉 후에 대해 연구해 온 전문가들에 의해 '유전적인 성적 매력'이라고 불려오고 있다. 때때로 엄마와 아들 사이에 로맨틱한 감정이 공유되기도 하며, 그것이 그들 간에 서로를 불편하게 만들고 압박하는 원인이 되기도 한다. 이러한 현상을 설명하기 위한 몇 가지 가설들이 제시되었다. 한 가지 가설은 감정이란 신체적인 접촉을 하고 싶은 소망과 관련된 것으로, 엄마들이 신생아나 어린아이들에게 하는 것처럼 자녀들을 안고 예뻐해 주고 싶어 하는 것이다. 따라서 엄마로서의 소망이 여성적인 에로틱한 소망으로 변한 것이다. 두 번째 관련 설명은 상봉을 통한 친밀함이 성인들의 성적 친밀감으로 변했다는 것이다. 세 번째 설명은 사람이 자신과 닮은 누군가와 사랑에 빠지게 되는 나르시스적 거울의 발달과 관련된 로맨틱한 감정이다. 이렇게 생겨난 불편한 감정들에도 불구하고, 유전적 성적 매력은 어떤 관계도 영원히 파괴시키지 않는다고 보고하였다.

입양인들이 소속에 대한 그들의 감정들과 싸우는 것처럼, 친밀감 확인은 입양 후 경험의 성공에 있어서 중요한 요인으로 설명되었다. 두 명의 친생모들은 그들의 딸들이 "옮겨져 왔다"고, 그리고 친생가족과 완벽하게 결합되었다고 말하였다. 반면에 다른 입양인들은 그들에겐 이미 가족이 있으며 생물학적 가족과는 분명한 거리를 두겠다는 것을 분명히 했다. 이 샘플의 대부분의 사례들에서, 입양인들은 입양가정의 존재를 유지하는 동시에 친생가족들에게로 조금씩 다가갔다.

그들의 경험을 평가함에 있어서, 이 책에서 설명된 친생모들은 그들의 자녀들과의 상봉에 대해 "행복"과 "황홀경" 사이에 있었다. 그러나 상봉 후 경험의 질은 기쁨과 고통의 조합이었다. 저자는 그러한 고통이 비밀입양의 심각한 문제들로부터 야기된 것이기 때문에 완벽한 상봉이란 없다고 결론지었다. 또한 편안한 상봉 후의 기간도 없다고 결론지었다. 왜냐하면 많은 사람들이 관련되며, 성격, 역사, 갈등, 부정확함 등이 있기 때문이다. 동시에 상봉과 상봉 후 경험은 친생모들이 그들의 자녀들과의 끝나지 않은 일을 마치기 위한 기회이다.

친생부모들과 관련된 결론

시간이 지나면서, 자녀를 포기한 후에 친생부모들의 삶에 대해 관심을 갖는 사람들과 전문가들이 생겨나기 시작했다. 친생부모들의 이야기들은 자기보고식 또는 구조화된 연구 보고서의 형식으로 드러나기 시작했다. 친생부모 집단은 비밀보장이 여전히 중요한 집단 중의 하나이다. 따라서 발표된 사례보고서들과 연구들은 심각한 편견들을 담아내었다. 즉, 그러한 보고서들은 자신들의 사생활을 기꺼이 포기할 만큼 강한 감정적 욕구를 가지고 자조집단에서 활동을 하고 있는 친생부모들의 경험을 우선적으로 반영했기 때문이다.

하지만, 이러한 심각한 편견에도 불구하고, 연구결과들은 친생부모들이 아동을 포기함으로써 그들의 문제를 해결했다는 기존의 신화에 분명한 도전을 주었다. 친생부모들과 관련된 문헌들은 친생부모들이 아동포기 이후에도 지속적으로 우울증을 앓을 뿐만 아니라 새로운 인간관계를 맺는 데에도 심각한 영향을 받았다고 보고한다.

정신과 치료를 받고 있는 소수의 친생모들에 대한 연구에서는 아동을 포기하는 것은 우울증적인 현상과 잃어버린 아동에 대한 장기적인 집착을 만들어 낸다고 지적하였다. 그러한 여성들 중에서 아동을 포기하는 것 자체 때문에 도움을 받은 친생모들은 하나도 없는 반면에, 이러한 인생의 사건은 그들의 이후의 경험에 중요한 요인으로 작용하였다.

몇몇 대규모 서베이조사는 조사대상자를 모집하는 신문기사를 통해 응답했거나 또는 친생부모 자조집단의 멤버들이었던 친생부모들을 대상으로 연구를 하였다. 1978년에, 소로스키, 바랜, 페노어Sorosky, Baran, Pannor는 광고를 통해 모집된 38명의 친생부모들을 인터뷰 조사하였다. 이 집단의 사람들이 아동을 포기했던 시기는 대체적으로 매우 어린 나이였으며(14~18세), 아동을 포기한 시점부터 이 연구가 시행된 때까지의 기간은 대개 1년~33년 정도였다. 50%의 부모들이 자신들이 포기했던 아이에 대해 지속적으로 슬픔을 느끼고 상실감을 느꼈다고 말했으며 82%가 아동과 만나고 싶다는 소망을 가지고 있었다.

1984년에 친생부모(대부분이 여성)에 대한 대규모 설문조사가 실시되었다. 데이킨Deykin과 동료들은 전국적인 자조집단인 친생부모연합회Concerned United Birthparent: CUB의 334명의 멤버들을 대상으로 조사하였다. 조사자들은 이 친생부모들을 대상으로 부부관계, 임신, 부모역할과 관련하여 그들의 심리학적 적응을 평가하였다. 응답자들은 아동포기의 경험이 이런 모든 면에 있어서 그들의 삶에 부정적인 영향을 미친 것으로 인식하였다. 그들은 그들의 결혼생활이 스트레스를 받고 있다고 말했는데, 특히 그들이 포기한 아동의 다른 부모인 친생부와 결혼을 한 경우였다. 그리고 결정적이지는 않지만 그들 중 난임의 문제로 고통을 받고 있는 사람이 점점 늘고 있다는 일부 증거들이 있다. 또한 대부분의 응답자들이 아동포기의 경험이 그들의 부모역할에 아주 강력한 영향을 준다고 보고하였다. 그들은 스스로가 자녀들에 대해 과잉 보호적이며 강박적인 부모라고 인식하며, 아이들이 독립적으로 성장하는 것을 수용하기가 어렵다고 고백하였다.

이 연구는 또한 자녀를 찾고 싶어 하는 친생부모들의 소망에 대해서도 조사를 하였는데 아동을 포기하는 가장 큰 이유와 아동을 찾기로 결정하는 이유 사이에는 매우 의미 있는 상관관계가 있음을 발견하였다. 즉, 아동 포기의 결정이 내적인 요인(학교를 끝마치고 싶다던가, 부모가 될 준비가 안 되었다던가 하는)보다는 외부의 압력(재정적인 이유와 같은)때문이라고 느꼈던 친생부모가 더 아동을 찾고 싶어 하는 경향이 있었다. 뿐만 아니라. 아동 포기 이후의 시간이 더 많이 지났을수록 아동을 찾는 일에 착수 할 가능성이 더 컸다.

1984년에 윈클러Winkler와 반키플van Keppel이 보고한 연구에서는 이전의 연구들에서 나타난 표집편향을 일부 통제하고자 시도하였다. 즉, 자조 집단의 멤버가 아닌 친생모들을 모집하였고 통제집단을 포함하였다. 그리고 또한 질문지보다는 표준화된 평가척도를 사용하였다. 조사대상자는 15세에서 25세 사이에 아동을 입양 보낸 213명의 여성들로서, 아동을 포기한지 4년에서 20년 정도 된 사람들이었다. 전체적인 조사 결과는 다른 연구들과 일치하였다. 아동 포기의 영향은 부정적이며 오랫동안 지속되는 경험으로 나타났다. 50%의 응답자들이 "상실의 느낌"이 있었다고 대답하였다. 심리적인 손상은 비슷한 샘플집단에서보다도 훨씬 더 많이 나타났다. 심리적인 행복감을 방해하는 요인들로는 첫째, 아동포기와 관련된 감정을 이야기할 기회의 부재, 둘째, 사회적인 지지의 결핍, 셋째, 아동에 대한 지속적인 '상실감'이었다. 이 연구는 아동을 포기하는 엄마들에 대해 즉각적이며 장기적인 상담 서비스가 필요함을 제시하고 있다.

친생부들에 대한 첫 번째 주요 연구는 1988년에 이루어졌으며 일부 논제들은 앞선 데이킨Deykin의 조사연구에서 명시되었던 것들이었다. 설문지는 메스미디어나 자조집단을 통해서 알게 된 181명의 친생부들에게로 보내졌다. 그들은 아동을 포기할 당시의 나이가 12~43세였으며, 아동을 포기한지 7~18년 정도가 되었다. 설문조사는 뿌리찾기, 부부 상호관계, 부모역할 기능 등에 대해서 조사되었다. 결론적으로 이 연구의 결과는 아동을 포기한 사람은 갈등-억압의 문제를 갖게 된다는 이전의 연구를 지지하고 있다. 대다수의 친생부들은 입양에 참여했다는 사실에 대해 부정적인 감정을 가지고 있으며, 친생모들과는 다르게 아주 소수의 친생부들만이 그 이후의 부모역할에 영향을 받았다. 부부관계 기능에 대한 질문의 응답에서도 데이킨Deykin이 친생모를 상대로 했던 연구의 결과에서 보다 훨씬 더 적게 영향을 받은 것으로 나타났다. 연구자들은 친생부는 부부기능의 질을 예측할 수 있는 영향력 있는 요인은 아니라고 결론지었다.

친생부에 관한 데이킨Deykin의 연구에서 가장 두드러진 발견은 뿌리찾기를 하는 동기와 관련이 있다. 데이킨Deykin의 이전의 연구대상이었던 친생모들과 이번 연구의 대상인 친생부들의 거의 대다수가 뿌리찾기를 하는 사람들이었지만, 뿌리찾기를 하는 그들의 동기는 완전히 달랐다. 친생모들은 아동이 살아있고 잘 지낸다는 것을 확인하여 자신들의 마음이 편안해지는 것을 원하였다. 반면에 친생부들은 아동을 되찾아 오고 싶다는 생각에 뿌리찾기를 시작하였다. 이 초창기 연구들은 친생부모들의 경험에 있어서 성별에 따른 중요한 차이가 있음을 제시하였다. 앞으로 후속연구에서 유사점과 차별점에 대해서 좀 더 밝혀내기를 바란다.

친생부모들에 대한 이러한 연구들이 가진 방법론상의 문제점들에도 불구하고, 이러한 연구들을 통해 친생부모들의 분노에 대해 이해와, 도움이 필요할 만큼 고통스러운 아동포기의 경험에 대해 알 수 있게 되었다. 이러한 방식에서 벗어난 친생부모에 대해서는 우리가 거의 알지 못한다. 그들 중의 몇몇이 침묵속에서 고통을 겪고 있는지, 그리고 자신들의 삶에 심각한 부정적인 영향을 주지 않았다고 생각하며 자신들이 잘 결정했다고 느끼는 사람이 몇 명인지 우리는 알지 못한다. 단지 우리는 대처기술과 심리학적으로 잘 적응하도록 기여하는 요인들에 대해 좀 더 알 수 있을 뿐이다. 이제, 친생부모들이 더 많이 개방된 방식의 입양 진행을 어떻게 감당하는지에 대해 좀 더 알 수 있을 것이다.

Key-point

- 아동을 포기하는 여성들의 슬픔을 일반적으로 6단계로 서술하고 있다. (1) 현실 인지 과정, (2) 경고반응, (3) 잃어버린 아동을 찾아달라고 공식적으로 간청, (4) 분노와 죄책감, (5) 자아의 내적 상실이나 훼손된 감정, (6) 현상 확인
- 친생부모들과 관련된 문헌들은 친생부모들이 아동포기 이후에도 지속적으로 우울증을 앓을 뿐만 아니라 새로운 대인 관계를 맺는 데에도 심각한 영향을 받았다고 보고한다.
- 친생부모들은 저마다의 가장 효과적인 애도의 방법들을 통해 포기한 자신의 아이를 애도한다.
- 친생모와 친생부에 대한 연구들 중에서 두드러진 차이를 보이는 부분이 뿌리찾기였는데, 친생모들은 아동이 살아있고 잘 지낸다는 것을 확인하여 자신들의 마음이 편안해지는 것을 원했던 반면에, 친생부들은 아동을 되찾아 오고 싶다는 생각에 뿌리찾기를 시작하였다.

제3장

부모되기

양부모들의 발달과제들

The Adoption Life Cycle

양한 방법들을 시도해 보기로 선택할 수도 있다. 요즘에는 이러한 방법들 중 다른 사람의 정자를 사용하여 수정하는 방법도 있는데, 여성이 자궁 외부에서 태아를 임신하여 자신의 자궁으로 옮겨와서 착상을 한 뒤 자라게 하는 방법이다. 인공수정 방법으로 다른 사람으로부터 정자를 제공받기 때문에 부분적으로는 한 쪽의 친생자를 낳을 수 있는 방법이다. 또는 대리모를 사용하는 방법으로 다른 여성이 그 부부의 친생자 또는 부분적인 친생자(정자만 제공받아 착상하는)를 낳아주는 데 동의하는 경우이다. 또는 완전히 혈연관계가 없는 아동을 입양할 수도 있다. 대부분의 부부들의 경우, 이러한 선택사양들은 그들의 근본적인 기대를 충족시키거나 첫 번째 선택이 되지는 못한다.

부부가 입양을 하기로 선택을 하면, 이러한 결정에 수반되는 내적 및 외적인 잡다한 부분들과 접하게 된다. 그들은 생물학적으로 그들에게 거절된 부모로서의 경험을 얻기 위해 쏟아 부었던 노력만큼이나 자기 자신과, 부부 서로 간에, 그리고 가족들과, 더 나아가 사회와도 씨름하게 된다.

1950년대에 데이비드 커크David Kirk는 자신의 선구자적인 연구에서 양부모들에 대한 사회적 인식을 조사하였는데, 부모 자녀관계를 위한 생물학적 근거가 "부모역할 실행"을 위한 필수적인 조건으로 널리 인식되었다는 것을 발견하였다. 그는 또한 양부모가 된다는 것이 분명하게 정의되는 것도 아니며 완전하게 승인받는 것도 아니라는 사실을 확인하였다. 그리고 양부모는 친생부모와 똑같은 문화적 자산이나 지지를 주지는 못한다고 결론지었다. 임신 축하파티, 베이비 샤워(임신 7~8개월된 임산부와 태어날 아기를 위한 축하파티), 음식을 준비하는 것 등의 경험은 양부모가 되기 위한 준비 부분이 아니다. 심지어 계속되는 부모역할에 따른 스트레스와 긴장에서 비롯된 양부모의 불평 조차도 다른 사람이 낳은 아이를 키운다는 사실 때문에 다르게 들릴 수 있다.

따라서 양부모들은 자신의 친생자녀를 낳는 것을 박탈당한 상처와 신성하고 바람직한 끈이 되는 혈연을 추구하는 사회 관습으로부터의 불리함 때문에 고통을 겪는다. 커크는 친생부모 역할과 양부모 역할 사이의 차이점을 부인하기보다는 오히려 인정할 필요가 있다는 것을 처음으로 강조하였다. 그는 차이점을 부인하는 것은 부모-자녀 관계, 부부관계, 가족관계 및 사회적 관계들을 감정적으로 방해할 가능성을 증가시킨다고 주장했다. 반대로 그는 이러한 차이점들을 인지하고 받아들이는 것이 개별적·사회적 적응에 훨씬 더 도움이 된다고 생각했다.

1950년대 이후 우리는 양부모 역할이 비입양부모의 역할과 매우 유사하면서도 완전히 다르다는 것에 대해 더 많이 이해하기 시작하였다. 전문가들은 커크의 생각에 동조하여 양부모는 양부모 역할이라는 추가적인 과제를 이수하고 적극적인 자세를 가져야 한다는 필요성을 인식하기 시작하였다. 그렇게 함으로써, 양부모들은 모든 부모들이 당연히 갖는 기쁨과 고통의 혼합뿐만 아니라 입양가족에게 있는 독특한 부모역할의 과제들을 완수하면서 얻는 만족감을 경험할 수 있다.

일상적인 상황에서 부부들은 아동양육과 관련된 삶의 일련의 과정을 완수한다. 때때로 계획되지 않는 임신이 아동을 낳기로 하는 결정보다 선행되기도 한다. 이런 임신은 완전히 우연이거나 부부가 어쩌다 보니 부모가 된 것처럼 "목적에 따른 사고 accident"이다. 대게는 아동을 낳기로 결정하는 것이 먼저이며, 이후에 임신이 되고자 노력을 하고, 임신이 되고, 임신기간을 보내고 출산을 한다. 마지막으로, 부부는 신생아부터 성인기까지 아동의 발달과정을 경험한다.

하지만 양부모에게 있어서 부모됨은 약간 다른 유형으로 이루어진다. 양부모들은 결코 어쩌다보니 부모가 되는 것이 아니다. 임신이 되고자 노력을 했지만 성공적인 출산으로 이어지지 않았다. 그 대신 난임에 대한 고통으로 인해 입양을 해야겠다는 분명하고 적극적인 결정을 하게 되며, 입양 과정을 진행하고, 입양이 이루어지며, 그리고 아동의 발달단계를 통해 부모로서의 경험을 하게 된다. 즉, 양부모들은 부모가 되는 방식이 다를 뿐만 아니라, 이러한 다른 방식이, 명목상으로는 비입양부모와 동일한 단계라고 해도, 이후의 모든 후속 단계들의 과정과 내용까지 변형되도록 영향을 미친다. 그렇다면 양부모에게 요구되는 추가적인 과제는 무엇이며 그들이 성공적으로 완수하기 위해서는 어떻게 해야 하는가?

제1단계: 부부의 입양 결정

아동을 입양하기로 하는 결정은 누군가의 난임에 대한 충분한 수용과 입양이 필수적이며 실행가능하고 수용 가능한 대안이라고 느껴져야 한다. 이러한 수용 과정은 너무나 고통스럽고 고독한 것이다. 그것은 다른 신체적인 장애를 수용하는 과정과 일치하지만, 다른 장애들과 같은 종류의 동정심이나 인정을 이끌어내지는 않기 때문에 또한 다르다. 양부모를 위로하기 위해 친구들과 가족들은 즉각적인 해결책을 재빨리 이끌어내려고 하지만, 난임 문제는 힘들고 가혹한 것이며 결코 해결되지 않은 채 부부의 마음속에 영원히 남겨진다는 사실을 제대로 이해하지 못하는 모습을 보일 수도 있다. 우리는 난임에 대한 감정들이 입양과정뿐만 아니라 이후에 아동과의 관계에도 영향을 미치는 것을 보게 될 것이다.

레니Diane Renne는 "입양은 항상 존재한다There's Always Adoption"이란 글에서 난임부부의 애도 과정을 그려냈다. 그녀는 타당한 난임 원인이 없는 부부들이 자주 애도의 기간을 느낀다고 지적하였다. 양부모들은 자신들이 그런 나쁜 감정을 느끼는 것이 타당하지 않다고 생각하는 경향이 있다. 그들은 암에 걸리지도 않았고, 시력이나 청력을 잃은 것도 아니고, 걷고 말할 수도 있기 때문에 굳이 그런 감정까지 느낄 필요가 없다고 생각하는 것이다. 즉, 그들이 느끼는 고통은 독특한 것이고 정당하지 않은 것이기 때문에 반드시 숨겨야 하는 것이라고 생각한다.

레니는 애도의 4단계에 대해 충격-항의-절망-해결로 설명한다. 충격 상태에 있는 부부는 고통스러운 현실이 드러나는 것을 부인하기 위해 방어를 이끌어낸다. 그들은 합리화하고 피하며 벗어날 방법을 계속해서 찾는다. 그들은 자신들이 너무나 일을 많이 해서 난임의 문제가 생긴 것이라고 결론을 짓고, 자신들에게는 휴가가 필요하며 그렇게 해서 생산적인 성관계를 성공적으로 가질 수 있다고 생각한다. 난임은 그들에게 일어날 수 없는 일이다. 그것은 일시적인 것이며 분명히 해결될 문제인 것이다.

그러나 그 문제가 없어지지는 않는다. 부부는 이제 항의의 단계로 진입하지만 여전히 난임을 인정하고 받아들이는 것은 거부한다. 의사가 한 말과는 상관없이, 그들은 방법을 찾을 것이다. 그들은 더 열심히 노력을 하고 최상의 상황을 만들기 위해 그들의 모든 에너지를 쏟아 부을 것이다. 그리고 점점 생활의 다른 부분들은 소홀히 하고 임신을 위한 일에만 골몰하게 된다. 그러한 방법들이 모두 실패할수록 문제를 부인하는 것이 더 힘들어지며, 새로운 항의 행동을 불러일으킨다. 시간이 흐르면 그들은 절망에 빠지게 된다. 현실적인 희망은 이제 버렸다. 그 대신 고통과 우울, 그리고 절망이 있을 뿐이다. 그들은 그들의 삶의 필수적인 기능이라고 느껴왔던 일을 실행하는 데 실패했음을 깨닫는다. 불완전함, 죄책감, 책망의 감정들이 생겨난다. 그런 책임감을 느끼지 않기 위해 죄책감을 비난으로 바꾸려고 애쓰는 것은 자연스러운 방어 현상이다. 비난은 때때로 상대 배우자에게(예를 들면 “내가 하고 싶어했던 대로 좀 더 일찍 시작했어야 했어”), 또는 의사들에게로(“의사들이 좀 더 시도할 수 있었어”), 또는 세상을 향해(“모든 나쁜 일은 나한테만 일어나는군”) 행해지기도 한다. 남성다움이나 여성다움에 대한 자신감이 위협을 받고 정상적인 활동이 방해받기 때문에 일상생활을 지속하는 것이 어려워진다. 이러한 과정에서 발생하는 개인차는 곧 부부관계에 부담을 주게 되며, 부부 싸움 속에서 각각의 배우자가 더 고독하게 살도록 만든다.

부부가 그들의 슬픔 때문에 절망에 빠져들게 되면, 그 때부터 그들은 비로소 그것으로부터 벗어나기 시작할 수 있다. 그들이 충분한 눈물을 흘리고, 분노를 충분히 느끼며, 감정적으로 그들 자신과 서로를 충분하게 질타하고 나면, 이제 각각의 배우자는 깨닫고 수용하고 해결방법을 찾기 시작한다. 자신들의 난임 문제에도 불구하고 스스로에 대한 긍정적인 인식을 회복시킬 수 있으며 서로에게 그리고 아동에게 무엇을 해주어야 하는지를 깨닫게 된다. 그리고 그들이 입양을 통해 그들의 가족을 확대시킬 경우, 예상치 못한 과제를 수행하기 위해 무엇을 준비해야만 하는가를 알게 된다.

레니의 연구를 확장하면 기간과 강도에 있어서 이러한 수용을 위한 방법을 찾을 수 있는데, 부부들마다 다양하고, 남자와 여자의 차이가 있으며, 부부 중 한쪽 배우자가 정상인 경우 난임인 배우자의 또 다른 문제들을 여전히 포함하기도 한다. 역사적으로 모든 사회에서는 남성과 여성의 임신능력을 가치 있게 여겨왔으며 아동을 부의 상징으로 인식하였다. 난임이라고 여겨지는 여성은 때때로 추방되기도 했다. 사회적인 결핍을 넘어서는 것이 개인이 갖고 있는 출산욕구의 강도이다. 한 가지 확실한 것은, 부모가 되고자 하는 것과 관련된 정체감의 수준이며 완벽하게 생물학적인 부모 그 자체가 되고 싶어 하는 개인적인 욕구이다.

아주 외로운 외동딸로 자랐던 캐서린은 언젠가 결혼을 해서 6명의 자녀를 낳겠다는 꿈을 가졌었다. 그녀의 부모님이 한 명의 자녀만을 낳은 것과는 대조적으로, 그녀는 자신과 더 많이 닮고, 더 예쁜 자녀들을 많이 낳을 계획을 세웠다. 그녀는 아이들을 잘 키우고 사랑할 것이다. 그리고 그녀는 다시는 외로워지지도 않을 것이며 항상 서로 함께 있을 것이다. 하지만 그녀는 자신이 난임이라는 충격적인 소식에 마치 가슴이 칼로 찔린 것 같았다. 그녀는 단 한 명의 자녀를 출산한 부모님보다도 못했던 것이다. 그녀는 자신이 영원히 외로울 것이라고 생각했다. 그녀의 난임은 많은 절박한 문제들을 자아냈는데, 그것은 그녀가 다른 선택적 대안에 대해서 생각하기 시작하기 위해 충분히 회복하고 재정비할 수 있게 되기 전까지 오랫동안 계속되었다.

반대로 마리의 경우에는 부모님이 그녀가 어렸을 때 이혼을 했고 그녀의 어머니는 1년 후에 재혼을 했으며 계부는 그녀에게 매우 헌신적인 아버지가 되었다. 계부는 마리에게 따뜻하게 대해주었고 어린 시절부터 성인이 되어서까지 아주 가까운 관계가 되었다. 몇 번의 유산의 아픔을 겪은 후 마리는 결국 자궁절제수술을 받게 되었다. 실망감과 슬픔의 경험을 통해 그녀는 입양의 가능성에 대해 편안한 마음을 갖게 되었다. 친아버지가 아닌 계부와의 놀랄 만큼 만족스러운 관계였던 실제경험이 그녀로 하여금 입양을 통해 부모가 되는 것도 가능하다고 생각하게 만들었다. 그녀에게 있어서 생물학적인 친생부모가 된다는 것은 그리 중요한 문제가 아니었다.

난임의 원인이 한쪽 배우자에게 있다는 사실이 확인될 경우,

그 사실을 두 사람 모두 받아들여야 한다. 두 사람의 관계에 있어서 약간의 스트레스 기간이 예상된다. 스트레스의 큰 요인은 이 문제의 여러 측면들과 관련된 것으로서, 말하기 곤란한 것일 수도 있다. 일상적인 부부의 문제들에 있어서 의견 차이 때문에 서로 다툴 수도 있다. 그리고 그것은 위태로운 싸움의 신호탄이 될 수도 있다. 그들이 얼마나 솔직할 수 있느냐는 개인적으로나 부부로서 이 문제에 대한 민감성 정도에 달려 있다(즉, 얼마나 이 문제를 민감하게 받아들이는지에 달려있다). 어떤 사람들은 돈, 시댁, 집안일 및 오락과 관련된 갈등을 잘 관리하는 반면, 또 어떤 사람은 이 문제들 중 한 가지를 굉장히 엄청난 문제로 생각한다. 어떤 부부들은 성적인 문제들이나 임신과 관련된 민감한 화제들에 대해서 쉽게 대화하기도 한다. 임신에 관한 문제들은 개인의 본능에서 가장 민감한 문제들을 건드리는 것으로 매우 많은 난임 부부들이 잠재적인 상처를 가지고 있다. 예를 들면, 임신이 가능한 배우자는 난임인 배우자에 대한 실망감과 혹시 결혼생활보다 생물학적 자녀를 더 원하는 것은 아닌지에 대한 필연적인 질문들을 이해하기 위해 어떤 노력을 했을까? 이 배우자는 자기 스스로도 받아들일 수 없고 다른 사람에게도 말할 수 없는 감정들과 생각들에 직면해야만 한다.

"내가 난임이라서 그녀가 나를 떠날 생각을 하고 있다는 사실을 알게 된다면 나는 어떤 느낌이 들까? 생각만 해도 정말 끔찍해."

"나는 분명히 착한 사람이 아니다."

"이건 내가 그를 진정으로 사랑하지 않는다는 의미인가?"

"나는 아이를 갖기 위해 그녀와 결혼을 했고 지금 그녀가 아이를 가질 수 없기 때문에 내가 그녀를 버리려고 하는 건가?"

"내가 그런 생각들을 갖고 있다는 걸 아무도 몰랐으면 한다."

"그는 내가 어떻게 느끼는지를 말하라고 했지만 나는 그에게 이런 말을 할 수가 없었다."

"혹시 그녀가 정말 알고 있는지 궁금하다."

이러한 생각들은 모두 흔하지만 대게는 비밀스러운 생각들이다. 양쪽 배우자는, 특히 난임인 배우자는, 실망감과 싸우게 된다. 난임이라는 사실을 받아들이면서 계속해서 높은 자존감을 유지하기란 정말 어려운 일이다. 깊은 절망에 빠져있는 35세의 남성 토니가 털어놓은 이야기이다.

이것이 정말 내게 일어난 일이라니 믿을 수가 없습니다. 난 이제 어떤 사람이 된 건가요? 그녀는 나를 다르게 생각하지 않는다고 말했지만 난 그것이 정말인지 걱정됩니다. 그녀가 서먹서먹하고 냉담하게 느껴집니다. 성관계가 전혀 즐겁지가 않습니다. 혹시 그녀가 나를 떠나려는 건 아닌지 걱정됩니다. 같은 상황이라면 저도 그녀를 떠날 생각을 했을까요? 그녀가 원한다면 떠날 권리가 있죠. 전 붙잡을 만한 충분한 이유가 없죠. 우리 관계에서 다른 그 어떤 것보다 임신이란 것이 더 중요한 건가요? 임신 외의 모든 것들을 우린 분명히 잃어버린 거죠.

부부의 성관계의 질은 이런 모든 단계를 통하여 다양해진다.

임신을 시도하는 단계는 각각의 파트너로 하여금 정해진 때에 정해진 것을 하기 위해 애쓰는 매우 스트레스적인 것이다. 임신이 불가능하거나 임신이 될 것 같지 않다는 것을 깨달았을 때, 성관계는 실패감을 상기시키게 될 것이며 피하게 된다.

개인에 따라 출산의 중요성에 있어서 성별에 따른 차이가 있기도 하는데, 그것이 남자와 여자가 서로의 감정과 반응을 이해하는 것을 어렵게 만들기도 한다. 275명의 난임부부를 대상으로 한 최근의 연구에서는 남편에게 난임의 원인이 있을지라도 부인들이 받는 대부분의 스트레스가 난임과 관련이 있다는 사실을 발견하였다. 연구자들은 부부가 인지하는 여성의 몸이 월경에 의해 확인되는 임신 실패의 우울한 증거로써, 그리고 부부가 임신을 시도하기 위한 것으로만 강조되며, 그러한 이유 때문에 스트레스가 악화되고 있다는 사실에 주목하였다.

반면 남성은 임신에 기여하고 친생자를 낳는 만족감을 박탈당한 것이며 그의 배우자는 임신 그 자체의 경험을 박탈당한 것이다. 따라서 그들은 서로 다른 상실감을 애도한다. 임신과 출산의 경험에 대한 소망은 일부 여성들에게는 더 강하다. 어떤 이들에게, 이러한 경험들은 추상적인 "여성으로서의 경험"이라는 것으로 강하게 유착되어 있는 것처럼 보이며, 특히 그들의 가족 내에서 다른 여성과의 필수적인 연결고리인 것 같다. 이러한 여성들은 그들이 다른 여성들의 임신이나 출산에 대해 들을 때 마다 현실적인 고통을 느끼게 된다. 그들은 진정한 기쁨으로 베이비샤워에 참석할 수도 없었으며 조금의 분노도 없이 다른 여성의 아기를 환영할 수도 없었을 것이다. 다른 애도의 모습들처럼, 상실감은 비록 시간이 지나면서 고통의 깊이와 빈도가 약해지더라도 결코 완전히 없어지지는 않을 것이다. 어떤 여성들은 그러한 결핍이나 상실을 느끼지 않을 수도 있으며 이러한 지속적인 애도의 과정이 다소 적을 수도 있다. 다수의 남성들에게는 이러한 욕구와 소망들을 수용하고 이해하는 것이 어려울 것이다.

존은 난임진단을 받고 처음에는 비탄에 빠졌었다. 하지만 그 후 시간이 지나면서 부부는 입양의 기회를 찾게 되었고, 그는 자신들이 언젠가는 자녀를 가질 수 있을 거라고 확신하게 되었다. 그가 점점 더 행복하게 낙관적이 되어가는 반면, 아내 제인은 여전히 슬픔과 비탄 속에 남아 있었다. 그는 자신이 부인을 동정하지 않으며 분노하고 있다는 것을 알게 되었다. 그는 그녀가 그렇게 원한다고 말했던 아이를 이제 자신들이 가지게 될 텐데도 왜 그녀가 여전히 그렇게 불행해 하는지 이해할 수가 없었다. 그들 부부의 난임의 원인이 그에게 있었기 때문에, 아내의 실망감을 알게 된 존은 매우 괴로웠다. 그녀의 요청대로, 그는 그녀에게 좀 더 많은 애도의 시간을 줄 수 있었다. 그는 이러한 상실이 남자보다는 여자에게 더 충격이 크다는 것을 이해하기 시작했다. 이러한 대화가 없었다면 부부는 분노와 적개심 속에 쉽게 휩싸여버렸을 것이다.

난임 문제를 해결하는 데 동반되는 고통은 몇몇 잠재된 문제들을 들춰내며 종종 복잡하게 만들기도 한다. 하지만 그러한 문제들을 구분해 내고 분리해 내는 것은 아이를 입양하는 준비를 하기 위해 필수적인 것이다. 난임인 당사자들과 부부들은 종종, 또는 아주 잠깐이라도, 임신이나 성적 적절성 및 부모가 되는 자격 때문에 혼란스러워한다.

이러한 혼란은 사회의 태도들을 반영하는데, '아이를 낳지 못하는 여성'이라는 말은 재생산능력이 없다는 의미인 '난임'이라는 단어와 발기불능이라는 의미의 '성불구'라는 단어처럼, 줄 것이 없는, 속이 빈, 어머니가 될 수 없는 사람이라는 이미지를 여전히 수반하면서 종종 오해를 불러일으킨다. 난임의 원인과 관련된 정보의 광범위한 보급과 그것이 성생활과는 관련이 없음에도 불구하고, 대중문화는 여전히 이러한 기능들이 뒤섞인 관점을 반영한다.

지금은 여성이 혼자서 난임에 대한 책임을 졌던 시절로부터 시대가 바뀌었지만, 여전히 일반적인 사회적 태도는 난임부부의 혼돈의 감정과 사회적 지위 상실감을 서로 뒤섞으려는 경향이 있다. 즉, 난임인 남성은 자신이 힘이 부족하고 다소 남성답지 못하며 따라서 아버지가 될 능력이 부족하다고 느낀다. 여성의 경우 자신이 임신할 수 없다고 느끼면서 여성스럽지 못하며 '진정한' 엄마가 될 수 없다고 느낀다. 그리고 자신의 친구들 사이의 엄마들의 집단에서 제외되었다고 느낀다.

부부가 스스로에게 또는 서로에게 실망감을 느끼게 되면서, 그들의 실망감에서 비롯된 문제들로 인해 혼란스러워진다. 임신의 문제들이 진행되면서, 그들은 완벽한 남자 또는 완벽한 여자로서의 배우자에 대한 상실감을 느낀다. 이것은 자기실천적인 예언이 될 수 있다. 예를 들면, 성적인 흥분은 생식 문제에 대한 분노와 실망으로 인해 감퇴될 수도 있다. 생식기에 대한 임상적인 관심과 성행위에 대한 긴장이 너무 심해서 파트너들 중 한 명 혹은 두 명 모두 그들의 성 관계에 대해 생각하거나 행동하는 것으로부터 휴식의 필요성을 느낄 때가 있다. 어떤 경우에는 성적 친밀감이라는 육체적인 위로나 서로의 확신이 필요할 수도 있지만 여전히 성관계를 피하기도 한다. 이러한 성적인 욕구들은 아마도 서로 다른 때에 나타날 것이며 따라서 결국 한쪽 배우자가 먼저 원했다 하더라도 파트너가 거절할 수도 있다. 한번 맥 빠져 버린 자존감은 여유가 점점 없어진다. 이러한 경우 배우자는 자신이 더 이상 매력적이거나 좋은 애인이 아니라고 결론짓게 될 것이다. 임신의 문제로 인한 긴장감은 일반적으로 민감함과 성급함을 만들어 낸다. 그러한 불안정한 상태는 각자 또는 배우자 모두로 하여금 안정을 구하거나, 마음이 산란해지기 쉬우며, 다른 성적 파트너를 통해, 아니면 알코올이나 약물들, 또는 과도하게 일하거나, 과도하게 즐기거나 함으로서 고통에서 벗어나려고 한다. 이러한 일탈행동은 대게 문제를 해결하기 보다는 더 많은 고통을 만들어 낸다.

안정감이나 지지를 얻기 위해 가정 밖으로 나도는 것은 전혀 도움이 되지 않는다. 아이들이 있는 친구나 가족들을 방문하는 것도 긴장감과 민감함을 더 많이 자극할 뿐이다. 그들이 아이를 간절히 원함에도 불구하고(그것 때문에), 그들은 아이와 함께 있으면 자신들이 너무 불편해 하며 그 아이에 대해 짜증을 느끼기도 한다는 것을 알게 되었다. 그들은 결국 자신들이 좋은 부모가 되지 못할 것이라는 것을 스스로에게 그리고 서로에게 확인시킨다. 수년간 세 명의 입양아동을 키우면서 이러한 감정을 경험한 샐리는 이렇게 말한다.

> 내가 그 힘들었던 시절을 돌이켜 볼 때, 우리가 얼마나 혼돈 속에 있었고 어떤 식으로 서로에게 바보처럼 상처를 주었었는지를 생각하면 등골이 오싹해질 정도예요. 저는 그것이 어떤 차이를 만들어 낼 수 있었는지, 누가 우리에게 도움을 줄 수 있었는지를 전혀 몰랐어요. 지금 생각해 보면 우리는 스스로 경험을 해야만 했고 우리의 길을 극복했어야만 했던 것 같아요.

그러나 중요한 사실은, 이러한 혼돈의 과정을 통과하는 것이 부부들이 겪을 수 있는 자연스러운 일이라는 것이다. 임신과 성적인 적절성과 부모로서의 능력 사이의 차이를 구별하는 것은 어려운 일이며 혼란스러워지는 일이다. 그러나 바라건대, 이러한 문제들에 집중하고 해결함으로써, 가임능력의 결핍이 성적 적절성이나 완벽한 부모가 되는 능력과는 아무런 관련이 없다는 것이 분명해질 것이다.

데니스는 건강한 몸을 가진 매혹적인 전문직 여성이었다. 그녀의 난임을 위한 효과적인 치료방법이 없다는 것을 확인한 후, 자신의 몸과의 관계가 변했다. 그녀는 자신의 몸이 껍데기일 뿐이며 쓸모없다고 느껴졌다. 그녀는 남편이 더이상 자신에게 매력을 느끼지 않을 것이라고 확신했으며 성적으로 위축이 되었다. 그러한 신체적인 불충분한 느낌은 그녀로 하여금 다른 영역에 대해서도 자신의 능력을 의심하게 만들었다. 그녀는 자신이 엄마가 되는 것을 포함하여 더이상 어떤 것도 잘 할 수 없다고 생각했다. 남편은 그녀에게 애정과 지지를 주려고 노력했지만 그녀 스스로 느끼는 자신의 불행함 때문에 절망하였다. 하지만 서서히 가족과 친구들의 지지로 인해 그녀는 스스로에 대해 현실적인 관점으로 보게 될 수가 있었다. 그녀의 자궁은 비어있지만 그녀의 몸은 완전하다는 관점으로, 그녀는 앞서 난임진단을 받았을 때와 같은 사람이지만, 이제 그녀는 다시 사랑을 하고 그녀의 마음을 아이에게 활짝 열 준비가 되었다. 이러한 어떤 발달적 취약함처럼, 난임부부의 배우자는 스트레스의 시점에서 혼란에 빠지게 되므로, 지속적인 행복감을 갖고 잘 기능하기 위하여 임신, 성욕 및 부모역할을 명백하게 구별할 필요가 있을 것이다. 그들은 혼란스러웠던 것들이 정리가 되는 것을 경험하고 임신의 문제들을 수용함(더 많이도 아니며 더 적게도 아닌)으로써 배우자들은 부모가 되고 아이를 입양하기 위하여 스스로 준비를 한다.

가족의 핏줄이 아닌 외부의 아동을 입양하기로 한 결정은 부부에게 그들이 미처 예상하지 못했던 많은 생각들과 느낌들을 갖게 한다. 부부가 족보계승의 결핍이라는 현실에 직면하면서, 사회적 계층, 민족성 및 종교의 문제들이 이전보다 더 새롭고 강력한 쟁점으로 나타날 수 있다. 한 세대에서 다음 세대로의 연계, 과거로부터 미래로 같은 생물학적 고리는 잃어버리게 될 것이다.

심리학적인 관계가 가족의 역사를 이어가는 지속적인 연결고리가 될 것이다. 이러한 심리학적인 관계는 새로운 가족 발달인 일종의 애착, 가치, 관심 및 전통을 반영할 것이다. 이러한 심리학적 가족관계 안으로 잘 연계될 수 있는, 현실적으로 가능한 아동의 유형은 어느 범주까지인가? 다른 인종이나 종교적인 배경의 아동까지 가능할까? 그 아동은 가족과 굉장히 다르게 보일 수도 있을까? 진실의 순간이 왔을 때, 배우자들은 자신들의 반응에 대해 스스로 놀라게 된다. 그들은 생각했던 것보다 좀 더 포괄적으로 느끼게 된다. "내가 아기의 배경이나 친생부모에 대해 아는 게 거의 없다는 사실이 놀라왔어요."라고 한 여성이 말했다. "난 항상 치밀한 사람인데, 이 경우에는 내가 전혀 치밀하다고 느끼지 못했어요." 반면에, 그들이 좀처럼 인정하기 어렵지만, 그들 마음 속 깊이 자리 잡은 어떤 편견들을 발견할 가능성도 크다. "나는 이것이 나 자신이라고 믿을 수가 없습니다."라고 마이클은 말했다. 그는 언제나 자신이 자유로운 마음을 가진 사람이라고 확신했었다.

> 하지만 저는 제가 흑인가족 출신의 아동에 대해 아주 불편한 생각을 가지고 있다는 것을 알았습니다. 아동의 피부색깔 때문에 아무 죄 없는 아기가 거부당한다는 것은 공평하지 않죠, 하지만 그것이 저를 불편하게 만드는 게 사실입니다. 저는 제가 원했던 만큼 아이의 진짜 아버지처럼 느낄 수 없을까봐 두렵습니다.

이와 유사한 경우로, 한 입양신청자는 자신의 종교와 같은 종교를 가진 엄마가 낳은 아기를 원했었다고 고백했다. 그녀는 자신이 종교적으로 엄격한 사람이 아니기 때문에 이것이 이상하게 보일지 모르지만 그런 아동이 자신에게 "친숙함을 느낄 것 같았기 때문"이라고 고백했다. 예비양부모들은 이러한 감정들을 입양기관과 공유하는 것을 주저한다. 왜냐하면 그들을 부정적으로 보고 아동을 얻을 기회를 줄일지도 모른다는 두려움 때문이다.

이런 수용 가능하지 않는 감정들을 경험하는 것은 감정들을 가졌다는 것에 대한 죄책감을 증가하도록 만들 수 있지만, 그런 감정들은 각자의 경험에서 자연스럽고 당연하게 생성되는 것이다.

또한 입양문제에 대한 친척들의 반응 때문에 놀라기도 한다. 어떤 가족들에서는 가족의 규모가 커지고 가문의 이름이 전승되기 위해 자손을 가지도록 가족 내의 연장자들로부터 엄청난 압력이 가해지기도 한다. 전쟁이나 질병에 의해 많은 사람들이 죽어버린 소규모 가족들은 가족을 소멸의 위험에서 구원할 수 있는 잠재적인 재생산자들이 거의 없기도 한다. 스스로가 가족의 욕구를 수행할 수 있는 능력이 있는 사람들이라고 여기는 남자와 여자는 부모경험 자체와 생물학적 부모를 동등하게 여긴다. 그들은 심리학적 부모노릇이나, 영원한 감정적 애착이나, 입양을 통한 아동의 보호의 기쁨을 누릴 여유를 결코 가질 수 없을 것이다.

엄격한 아일랜드인 가톨릭 가족 출신인 한 부부는 혈통이 다른 한 아동을 입양하기로 계획을 했다. 그들은 입양계획에 대하여 가족들이 따뜻하고 지지적으로 받아들여 주어 기쁘고 감격스러웠다. 가족들은 "아기는 아기다"라고 했으며 "우리는 누구와 마찬가지도 그 아이를 훌륭한 아일랜드 가톨릭 사람으로 잘 키울 수가 있다"고 말했다. 그들은 진심으로 그 아이를 환영했다. 이러한 무조건적인 수용은 종교적으로 엄격하거나 인종이 뚜렷한 가족에게는 좀 더 어려울 것이다. 또 다른 부부는 자신의 가족들은 혈통이 다른 아동을 받아들이기 쉬울 것이라고 생각하여 전혀 고민하지 않았지만, 아동의 양육과정 내내 아동의 출생배경에 대한 가족들의 의심에 찬 질문들과 지속적으로 맞서게 되었다. 부부들과 마찬가지로 전체 가족들은 가계의 전승이 단절된다는 사실에 직면함으로써, 그들 스스로에 대해, 그들의 욕구와 소망에 대해 좀 더 알게 된다. 이러한 깨달음을 통해 그들은 새로운 가족 구성원을 위한 공간을 마련하기 시작한다. 이 공간은 아동이 가족 구성원과 동등한 지위와 완전한 권리와 특권을 가진 가족원임을 분명하게 인정하는 것이 되어야 한다.

전체 가족들은 그들에게 있어서 가계 계승이 얼마만큼 중요한지 그리고 이러한 새로운 상황에 얼마나 잘 적응할 수 있는지에 따라서, 혈통이 다른 아동을 즉각적으로 받아들이는 그들의 능력이 서로 차이가 있을 것이다. 가족들의 저항은 부부가 입양절차를 시작하기에 앞서 필요한 변화를 준비하는 과정을 좀 더 어렵게 만들 수 있다.

또 다른 사람들은 이것이 양모들이 압도적으로 딸을 선호하기 때문이며, 특히 외동을 두게 되는 경우에는 더 그렇다고 해석한다. 즉, 모든 당사자들은 "입양된 아동"을 추상적인 개념으로 다루고 있다. 비록 일부 강력한 저항들이 사라진다 해도, 입양된 아동을 가까운 전체가족 안에서 함께 관계를 만들어 가는 현실의 사람처럼 대할지는 예측할 수가 없다.

제2단계: 입양과정

어떤 형식이든지 입양 초기 과정은 부부가 임신에 실패했다는 것을 공공연하게 드러낸다. 이러한 노출과 반응들은 간신히 치료된 상처를 헤집거나 적어도 지속되는 문제들을 넘어 고통의 원인이 되게 만든다. 사람들은 자의적이든지 그렇지 않든지 입양에 관련하여 상처를 주는 말과 행동을 할 수 있다. 부부는 조언을 해주는 주변 친구들로부터 성공하지 못한 끔찍한 입양 이야기를 듣기도 한다. 그들은 아이를 낳지 못하는 것이 마치 돌이킬 수 없는 비극과 실패인 것처럼 지나치게 동정적인 가족 구성원을 경험하기도 한다. 그런 사람들은 성격적으로 부적절한 면을 가졌거나, "뭐가 잘못된 거지?" 또는 "그건 누구의 잘못이지?"와 같은 생각 없는 질문들을 하는 사람들일 수 있다. 동시에 그들은 입양결정에 대해 진심어린 지지와 열정을 경험할 수도 있다.

아이를 입양하기로 결정이 나면, 부부는 자원을 찾기 위해 여러 곳을 체크한다. 일반적으로, 그들은 대부분의 입양기관들이 신생아를 입양하기 위해 길게 줄을 선 대기자 명단을 가지고 있으며 연령제한, 건강, 재정상태에 대한 요구사항이 분명하다는 사실을 알게 된다. 어떤 사람들의 경우, 너무나 긴 대기자 명단은 그들에게 위기로 다가온다. 그들이 입양할 수 있는 아기가 생겼을 때 그들의 나이가 연령제한을 넘기게 되기 때문이다. 그래서 부부는 입양기관으로부터 좀 더 입양하기 쉬운 아기들을 생각해 보는 것이 어떻겠느냐 제안을 받는다. 예를 들면 나이가 많은 연장아나, 다른 인종의 아동이나, 장애아 등의 입양을 제안 받는다. 어떤 부부들의 경우 그들이 입양기관의 양부모기준에서 벗어났기 때문에, 또는 그들이 기관을 통해 이용가능한 것과는 다른 입양방식이나 자원들을 찾기 때문에 개인적인 입양을 하기로 결정하기도 한다.

현재 6개의 주(코네티컷, 델라웨어, 미시간, 미네소타, 메릴랜드, 노스다코다)에서는 개인적인 입양을 금지하고 있다. 이러한 주에 사는 사람들은 개인입양을 추진하기 위해 다른 주에 있는 개인입양 관계자를 이용하는 방법을 찾아야 한다. 심지어 개인입양이 합법적으로 되어 있는 주에서 조차도 입양이 가능한 아동들이 소수에 불과하기 때문에 예비 양부모들은 다른 나라들에서 아기를 찾아야 한다. 그러한 입양은 상당한 재원뿐만 아니라 엄청난 시간과 에너지를 필요로 한다.

일부 지역에서는 잠재적인 예비 양부모들이 자신들의 요구사항을 관철시키고자 서로 돕기 위해 결탁하여 입양과정을 문란하게 만들기도 한다. 예를 들면, 디트로이트에 있는 "가족나무 The Family Tree"라는 양부모 자조집단에 있는 몇몇 부부들은 관련 자원들을 조종하고 관료체계상의 혼란을 빚어냈다.

부부가 그들의 목적을 성취하기 위해서는(입양을 하기 위해서는), 그들 스스로에 대한 아주 세밀한 사항까지 드러내야 하는데 이것은 친생부모에게는 요구되지 않는 부분이다. 기관을 통한 입양에서 양부모는 자신들이 상당히 경쟁이 치열한 상황에 놓여있다는 것을 알게 될 것이다. 그것은 결국 "충분히 좋은" 양부모로 판단되는 것만으로는 부족하며, 그들은 분명히 최고의 양부모가 될 것이며 부모역할에 실패할 확률은 거의 없다는 판정을 받아야 한다. 연령, 건강 재정적 자원들과 같이 그들이 통제하지 못하는 특성들이 양부모 자격을 위해 면밀히 검토되는 주요 사항들이다.

결혼 관계 및 친인척들과의 관계의 질적인 안정성 또한 입양기관의 평가자들의 주관적 판단에 따라 결정이 좌우되는 요인이다. 양부모 신청자들은 그들을 판단하는 데 사용되는 평가기준에 대해 혼란스럽게 느끼며, 그들의 프로필이 어떻게 평가되었는지에 대해 상당히 불안해한다.

입양 과정 중 이 단계에서의 한 가지 진짜 문제는 배우자들이 개인적으로 또는 두 사람 모두 여전히 심각한 삶의 위기의 중간에 놓여있는 것이다. 지금 이 순간에 보이는 모습과 최근에 그들이 지내온 모습은 '아기문제를 갖기 이전'의 상태를 정확하게 설명하지 못한다. 그들의 부부관계에 대한 질문에 대해 얼마만큼 정직하게 대답해야 문제가 없는 것으로 보일 것인지에 대해 고민할 것이다. 인터뷰 도중에 다음과 같은 생각을 하면서도 차마 말하지 않는 부부도 있을 것이다.

> 어떻게 우리가 여기에 앉아서 우리의 결혼이 단단하고 튼튼하며 성생활도 양호하며 좋은 부모가 될 것이라고 말할 수가 있나요? 겨우 6개월 전만해도 우리는 서로 심하게 다투고 헤어질 생각까지 했는걸요. 우리는 우리가 아주 짧은 시간 안에 크게 나아졌다는 걸 알지만 입양기관 사회사

업가는 그렇게 생각하지 않을 겁니다. 서로 손을 잡고 역경을 이겨내며 주변에 이해심과 사랑이 많은 가족이 있는 부부들이 있습니다. 그렇다면 분명히 우리보다 그들이 선택될 겁니다.

그들 스스로를 이상적이며 비현실적이고 도저히 믿어지지 않을 만큼 좋은 부부와 비교하면서, 그들은 평가자들의 반응을 두려워한 나머지 그들에 관한 중요한 정보를 의식적, 무의식적으로 편집할 수도 있다.

게다가, 친생부모들이 아이의 양부모를 선택하는 데에 있어서 중요한 영향(최종 결정이 아닌 경우)을 미치는 경향이 점점 더 보편화 되고 있다. 다시 말해 잠재적인 양부모들은 세밀한 조사를 받도록 오픈되어 있으며 경쟁에서 불합격되거나 거절당할 수도 있다(예를 들어, 다른 부부들에 비해 많은 교육을 받지 못했거나 재정적으로 안정되지 못했을 경우). 어떤 한 부부는 한 친생모를 임신 6개월 때부터 그들의 집에서 데리고 있었다. 그들은 친생모에게 의료적인 보호와 상담을 포함한 일체의 지원을 하기로 했고, 친생모는 출산 후 아이를 그들에게로 입양 보내는 것에 동의하였다. 그들은 이미 3년 전에도 이와 같은 방법으로 성공적으로 입양을 한 적이 있다. 모든 것은 임신 9개월 초까지 순조롭게 진행되는 듯 보였다. 그러나 그때 친생모는 아이를 그 부부에게 주지 않기로 결정을 하였다. 그녀가 그들 부부를 좋아하고 그들이 좋은 사람들이라고 생각하며 첫 번째 입양된 아이가 아주 잘 성장하고 있음을 보았음에도 불구하고, 그녀는 그들의 집이 그녀가 자라온 가정과는 너무 다르다는 것을 발견하였다. 결국 아이는 그녀가 성장한 가족과 좀 더 비슷한 가정으로 입양되었으며 그 부부는 그녀의 거절로 인해 망연자실하였다.

이러한 평가과정과 공식적인 조사는 배우자에 대해 여전히 존재하는 염려들과 함께 부모가 되기 위한 개인적인 능력에 대한 불안감을 자극할 수 있다. 각각의 배우자는 어떤 면에서 선택받는데 실패한 책임을 상대방에게 돌리기도 한다. 사실, 그들 중 한 사람의 몇 가지 특징 때문에 거절당한 것이 사실일 것이다. 예를 들면 밖에서 풀타임으로 일하는 여성은 풀타임 전업주부들 보다는 바람직하지 않다고 여겨질 수도 있다. 책임이 비난으로 돌변할 때 문제들이 발생한다. 다른 관련된 이슈들과 마찬가지로 배우자들은 그들 스스로와 서로를 직면할 필요가 있으며, 외부적인 현실들을 분류해 내고 이러한 고도의 스트레스적인 과정에서 비난을 충분한 지지로 바꾸어야 한다. 마침내 부부가 부모가 될 능력이 있다고 인정을 받으면, 그들은 앞으로 자신들은 양육을 하게 될 부모라는 확답을 즐길 수 있으며, 그들의 자존심도 확립하게 된다. 이것은 양부모들이 비양부모 상태를 벗어났다는 일종의 보너스인 셈이다. 공식적인 세부조사로 인한 스트레스만큼이나, 엄격한 평가자들이나 혹은 친생모들로부터 잠재적인 부모능력에 대해 "A"를 받음으로써 용기를 얻을 수 있으며 신뢰에 대한 성실한 한 표로서 인정을 받을 수 있게 된 것이다.

이러한 준비와 확답이 생기는 것과 동시에, 애도의 과정이 계속된다. 부부가 입양될 아이에 대하여 창작을 해놓았기 때문에,

그들은 혈육의 상실과 그들의 이상화된 친생자에 대한 상실의 기간을 늘릴 수밖에 없다. 대부분의 사람들은 자신들이 그들의 장점만을 가진 아이를(심지어는 좀 더 개선된) 낳게 될 것이라고 상상한다. 그러나 동시에 그들의 단점만을 가진 아이가 태어날까봐 걱정을 하기도 한다. 부모의 이상화된 환상을 충족시키는 현실의 아이란 없으며, 모든 부모들은 그들의 아이에 대해 약간의 실망감을 경험하게 된다. 하지만 소망들은 그들 뒤에 종종 뒤따르는 실망감만큼이나 절실하다. 자녀가 자신과 신체적으로 닮은 점을 갖고 태어나기란 쉽지 않지만, 사실 생물학적으로 아무것도 유전되지 않았다는 사실은 충격적인 일이다.

> 저는 언젠가 갖게 될 저의 딸아이에 대한 생각을 갖고 있었습니다. 그 아이는 아마도 저처럼 키가 크고 건강하며, 숱이 많고 건강한 검은 머리칼(저같은 갈색이 아닌)을 가진 아이일 겁니다. 그 아이는 내가 받아보지 못한 상들을 받을 겁니다. 전 그 아이 옆에서 늘 격려해 줄 겁니다. 그런데 지금 저는 그것이 상상했던 것과는 아주 많이 다를 수 있다는 걸 알았습니다. 나의 입양한 딸은 금발머리에 검은 피부를 가졌고 키도 작고 통통합니다. 저는 우리 가정에 데려온 아이라면 그 어떤 아이도 사랑할 수 있다고 생각했지만, 제가 오랫동안 상상해 왔던 꼬마아이와 작별인사를 하는 것이 어려웠습니다. 상상 속의 딸아이는 오랫동안 나와 함께 해왔기 때문에 그 아이에 대해 생각하는 것이 제겐 슬픈 일이었습니다.

양부모들은 그들의 이상적인 아이에 대한 자신만의 생각을 가지고 있기 때문에 일생에 걸쳐 여러 가지 방법으로 여러 차례에 걸쳐 그 상실에 대해 애도하는 것이 필요하다. 비양부모들에게서도 친생자들이 그들의 소망대로 되지 않을 비슷한 문제가 생기게 된다. 이상화된 아이가 인지되지 않고 애도되지 않았을 때는 어려운 일이 생기게 되는데, 즉 무의식적으로 현실의 아이(입양한 자녀든지 친생자든지)에게 부담으로 작용하며, 그 아이는 있는 그대로 평가받을 수 없게 된다. 이러한 상황에 놓인 부모들은 실망감으로 가득 찬 상태에서 살게 되며, 이러한 실망감을 감지한 아이들은 자신들이 지지받지 못하는 사람이라고 느끼며, 따라서 열등한 존재이며 불법적으로 태어난 아이라는(합법적인 결혼상태가 아닌) 느낌을 갖게 된다.

양부모로 선택이 된 이후라 할지라도, 실제로 한 아이를 얻기까지는 여러 가지 골치 아픈 일들이 생길 수도 있다. 입양이 점점 더 개방적으로 진행되며 친생부모들에게 좀 더 많은 선택이 가능해지기 때문에, 우리는 입양 진행이 좌절되는 사례를 더 자주 보게 된다.

극단적인 경우에는 양부모가 친생부모를 임신기간 중에 만나고 출산에 참여하고 아기를 안아보기까지 하고 난 이후에, 친생부모가 아기를 포기하지 않기로 결정했다는 사실에 직면하게 될 수도 있다. 어떤 부부들은 그들이 완전한 입양을 하게 되기 전까지 그러한 경험을 한 번 이상 하기도 한다. 이러한 부부들은 깊은 실망감과 싸워야 한다. 그들은 또한 그들의 아이가 될 거라고 상상했었고 심지어는 만나서 안아보기까지 했던 아이를 상실한 것에 대해 분명 슬퍼할 것이다. 어떤 부부들은 이러한 경험을 사산에 비유한다. 분명히 그것은 모두 감정들과 관련된 것이다. 다른 아이를 그들의 삶에 환영하며 받아들이기 전에 부부는 반드시 이러한 상실감을 회복하기 위한 시간을 가져야 할 것이다.

제3단계: 입양가정의 탄생

최종적으로 아이가 부부에게로 오게 되면, 부부는 마침내 그들의 수고의 열매를 즐기게 된다. 비어 있던 아기의 요람과 침대가 채워지게 되며 집안은 한 아기의 욕구를 채워주고자 애를 쓰는 여러 명의 어른들로 완전히 들뜨게 된다. 아주 오랫동안 기다리던 부모의 품속은 이제 한 아기로 인해 꽉 채워진다. 안도감과 성취감의 분위기가 집안을 가득 메우며 친구들과 가족들은 고통에서 벗어나 승리를 함께 맛본다. 아이가 없던 곳에 한 아이가 생겼다. 문제는 해결되었다.

과연 그런가? 아마도 마침내 입양을 이루어냈다는 양부모의 흥분된 감정의 밑바닥에서는 어디에선가 슬퍼하고 있으며 영원히 그들의 가정사에 존재하게 될 친생부모를 기억하고 있을 것이다. 비록 어떤 개인적인 연락이 없었고 친생부모들이 허상으로만 남아있을지라도, 아이를 포기하는 데 동의했음에도 아이를 그리워하고 걱정하고 생각하고 만나보기를 희망하는 사람이 있다는 것을 양부모는 느낄 수 있을 것이다.

반면에 이러한 극단적인 인식의 한 가지 변화는, 양부모들이 이러한 사람(친생부모)을 잊을 수도 없으며 그들이 아이에 대한 책임을 맡겠다고 한 약속을 무시할 수도 없다는 것이다. 양부모들은 "만일 이 아기가 얼마나 훌륭한 아기인지를 친생부모가 알았더라면 결코 아기를 떠나보내지 않았을 거야", 또는 "우리는 아주 좋은 부모가 될 수 없을 것 같아", 또는 "만일 친생부모가 이런 결과(아이가 예쁘게 잘 자란모습)가 나올 줄 알았더라면, 아마 아이를 포기하지 않고 키웠을 거야"라는 생각들을 여러 차례 하기도 한다. 특히 아이의 생일이나 법적으로 입양이 승인된 날에는 이러한 생각들과 감정들이 더 극심해진다. 메리는 그녀의 아이의 생일날 즈음이 될 때마다 보내게 되는 힘든 시간에 대해 이렇게 말하고 있다.

> 나는 아이들의 생일 축하 파티준비를 시작할 때마다 우울한 마음과 불안한 느낌을 갖게 된다. 나는 그 아이들의 친생부모들이 얼마나 아이를 그리워하는지를 알기 때문에 슬퍼진다. 이런 특별한 날에는 친생부모들이 아이를 더 생각할 것이다. 동시에 완벽한 생일날을 만들어내야 한다는 걱정이 생긴다. 이상하게 보일지 모르지만, 나는 생일날 친생부모가 모든 것을 지켜보고 있다고 느낀다. 나는 아이가 건강하고 행복하게 지내고 있는 모습을 보여주고 싶다. 나는 시간이 흐르면서 좀 더 마음이 편안해 지고 싶고, 아이의 생일날을 즐길 수 있기를 바란다.

상황이야 어떻든 간에, 양부모와 친생부모는 그들 공동의 아이가 성장하는 만큼 각각 타인의 인생에 여전히 존재하는 것이다.

비록 입양에 대한 희망과 기대를 수년에 걸쳐 계속 해왔을지라도, 양부모들은 어떤 면에서는 친생부모들의 경험과는 아주 다르게, "즉석 부모instant parenthood"가 되도록 떠밀려진다. 한 가지 예를 들면, 양부모는 친생부모처럼 9개월에 걸쳐 배가 불러오는 경험을 하지 않는다. 또한 사람들이 임신과정을 지켜보고 아기가 잘 있는지 물어보는 것과 같은 사회적인 확인을 받지도 못한다. 베이비 샤워가 없는 경우도 너무나 많으며, 겨우 최근 들어서야 양부모들을 위한 부모교육 클래스가 제공되었다. 이러한 것들은 출생과정의 중요한 표시들이 되며, 아동의 도착을 준비하는 데에 사용된다.

아동은 자신의 유전적인 토대와 독특한 태아기, 출생 및 분리의 경험이 완벽하게 갖춰진 상태에서 양부모 가정에 도착한다. 그리고 자신들의 슬픔을 해결하기 위해 최선을 다했으며 그들의 집으로 입양되는 아동을 환영하기 위해 준비를 한 부부에게 아동이 가게 된다. 생물학적인 가족에서와 마찬가지로, 여기에서도 기질적인 조화의 문제가 즉각적으로 생긴다. 저명한 연구자들은 장기간에 걸쳐 아동의 기질과 발달에 관해 연구를 했는데, 연구결과 아동의 기질보다는 부모와 자녀 간의 '적합도'가 적응에 훨씬 더 중요한 요인이라는 결론을 내렸다. 이러한 적합도는 대개는 예측 불가능한 것이다. 점잖고 조용한 부부가 생기있고 에너지가 넘치는 아동으로 인해 활력이 있고 자극이 넘치게 될 수도 있고, 반대로 그런 아이 때문에 짜증이 나고 지쳐버릴 수도 있다. 입양가족과 비입양가족 간의 적합도가 엄청나게 다른지 여부는 아무도 모르는 일이다.

신생아 때 입양된 아동의 애착에 대한 최근의 한 연구에서는,

신생아와 엄마와의 애착관계에 있어서 양모와 비양모 간의 차이점을 발견하지 못했다.

연구자는 '초기 접촉의 결핍으로 인해 엄마-신생아 관계에 있어서 불안한 발달단계의 위험에 놓여있는 중산층 입양가정은 없었다'고 결론을 지었다. 추측컨대, 입양된 신생아들 중에서 불안한 애착을 보이는 경우는 안정된 애착을 보이는 신생아보다 입양 전에 훨씬 더 많은 위탁기간의 경험을 가졌을 것이다. 몇몇 연구들에서는, 초기의 혐오스러운 경험의(친생부모로부터 분리, 여러 위탁가정을 전전하는 등) 충격은 아동이 새로운 긍정적인 애착관계를 형성할 기회를 가졌을 때 사라질 수 있으며, 아동이 초기의 상처와 결핍 때문에 반드시 상처를 입게 되는 것은 아니라고 제시한다. 그래서 초기 애착상태란 준비가 되었으며 갈등상태가 아닌 양부모, 상처입지 않은 아동, 모든 면에서 좋은 기질을 가진 아동부터 갈등상태에 있는 양부모, 상처 입은 아동, 좋지 않은 기질을 가진 아동에 이르는 요인들이 모두 조합된 것을 포함한다. 따라서 광범위한 초기 애착 경험의 가능성이 있는 것이다.

아동이 가정으로 입양될 때 생겼던 흥분은 종종 불안감으로 인해 누그러진다. 아동이 집으로 올 때까지 그렇게 많은 에너지를 쏟아 부었는데도 그러한 불안감이 생길 수 있는 걸까? 오로지 입양을 하겠다는 일념은 정상적인 양가감정이나 실망감을 표현하는 것을 금한다. 아동을 입양하여 집으로 데려오기까지 감정적으로, 육체적으로, 재정적으로 너무 많은 소모가 있었다고 양부모 스스로가 느끼더라도, 어떤 혼재된 감정들을 그들 스스로나 다른 사람들에게 인정하기는 어려울 것이다. "나의 평화로운 밤들을 포기하는 것은 정말 싫다"와 같은 생각들은 비밀스럽게 감춰질 것이다. 적어도 공개적으로는 입양을 이상화하고 꿈이 실현되는 것으로 보는 경향이 더 많을 것이다. 부부와 주위사람들은, 정확하든지 아니든지, 아동이 부모나 다른 가족들과 닮았다고 생각할 것이다. 하지만 일부 현실적인 문제들이 정상화(아동이 양부모 가정에 완벽한 가족원으로 정착하는)를 위해 애쓰는 부부의 이러한 노력들을 어렵게 만들기도 한다. 집으로 데려오는 아기들은 대부분 장기간의 여행으로 인해 지쳐있거나 심지어는 아프기도 하다. 이것은 그리 완벽한 그림은 아니다. 다른 모든 부모들과 마찬가지로, 양부모들 또한 의식적이든지 무의식적이든지 현실의 아동을 자신들의 상상속의 아동에게 맞추려는 경향이 있다. 친생부모들이 자신들의 실망감을 표현하는 것에 있어서 자유로운 반면('난 정말이지 딸을 낳기 원했는데', '난 조용하고 얌전한 아기를 원했는데', '그 애가 나 같은 빨강머리가 아니라니 믿을 수 없어'), 양부모들은 자신들이 아기를 가지게 되었기 때문에 감사를 해야만 하며 정상적인 실망감을 표현할 수는 없다고 느낄 것이다.

그러나 친생자녀가 하지 못했거나 다르게 이루어냈던 부모의 욕구나 소망을 입양된 자녀가 이루는 경우도 있다. 특정 성별의 아동을 원하는 난임이 아닌 부모에 의해 입양된 아동이 바로 그 한 가지 예이다.

그리고 일부 입양아동들은 양부모가 상상했던 환상 속의 자녀들 보다 훨씬 더 매력적이고 똑똑하며 재능이 있는 경우도 있다. 한 양모는 자신의 파란 눈이 자신이 가진 가장 큰 장점이라고 느껴왔다(아마도 거의 유일한 장점이라고). 그녀는 남편이 진한 갈색 눈이라는 사실 때문에 슬펐었다. 입양한 아들의 눈이 아주 깊은 파란빛깔인 것을 보고 그녀는 불가능한 소망이라고 생각했던 일이 현실로 이루어진 것이며, 사실 이것은 그들 부부가 낳을 수 있는 어떤 아이보다도 훨씬 더 근사한 아이라고 느꼈다. 이러한 결연(혹은 잘못된 결연)은 애착과정의 초기단계에 도움이 되거나 혹은 방해가 되기도 하며 애착을 맺는 데 있어서의 기본적인 자세에 중요한 기여를 한다. 그러나 양부모가 가진 환상 속의 아동과 연결시켜서 입양된 아동을 과대평가하거나 과장하는 것은 그 아동이 가진 다른 점을 과소평가하거나 불리하게 하는 것보다도 훨씬 더 공정하지 못한 것이다. 부모와 자녀는 이미지나 환상으로 비교하기보다는 서로에 대해 현실적으로 알아가야 할 필요가 있다.

아동이 집에 오고 난 이후에 양부모들이 약간의 침울한 기간을 경험하게 되는 것은 특이한 일이 아니다. 이것은 입양을 성사시키기 위해 요구되었던 에너지의 소모, 감정적인 고갈, 그리고 그들의 첫 번째 선택에 대한 계속적인 애도(그들의 완벽한 친생자녀), 그리고 모든 입양과정에서 생기게 되는 여러 가지 문제들 등과 관련이 있다. 친척과 친구들의 태도, 즉 도움이 되기도 하고 전혀 도움이 되지 못하기도 하는 말과 행동들로 인해 양부모들의 이러한 우울함이 호전되기도 하고 또는 악화되기도 한다. 입양될 아기를 위한 축하 선물을 주는 모임에서 한 친척이 "너의 아기에게는 저축채권을 줄게, 그건 다른 애들한테 주었던 선물과 마찬가지란다."라고 말했다. 이러한 말은 입양된 아동과는 마주하기가 어렵다는 뜻으로 그 친척의 마음속에서 이 아동은 다르며 좀 덜 중요한 존재라는 의미의 숨겨진 메시지를 암시하는 것이다. 어떤 면에서 볼 때 그 친척은 올바르게 행동한 것이다. 아동이 혈연관계가 아니라는 이유로 선물 주는 것을 거절한 것보다는 분명 훨씬 더 나은 행동이었다. 하지만 그 메시지는 분명하다. 즉, 이 가족의 원래 구성원이 아니라는 의미를 명확하게 언급한 것이다.

이러한 말들은 부부가 그들의 첫 번째 선택(친생자녀를 갖는)으로 인한 고통스러운 기억을 다시 상기시킨다. 일부 가족들과 친구들은 출산의 고통을 겪지 않고 엄마가 되었으니 얼마나 행운이냐고 말하기도 하며, 아이를 입양하면 나중에 임신할 확률이 많다고 말하기도 한다. 반면, 어떤 사람들은 진심으로 사랑을 주고 지지를 하며 부부와 함께 협력하여 그 차이점들을 받아들이고 이 새로운 가족과의 유대관계를 증가시키는 데에 노력을 하기도 한다.

일상적인 생활이 계속되면서, 부부는 부모로서의 경험을 하기 시작한다. 처음에는 열성적이거나 반대로 조심스럽기도 할 것이며, 유대관계를 맺는 것이 쉽거나 어렵기도 하겠지만, 부부는 새로운 아동의 행복과 아동에게 필요한 모든 역할과 기능을 수행해야 할 책임이 온전히 그들 자신에게 있음을 알게 된다. 그들은 아이의 요구와 관련된 모든 집안일로 인해 바빠진다. 그리고 아이의 신체리듬이 자신들과는 반대라는 걸 느낀다. 아이의 소리와 냄새에 익숙해지며 아이를 돌보기 위해 해야 할 일과

하지 않아야 할 일을 알게 된다. 부부는 아이가 우유도 잘 먹고 변상태도 좋으며 잘 웃으면 굉장히 기쁘다. 반대로 아이가 배가 아프거나 콧물을 훌쩍이거나 화를 내면 걱정스러워진다. 아이가 무럭무럭 잘 자라면 부모도 그렇게 된다. 아이가 잘 자라는 것은 자신들이 양육을 잘 했기 때문이라며 자랑스러워진다. 심지어는 아이의 유전적인 특성 때문이라고 여겨지는 것들(아이의 잘생긴 외모라든가, 밝은 성품, 조심성)에 대해서도 자신들이 잘 양육한 결과라고 생각한다.

그들은 스스로가 이제 부모처럼 느껴지기 시작하며 그들의 아이를 감정적으로도 소유하게 된다. 양모들은 엄마로서 아이의 양육과 관련된 걱정거리들을 그들의 모친이나 여자형제들, 친구들, 그리고 엄마의 역할과 관련되어 앞으로 생기게 될 새로운 인연들(예를 들면 같은 유치원 엄마들, 학교 선생님 등)과 나누게 된다. 할머니와 할아버지들은 아이를 맹목적으로 사랑하게 되며, 부모의 형제들 또한 이모나 고모와 삼촌의 역할을 즐기기 시작한다. 어려운 문제들이 지속적으로 생기며, 여전히 해결해야할 욕구들이 있겠지만, 즐거움들과 슬픔들을 갖고 있는 부모로서의 일상이 양부모들의 진짜 현실적인 경험이다.

이러한 일상의 경험들을 통해 양부모들은 부모역할에 따른 중요한 심리적인 유대와 사회적인 표현을 깨닫고 수용하는 과정들을 시작한다. 대가족의 구성원들은 새로 가족이 된 아이에게 자신들을 재통합시키며, 아이와의 특별한 관계를(숙모, 이모, 삼촌) 만들고 친밀한 가족단위로 발전시킨다. 한 할아버지의 말을 빌면 다음과 같다.

> 내가 할아버지가 되어야 한다고 인정하는 것이 처음에는 아주 힘든 일이었습니다. 왜냐하면 그 아이가 입양되었다고 하는 것이 특히 더 힘들었기 때문입니다. 내가 그 아이에게 어떤 부분이 되길 원하는지 나도 잘 몰랐습니다. 내가 아이들과 쉽게 친해지지 못하기 때문에도 걱정이 되었죠. 하지만 우리 손녀는 그 아이만의 방식으로 내 마음속에 따뜻하게 들어와 버렸습니다. 내 인생에서 그 어느 누구도 그렇게 나를 녹여버린 적은 없었습니다. 나는 내가 할아버지가 된 것이 너무 좋습니다.

모든 가족들과 마찬가지로, 일부 친척들이 다른 사람들 보다는 아이와 훨씬 더 가까워지겠지만, 그들에게 남아있을 어떤 거리감은 비혈연인 새로운 관계를 맺는 것을 여전히 주저하게 만든다.

양부모들이 점점 더 부모로서의 세계에서 살게 될수록, 그들은 다른 사람들의 입양에 대한 인식과 판단을 보여주는 태도 즉, "집 없는 아이를 당신이 데려다 키우는 건 너무 좋은 일입니다"와 같이 부부가 전혀 하지 않는 말들에 의해 주기적으로 동요될 수 있다.

다시 말해 양부모들은 "혹시 당신 아이의 부모에 대해서 알고 있나요?"와 같은 적절치 못한 질문을 받을 수 있다. 임신과 출산으로 대화의 화제가 돌려졌을 때의 불편함과 비슷하며 양부모들은 그때마다 소외감을 느낀다. "나도 거기 앉아서 임신선을 보여주고 싶다는 어리석은 생각을 했어요."라고 한 여성이 말했다. "그리고 내가 한밤중에 내 아기를 품에 안고 있을 때 아기가 내 자신의 살갗과 피처럼 느껴진다는 걸 그들이 정말로 이해할 수 있었으면 좋겠어요." 이 여성처럼, 모든 양부모들은 어떤 면에서는 너무 다르고 종종 어렵게 만드는 그 상황들이 안타깝지만 부모로서의 현실감을 즐기는 그들만의 방법을 찾을 필요가 있다.

자신의 친생자녀가 있는 양부모들은 난임양부모들이 직면하고 있는 것과 똑같은 일부문제들뿐만 아니라 그들의 독특한 상황에 따른 경험을 하게 된다. 혹여, 신생아가 아닌, 어쩌면 다른 입양의 경험이 있는(파양된) 아동을 입양하기로 선택했을 경우, 그들은 거의 준비가 안 된 상태에서 순식간에 부모역할을 감당해야하는 처지에 놓이게 된다. 이러한 부모들은 아동의 일상생활에 관여하게 되며 그들만의 진짜 부모경험과 이런 특별한 아동과의 애착을 맺기 시작한다. 그들은 또한 친척들과 지역사회가 입양에 대해 갖고 있는 태도에 대처해야 한다. 그들은 자신들이 친생자와 양자를 차별하지 않는지 감시받고 있다고 느끼기도 하며, 그래서 그것을 보상하기 위해 꾸준히 노력하고 때때로는 지나치게 애를 쓰기도 한다. 또한 입양된 자녀의 특별한 욕구를 충족시키기 위해 자신들의 친생자녀들의 행복을 희생했다는 생각이 종종 들 때도 있다. 다른 인종 입양의 경우는 입양된 아동이 너무나 분명하게 외모에서 구별되기 때문에 더 복잡할 수가 있다. 양부모의 관심은 아동의 욕구를 채워주는 것에 있는 반면에, 때때로 그들은 아동을 본래의 민족과 문화에서 데려와 버린 것에 대해 염려하는 사회적인 비평가들 때문에 고통을 겪기도 한다. 이러한 부모들은 입양이 아동을 위해 정말로 잘한 일이었다는 것을 증명해 내야 하는 압박감을 훨씬 더 많이 느끼게 된다.

제4단계: 학령전기의 아동과 입양가정

입양가족의 친인척들과 지역사회에서 아동의 입양사실을 알게 되면, 이젠 입양된 아동 자신뿐만 아니라 다른 사람들에게 계속해서 일생 동안 입양사실을 알리는 과정이 있게 된다.

아이와 인종이 다른 부모는 그런 사실을 노골적으로 설명해서는 안 된다. 아동이 마치 양부모의 친생자녀처럼 보이는 경우에는 누구와 함께, 무엇을, 언제 입양에 대해 이야기해야 하는지를 고민한다. 전문가들은 양부모들이 좀 더 많은 상황에서 좀 더 많은 사람들에게 입양사실을 공개하는 것이 양부모들을 더 편안하게 만들며 심지어는 더 당당하게 만들 수 있다고 강조한다. 일반적인 상황에서, 낯선 사람이 아이를 보고 감탄하면서 "이 아이의 아름다운 파란 눈은 누굴 닮은 건가요?"라고 말하면 부모는 아주 기쁘게 대답을 한다. 그런데 그러한 말을 입양된 아동을 보고 했을 경우에, 사실은 그것이 질문의 본질과는 상관이 없음에도 불구하고 양부모는 그 아이가 입양되었음을 설명해야 한다고 굳게 결심하기도 한다. 어떤 부모들은 가능한 입양사실을 오픈 해야겠다는 생각 때문에 "우리 입양된 딸"이라고 소개를 하기도 한다.

이렇게 입양에 대한 한결같은 언급은 아동의 다른 점을 과장시키는 라벨을 붙여버린다. 부루노 베틀헴Bruno Bettelheim은 부모들에게 다음과 같이 조언을 했다. "차이점을 알리되 그것을 문제화시키지 말라." 대부분의 부부들은 여러 번의 시도들과 실수들을 통해서 어떤 상황에서는 입양사실을 감추는 것이 적절하고 도움이 되며, 어떤 상황에서는 입양사실을 간단히 공개하는 것이 불필요한 논쟁과 귀찮은 조언이나 질문들에 대처하는 것인지를 알게 된다.

입양에 대한 문헌들이 다루고 있는 일반적인 한 가지 논쟁거리는 아동에게 자신의 입양 상황에 대해 언제 어떻게 말해야하는가 하는 점이다. 1930년대에는 가능한 '비도덕적인 사실들'로부터 모든 사람을 보호하기 위해 입양 사실을 비밀로 했다. 1940년대에는 입양기관에 의해 추천되는 아동만 선택할 수 있었다. 입양기관들과 양부모들은 입양된 아동들에게 친생부모들은 아이를 단순히 낳음으로서 자녀를 갖는 것이지만, 양부모들은 아동을 선택할 수 있었기 때문에 입양아동은 아주 특별한 존재라고 설명하도록 도와주었다.

1960년대에는 가능한 어린 나이 때에 아동에게 입양사실을 말해주는 것이 입양도 가족이 되는 자연스러운 한 부분임을 받아들이는 방법임이 많은 입양기관들의 관행이었다. 그러한 조언은 여전히 일반적이다.

아동의 인지발달과 관련된 최근의 연구조사는 입양에 대한 아동의 이해에 있어서 분명한 발달적 변화를 나타내고 있다. 브로드진스키Brodzinsky와 동료들은 학령전기 아동(입양되었건 아니건 간에)은 입양의 관계 구조에 대해서는 사실상 이해하지 못한다는 것을 발견하였다.

7~8세의 아동은 양부모와 친생부모 사이의 기본적인 차이에 대해 인지하는데, 즉 입양은 가족이 아닌 사람이나 기관에 의해 중재된 일이라는 것을 알게 되며, 또한 친생부모가 입양된 아동을 언제라도 돌려달라고 할지 모른다는 추측을 하기도 한다. 좀 더 나이가 든 아동은(8세~11세) 친생부모가 정말로 다시 나타날 가능성은 없다는 것을 좀 더 강하게 인지한다. 마지막으로 청소년이 되면 입양은 영원한 것이며 법적인 과정이라는 안정된 개념으로 인지한다. 입양인이 아닌 유치원생, 2학년 학생, 5학년 학생들을 대상으로 가족관계의 개념에 대한 비교연구가 있다. 피커Picker는 이들 학생들을 대상으로 비교 관찰연구를 하였는데, 가족 및 친족관계의 구조에 대한 아동의 인지적 이해 단계들은 혈연관계와 입양 같은 비혈연관계 간의 궁극적인 구분을 차츰차츰 단계적으로 이해하게 되는 과정임을 알게 되었다(즉, 아동이 나이가 들며 인지력이 성장하면서 이러한 차이점을 이해하게 된다).

이러한 체계적인 자료들은 아동이 그들의 미숙한 사고과정으로 인해 6세나 7세까지 입양의 개념을 이해할 수 없기 때문에, 그들의 뿌리에 대해 알고 있던 정보들을 왜곡하는 것이 불가피하다는 사회적 통념에 대해 논쟁을 불러일으켰다. 어린 나이에 왜곡된 사실이 드러났을 때의 위험성은 아동이 그의 부모님이 아닌 다른 사람들로부터 입양사실을 알게 되거나 혹은 아동이 느끼는 것보다 더 늦은 나이에 알게 됨으로서 양부모에 대한 신뢰감을 손상시키는 위험성과 반드시 비교·검토되어야 한다.

아동은 그들의 입양에 대해 분명하게 이야기할 수 있어야 하며 그들의 부모로부터 아주 일찍부터 입양에 대해 들어야 하며, 대부분의 아동은 다른 사람으로부터 입양사실을 듣고 싶어 하지 않는다는 연구 결과에 동의한다. 하지만, 여전히 남겨진 질문들에 대해 어떻게 그리고 무슨 내용으로 답을 할 것인가에 대해, 부모들은 아이의 성격과 발달단계에 대한 민감함과 함께 아이에 대한 직관력과 이해를 가져야 한다. 그러한 공개야 말로 가장 어려운 문제들 중 하나이며 양부모를 괴롭히는 것이다. 이것은 마치 부모자격이나 아동과의 영구적인 관계에 대한 최종 테스트와 같이 느껴질 것이다(입양됐다는 사실을 알게 되어도, 아이가 여전히 우리를 사랑할까?). 대부분의 모든 양부모들은 이런 걱정을 한다. "언제 우리가 말해줘야 하고 무엇을 말해야만 하는 걸까?" 그러나 당황스러운 것은, 그 어느 누구도(할아버지나 할머니도, 입양전문가도, 좋은 친구들도) 이러한 질문에 대답을 해 줄 수가 없다는 것이다.

적절한 연령이 되기 전에 발생하는 많은 상황들은 진실을 말하게 될 경우 벌어지게 될 혼란 때문에 부모가 완전히 거짓말을 하도록 압력을 가하게 된다. 아동은 자기 친구들의 엄마가 임신을 하고 새로운 아기를 낳는 것을 보게 된다. 유치원생들은 "아기는 어디서 오나"에 대해 이야기를 나눈다. 가족은 새로운 아기를 입양하기도 하고 입양을 하기 전이나 한 후에 아기를 낳기도 한다. 어떤 아동들은 타고난 호기심으로 인해 7~8세가 되기도 전에 자신의 출생에 대해 질문을 하기도 한다. 더 많은 호기심을 가지고 끊임없는 질문을 하는 아이들도 있을 것이다. 인종이 다른 한 아동은 왜 자기만 피부색이 다른지에 대해 질문을 하기도 할 것이다. 만일 아이가 "수지의 여동생은 걔네 엄마의 뱃속에서 나왔대, 그럼 나도 엄마 뱃속에서 나왔어요?" 부모는 솔직하게 대답하지 못하는 곤경에 처하게 된다. 이때 양부모는 정보 자체가 일으키는 혼돈이 무엇이냐에 따라 대답을 자유자재로 바꾸어 버린다. 그래서 양부모는 "너무 어리지도 않고 너무 나이 들지도 않은 나이"에 얘기해 주라는 조언을 듣게 된다. 그리고 중립적인 시기를 선택하며 가족들이 불행한 시기나 어떤 체벌의 한 방법으로서 입양 사실에 대해 말해 주어서는 안 된다는 일상적인 지침도 덧붙여진다.

친생자녀와 입양된 아동이 함께 있는 가족에게는 추가적인 혼란스러움이 존재한다. 즉, 양부모가 이루지 못한 소망들을 입양된 자녀를 통해 경험하는 것은 매우 힘들며, 심지어 양부모가 원하는 것을 가진 다른 누군가를 찾는 것은 더 힘들어진다. 이러한 것을 보상하려는 마음에서 양부모는 종종 입양자녀를 "선택된 아동"이라는 특별한 지위로 승격시켜버리기도 한다. 양부모의 이러한 행동은 가족 내에서 아이들 간에 그들의 위치와 관련하여 심각한 긴장감을 조성하는 원인이 된다. 그것은 가족의 삶의 실제사실이기 때문에 자녀가 입양된 자녀라거나 생물학적 자녀임이 보다 쉽게 드러나게 만든다. 이와 관련된 감정들은 시간이 지나면서 해결되어야 할 부분이다.

궁극적으로, 양부모들은 그들 자신과 그들의 특별한 자녀에 대한 이해를 바탕으로 그들 자신의 판단력을 사용해야만 한다. 그러나 강조하지만, 얼마나 긍정적인 상황에서였는지, 얼마큼

신중하게 정보가 제시되었는지에 상관없이, 그것을 듣는 입양인에게는 반가운 뉴스가 아니라는 것이다. 아동은 많은 다른 방법으로 즉각적인 반응을 보인다. 어떤 아이들은 양부모들에게는 너무나 원했던 아이였다는 긍정적인 메시지에 집착을 보이며, 원했다는 것은 또한 친생부모에게는 원치 않았던 의미라는 것을 한동안 '잊어버린다'. 또 다른 아이들은 슬픔, 분노, 이해 못함의 반응을 보이기도 한다. 연령, 성별, 성격, 가족역동과 같은 요인들이 아동이 이러한 정보를 받아들이는 과정에 영향을 미칠 것이다.

대부분의 부모들은 자신들이 직접 말하지 않게 되기를 바란다. 어느 한 애처로운 아버지는 이렇게 말했다.

> 내가 만일 그 어느 누구도 우리 아이를 찾지 못할 거라는 걸 알 수 있다면, 난 결코 아이에게 입양 사실을 말하지 않을 겁니다. 그런 뉴스를 들었을 때 아이가 어떤 기분일지 상상할 수 있으니까요. 그런 생각만 해도 내 마음이 너무 고통스럽습니다. 하지만 불행히도, 그런 기적은 없습니다. 그리고 우리는 언젠가는 아이에게 그 사실을 말해야만 하겠지요.

대부분의 경우 부모들의 가장 최악의 두려움(아이가 그들을 부모로서 사랑하지 않을 거라든지 혹은 부모로서 원치 않을 거라든지)은 완화된다. 부모들과 전체 가족들은 입양을 준비하면서 혈연의 결핍에 직면하게 된다. '입양사실을 밝힘'은 새로운 과제의 시작이며, 부모와 아동 간에 그 의미에 대해 협상을 하며 인생 전체에 걸쳐 계속되는 과정이다.

제5단계: 학령기 아동과 입양가족

아동이 학교에 들어가게 되면, 그들의 가족뿐만 아니라 그들의 세계도 확대가 된다. 그들에게 중요하고 영향을 미치게 되는 새로운 어른들과 새로운 아이들이 생기게 된다. 이러한 사람들은 모두 '입양됨'에 대한 자신들만의 생각들과 감정들을 가지고 있다. 다른 아이들은 어쩌면 '진짜' 엄마보다 다소 못한 계모를 가진 아이라고 '비난'을 하기도 할 것 이다. 학교 수업 중 '아기는 어디서 오는가'라는 부분은 입양아동으로 하여금 불편한 감정들이 생기도록 만들 것이며, 아이는 이러한 감정을 집으로 가서 부모에게 쏟아놓게 된다. 감정이 풍부하고 논리 정연한 사고를 가진 어느 7살짜리 입양아동(소년)은 어느 날 학교에서 아기 병아리를 부화시키는 수업을 마친 후에 집으로 돌아왔다. 그는 엄마를 부둥켜안고 엄마의 배 쪽으로 머리를 숙이고 이렇게 말했다.

> 나도 엄마 뱃속에서 태어났으면 얼마나 좋았을까, 내가 지금 엄마 무릎에 이렇게 앉아서 엄마 뱃속에서 나온 것처럼 하면 어떨까요? 그러면 이제부터 우리도 내가 엄마 뱃속에서 태어났다고 말할 수 있을 텐데요.

엄마는 아이의 이러한 요구에 대해 자신이 전혀 준비가 되어 있지 않았음을 느꼈다. 그녀는 아이에게 "엄마가 얼마나 너를 낳고 싶었는지 몰라, 하지만 그런 일은 일어나지 않았다는 걸 인정해야만 했단다."라고 말해 주었다. 그리고 아이를 안아주면서, "네가 비록 다른 여자의 몸에서 태어났지만 네가 태어나서 얼마나 기뻤는지 모른다. 네가 우리에게로 와서 얼마나 기뻤는지 몰라. 앞으로도 항상 기쁠 거야."라고 말해 주었다. 이렇게 두 사람은 서로의 따뜻한 연민의 순간을 나누었다. 이것은 만일 이 엄마가 자신과 아들의 진정한 소망을 알 수 없었다면 결코 일어날 수 없었던 순간이었다.

학교 선생님들과 그 밖의 사람들은 아동과 관련된 언어의 사용에 대해 무감각하다. '버려졌다', '입양을 위해 내보내졌다', 또는 '양부모에 의해 선택된 것이 행운이다'라고 하는 말은 아동에게 엄청난 고통을 주는 말들이다. "엄마, 엄마가 입양을 위해 나를 봤을 때, 입양기관 사람들이 나를 어디에다 두었어요? 선반에다? 아니면 다른 곳에?"라고 한 어린 소녀가 물었다(아동이 입양을 이해하는 과정에서 나타날 수 있는 질문의 한 예). 이처럼 부모들은 아이들이 성장하면서 확장되는 주변 환경으로부터의 자극을 통해서 발생하는 입양 관련 이슈들을 누구에게 알릴 것인지, 그리고 어떻게 처리할 것인지를 결정해야 한다.

초등학교 입학 시기는 아동이 생물학적인 관계와 입양 관계를 개념화할 수 있고 그들에게는 두 세트의 부모가 있다는 것을 깨닫게 되는 시점이다. 아이들은 이러한 현실과 부딪히게 되며 친생부모에 대한 환상을 갖게 되고, 왜 그리고 어떻게 이 모든 일이 일어났는지를 이해해하려는 시도를 한다. 그들은 좋은 부모와 나쁜 부모, 좋은 아이와 나쁜 아이에 대한 그들 자신만의 이야기를 만들기 시작한다. 이것은 입양이 되었든지 아니든지 간에 상관없이 모든 아동들이 인생의 한 주기에서 갖는 보편적인 환상으로, 더 좋은 다른 부모의 존재에 대해 상상하는 것이다.

입양된 아동은 그들이 다른 부모를 가지고 있으며 그 부모가 자신들을 떠나보내는 일에 동의를 했다는 사실을 다루어야만 한다. 그들의 혼란스럽고 뒤섞인 감정들은 종종 양부모와 친생부모 모두를 훼손시킨다. 가족이 제공하는 것에 대해 다른 가족들과 비교하여 미묘하거나 미묘하지 않은 비평을 하기도 한다. "도니의 부모님은 용돈도 올려주셨고 밤늦게까지 있는 걸 허락했어요.", "수지의 부모님은 해마다 새 자전거를 사주시고 수지가 16살이 되면 새 차를 사주신대요." 모든 아이들이 자신의 부모와 다른 부모를 나쁘게 비교하는 시기가 있다. 입양된 아동의 불만은 부모에게 큰 부담으로 안겨져 난처하게 만든다. 왜냐하면 아동은 종종 상상 속의 친생부모들과 비교를 하기 때문이다. 반면에 이러한 환상들은 자신이 벌레 같다는 생각에서부터 고귀한 왕자와 공주라는 생각에 이르기까지 광범위하게 덮여 있으며, 그러한 비판과 비교는 양부모로 하여금 과연 자신들이 아이에게 충분히 잘 해주고 있는 건지, 자신들의 아이로 정말 받아들인 건지에 대한 염려를 유발하게 만드는 동기가 된다. 다시 말하면, 거기에는 만일 아이에게 기회가 주어진다면 아이가 양부모 대신 친생부모를 선택할지도 모른다는 두려움이 있는 것이다.

양부모들은 테스트를 받는 또 다른 어려운 시기들을 통과하게 될 것이다. 입양된 아동들은 종종 그들이 '돌아가게 될 것이다'라는 소망과 두려움을 동시에 갖고 있다. 소망은 친생부모들이 자신들을 원하게 될 것이라는 것이며, 두려움은 친생부모가 자신들을 납치하여 지금 함께 살고 있는 가족들로부터 멀리 떨어지게 만들지도 모른다는 것이다. 아이들은 자신들이 원래 착한 아이가 아니었기 때문에 부모가 키우지 않았을 거라는 두려움이 있으며, 또한 여전히 착한 아이가 아니라고 생각한다. "내가 돌아가게 될까?"라는 질문에 답하기 위해, 아동은 아주 못된 행동을 보이기도 한다. 이것은 실제 테스트가 되는데, 아동은 그동안의 경험을 통해 익히 잘 알고 있는, 부모가 도저히 용납하기 어려운 행동들을 서슴없이 행할 것이다. 이것은 흔히 우리가 알고 있는 아이들다운 행동들(매일 고쳐주고 훈련시켜줘야 하는)은 아니다. 이것은 단지 '귀찮게 구는 행동들'로서 부모들을 무기력하게 만들어버린다. 그것은 아동이 "당신이 도저히 참을 수 없는데도 나를 계속 키울 건가요?"라고 묻는 것이다.

이런 일들은 부모들 또한 스스로에게 같은 질문을 하게 만들며 상상했던 친생자녀(자신이 낳은 친생자녀라면 절대 이런 식으로 행동하진 않을 거라는 환상)를 갖고 싶었던 소망과 오래된 감정들을 뒤섞이게 한다. 그러나 그런 믿음은 이상적인 자녀란 결코 없으며 친생자녀는 부모-자녀관계의 영구성을 테스트할 강렬한 욕구가 없다는 한 조각 진실에 근거하기 때문에, 이 믿음(환상)은 일부 진실이기도 하다. 실제로 친생자녀가 있는 가족들을 보면, 입양자녀와는 아주 다른 형태의 시험용 행동을 나타내는 것을 볼 수 있다. 입양아동의 이러한 시험행동은 대게는 그들이 입양됨이 무엇인지를 처음으로 알게 되었을 때 일어나는데, 발달단계의 사춘기처럼 정체감, 소속감, 분리됨에 대한 고민들을 갖게 되는 시기이다. 그러한 것들은 때때로 입양된 후 초기 허니문 기간 이후의 청년기에 일어나기도 한다. 여기에 대해서는 다음 장에서 좀 더 자세히 다루기로 하겠다.

일반적으로, 입양인의 이러한 시험은 일시적인 것이다. 그들은 그들의 궁금증들을 질문하고, 답변을 얻고, 그리고 확신을 가지고 다음 발달 단계로 나아간다. 하지만 일부 양부모들과 입양인들은 이러한 시험을 통과하지 못한다. 이것은 특히 분리됨에 따른 상처를 가진 아동들(입양되기 이전에)의 경우에 나타나는데, 아이의 도발적인 행동을 통해 계속해서 거부와 포기가 반복된다. 그 아이는 그것을 완성하기 위해 그 상처를 되풀이 한다. 일부 아동들은 사실 좀 더 구조화된 입양결연을 필요로 한다. 이것이야 말로 가족 상담과 같은 외부의 개입이 필요한 시기로서, 양부모와 아동이 그러한 시험이 일어나는 과정을 이해하도록 도울 것이다.

친생부모들도 양부모들도 모두 그들의 아동을 받아들이는 능력과 영원한 유대관계를 맺는 능력이 매우 다양하다. 만일 그들이 의식적으로나 무의식적으로나 아동이 자신들의 이상화된 자녀의 기준과 일치되기를 강요한다면, 이러한 이미지에서 벗어난 아동을 너그럽게 봐주기는 어려울 것이다. 따라서 아동은 부모의 끊임없는 실망감을 경험하고, 그것을 내면화하고, 심지어는 더 많은 문제를 일으키는 방식으로 행동하기 쉽다. 입양문제들을 충분히 해결하지 못한 부모는 자녀를 훈육하고 제한하는 능력이 손상될 수 있다. 예를 들면, 만일 부모가 그들의 양육능력으로부터 자신들의 난임문제를 분리시키지 못한다면 그들은 그들의 권위에 대해 신뢰감을 갖지 못할 것이다. 또한 만일 그들이 계속해서 친생자녀를 갖기를 기대하고 심리적으로 부모역할의 타당성을 수용하지 못하게 된다면, 이 아이에게 그들의 진심을 다해 영원히 헌신할 것을 증명하기 위한 "전력 다하기"의 준비를 못할 것이다.

아동의 화나게 만드는 행동과 부모의 모순된 양육방침의 결합은 아동이나 부모 모두 중단하기 쉽지 않은 나쁜 행동의 악순환을 만들어 버린다. 이러한 예는 로버트 가족의 이야기에서 찾을 수 있다. 로버트는 순종과 반듯한 행동을 최고의 가치로 여기는 보수적인 가정의 양부모에게 아기였을 때 입양되었다. 로버트가 이러한 규칙들을 따랐다면 그도 그러한 사람들 중의 하나가 될 수 있었다. 로버트는 12살이 되었을 때 관계의 영원성에 대한 테스트를 하게 되었는데, 애착관계를 자극시킨다고 의식적으로, 무의식적으로 알고 있는 행동들을 영악하게 선택하여 행동하였다. 그의 화나게 하는 험악한 말과 불결한 옷차림, 무책임한 행동은 양부모의 인내심의 한계를 넘어섰다. 그들은 로버트의 행동을 용납할 수가 없었다. 결국, 로버트의 행동이 통제가 가능한 행동임에도 불구하고 양부모는 그를 치료시설에 보내 치료할 수밖에 없었다.

비슷한 행동들이 10살짜리 도나에게도 나타났었다. 로버트와 마찬가지로 도나도 자기 스스로를 몹시 비난받게 만들어 버렸다. 도나의 부모는 이것이 테스트라는 것을 알았고 테스트를 통과하기로 굳게 마음을 먹었다. 그들은 자신들의 양육방침을 굳게 고수하였으며 현명한 싸움을 선택하였다. 그렇게 함으로서 그들은 도나를 영원히 자신들의 딸로 느끼고 있다는 것을 증명해 보였다. 비슷한 테스트가 나중에 도나가 청소년이 되었을 때 좀 더 강도 높은 상태로 발생했다. 도나의 부모는 또다시 그러한 문제에 맞섰다. 이제 도나는 성인이 되었고 부모와 편안한 관계를 즐기고 있다. 모두가 그 싸움을 기억하며 그것을 이겨낸 만족감을 공유하고 있다.

역동성이야 어떻든 간에, 입양된 아동들, 특히 청소년들이 너무 지나치게 치료시설프로그램에 보내지고 있다는 증거들이 꾸준히 제시되고 있다. 이러한 치료시설 프로그램은 입양관계의 영원성을 형성하는 데 있어서 불필요한 시도이다. 그것은 가정생활이 지켜질 수 없으며 가족이 일시적으로 서로 떨어져서 지내야 할 필요가 있다는 것을 의미한다. 친생부모와 친생자녀는 설사 서로 가장 실망스러운 시기라 할지라도 혈연으로 자동적으로 결속이 되어 있다. 그러나 이러한 혈연이 결핍된 양부모와 입양자녀들은 영원성에 대한 문제의 여지를 갖고 있으며 양쪽 모두 일생동안 여러 차례 그 해답을 얻고자 한다. 그 해답이 긍정적일 때마다, 결속력이 강해지며 혈연을 초월하게 된다.

제6단계: 청소년과 입양가정

서구사회에서는 청소년이 있는 가정에서 자신의 정체감 형성과 독립을 위해 증가하는 청소년 자녀의 요구와 그것의 경계선을 조절하기 위한 어려운 과제 때문에 골머리를 앓고 있는 경우를 흔히 볼 수 있다. 입양가정에게 있어서 이러한 과제들은 특별한 부담이 된다.

청소년들이 자신의 가족으로부터 독립하고 자유를 더 누리겠다고 강력히 주장한다는 것은 잘 알려져 있다. 청소년을 둔 부모 또한 수년간 자신들이 곁에 두고 키워왔던 자녀를 떠나보내는 것을 어려워한다는 것도 잘 알려진 사실이다. 애착은 입양가정에서 종종 반드시 성취해야 하는 것이며, 가족구조의 근원에 대한 사실 때문인(혈연관계가 아니라는) 근본적인 불확실성을 극복해야만 하는 것이다. 분리감이 공포와 위협처럼 휩싸고 있다

아이가 다 커서 양육이 끝나게 되더라도 우리가족의 비혈연적인 유대가 지속될까?
부모로부터 독립한다는 것이 제대로 잘 시작된다는 것과 같은 것일까 아니면 내쫓긴다거나 버림받는다는 걸까?

부모와 아이 모두 이러한 질문들을 가질 수가 있다.

양부모들에게 있어서 청소년 자녀들이 흔히 보이는 행동 중의 하나로 점점 더 많은 시간을 집을 떠나서 보내는 것을 좋아

하고, 다른 성인들과의 만남을 좋아하는 것은 그들의 자녀가 언젠가는 다른 사람(친생부모)을 더 좋아할지도 모른다는 오래된 두려움이 다시 살아나는 것이다. 양부모들은 자신들이 버림받음과 거절당함을 경험할 수 있다는 감정적인 거리감 때문에 특히 예민해진다. 이때가 바로 기본적인 애착에 대한 불안감이 다시 나타나기 쉬운 시기다.

청소년이 분리와 관련되어 고민하고 있는 것과 마찬가지로, 부모들 또한 청소년들이 정체감에 대해 고민하고, 어떤 어른이 되고 싶어 하는 지에 대해 고민하는 모습을 지켜보게 된다. 이것은 인생에 있어서 전형적인 시기로서 청소년들은 많은 정체감들을 경험하고 그들 스스로에게 그리고 다른 사람들에게 여러 가지 가면을 쓴 모습을 보여주게 된다.

> 난 아침식사에 어떤 모습으로 딸이 나타날지 알 수 없다니까요, 어떤 날은 프레피(상류층의 모범생)모습이고, 어떤 날은 펑키 스타일이고, 또 어떤 날은 히피모습이니까요. 난 정말이지 우리 딸이 자신의 인생은 자기 자신의 것이라는 걸 깨닫길 바랍니다.

10대의 딸을 둔 어떤 어머니의 말이다. 청소년 자녀들이 자신들의 부모와 반대되는 모습을 보이려는 것은 아주 드문 일이 아니다 그리고 종종 부모의 생활스타일과 가치관을 철저하게 거부하기도 한다. 모든 청소년들의 부모들이 이러한 맹렬한 공격에 대응해야 하지만(아주 일시적일 것이다) 이것이 양부모들에게는 추가적인 부담이며 위협이 된다.

입양청소년들에게 있어서 정체감 찾기는 3자(양부모, 친생부모, 입양인) 가족구조 때문에 복잡해진다. 즉, 의식적, 무의식적으로 입양인이 그들의 생물학적 및 심리적 유대감을 평가하고 정체감 성취를 시도하는 때이다. 그들은 지금까지 양부모에게 양육되어온 자신의 모습과 태생적이라고 생각되는 자신의 모습 사이를 왔다갔다 하면서 정체감을 바꾸거나 철저하게 변화시켜 버리기도 한다.

대부분 필연적으로, 오랫동안 예견되어 왔으며, 결코 듣고 싶지 않았던 "당신은 내 진짜 부모가 아니에요."라는 독설을 듣고야 만다. 이것은 대게 진짜(또는 더 나은) 부모라면 이렇게 했을 것이라든가 혹은 이렇게 하지 않았을 것이라든가 하는 것과 관련된 몇 가지 엄선된 말 뒤에 따르는 말이다. 수년간 양부모들은 만일 그들의 입양자녀가 그러한 말을 한다면 어떤 느낌이 들까 하고 궁금해 했다. 아들과 따뜻하고 가까운 관계를 맺고 있는 한 엄마는 아들이 14세였을 때 자신에게 그런 비난을 퍼부었는데도 자신에게는 그것이 거의 문제가 되지 않았다는 사실에 놀라워했다.

> 내가 정말 그렇다는 걸 난 잘 알고 있었고, 아들도 그걸 알고 있었죠. 아들이 그런 문제 때문에 괴로워한다고 생각하면 가엾게 느껴져요. 하지만 그 애가 한 말은 내게 엄마로서나 한 인간으로서나 큰 의미가 없는 말이었죠.

그런 말 때문에 깊이 상처를 입거나 때로는 그런 비난에 짓눌려 마음이 많이 황폐해지기도 한다. 불안감이든지 혹은 서운함이든지 간에, 얼마만큼 좋은 혹은 얼마만큼 진짜 부모인가에 대한 것이 이때 떠올려지게 마련이다. 속으로는, 이렇게 생각할 수도 있다. "그래 네 말이 맞다. 난 지금까지 좋은 아버지가 아니었다. 네가 더 나은 다른 아버지를 바라는구나." 또는 방어적인 분노로서 "난 내 마음을 다했고 완전히 너에게 헌신했는데 너는 내가 진짜 엄마가 아니라고 말하는구나, 네가 감히 그런 말을 하다니!" 이러한 것들은 편안한 시간들이 아니다.

부모와 반대되기의 일부는(마치 그 가족의 구성원이 아닌 것처럼 행동하는 것) 테스트하는 행동이 연장된 것과 같다.

> 내가 이렇게 버릇없이 굴어도, 지저분해도, 말썽꾸러기라도, 게을러도, 엄마가 절대 허락하지 않는다는 걸 알면서도 상관하지 않아도, 여전히 한 가족일까?

다시 한 번 말하지만, 테스트는 실제로 일어나며 이때 부모들은 자신들이 아이들을 정말로 좋아하지 않거나 인정하지 않는다고 생각한다. 친생부모들은 그런 느낌이 들 경우, 자신들이 아이를 귀찮게 여겼던 것은 후회하지만 그들이 했던 사실 때문에 어쩌지도 못하며, 생물학적인 것과 늘 관련지을 것이다.

난임이 아닌 양부모들은 자신들의 좋은 의도가 나쁜 결과를 가져왔고 따라서 자신들의 사회적인 선Social Good이 무효화되어

버린 것처럼 느낄 것이다. 양부모들이 이러한 부정적인 느낌들을 경험하게 되면 그들은 자신들이 이 아동을 그렇게 만든 것이 아니며 단지 그 아이를 입양한 "실수"를 저질렀을 뿐이라고 되뇌면서 어떤 안정을 찾으려 할 것이다. 분명히, 그들의 상상속의 자녀는 이런 태도로 행동하지는 않을 것이다. 애착가능성이 다시 한 번 난관에 부딪히게 되는 것이다.

정체감을 찾기 위한 싸움과 테스트 욕구는 의식적이든 무의식적이든 친생부모를 찾고자 하는 소망을 포함하고 있다. 청소년들은 분노의 시기에 이러한 소망을 도발적이고 무례한 방법으로 표현함으로서 그들의 양부모가 제지하도록 자극한다. 어떤 청소년들은 그들의 양부모에게 상처를 주는 것이 두려워 그러한 소망을 부인하기도 한다. 그들은 친생부모를 찾기 위해 양부모의 허락을 구하거나 도움을 요청하기도 하고 혹은 하지 않기도 한다. 요즈음은, 입양인들의 뿌리찾기를 돕는 많은 자조집단들이 있다. 어떤 부모들은 자녀들과의 관계가 소원해질까봐 이러한 뿌리찾기 과정에 위협을 느끼기도 한다. 반면 어떤 이들은 위협과 동시에 연민의 복잡한 감정을 동시에 느끼기도 하며 자신들에게 적당한 방법으로 참여하기도 한다.

어떤 입양인들은 일종의 '일탈' 행동을 보이기도 한다. 그들은 다른 가족들이나, 운동코치들, 학교교사들과 같은 다른 성인들에게 애착을 보이는데 마치 한사람에게서 또 다른 사람으로 옮겨가며 떠도는 것처럼 보인다. 이러한 행동은 아동의 뿌리찾기를 반영한다. 입양청소년들이 자신들의 친생부모는 그렇게 하지 못했지만, 어려운 상황에도 불구하고 자신의 자녀들을 키우고 있는 가족들과 접촉하는 행동은 그리 드문 일이 아니다. 가난한 가족, 질병이 있는 가족, 한부모 가족, 그리고 가족 간의 상호작용 문제가 있는 가족들이 입양청소년들에게는 이상적인 가족으로 여겨진다.

부모와 자녀 간, 그리고 형제들 간의 성적인sexual 경계선 또한 자극을 받는다. 가족들은 가족 내에서의 성적 표현의 본질과 관련된 그들만의 규칙을 세우지만, 생물학적인 가족구성원들은 그들의 생물학적 관계에 근거를 둔 근친상간의 금기에 의지한다. 우리가 아는 것처럼 이런 금기는 종종 범위를 벗어나기도 한다. 양부모들은 가족생활에서 이러한 경계선의 필요에 근거를 둔 그들만의 금기들을 세운다. 충동적인 자극을 다루는 것이 좀 더 어려워질 경우, 가족들은 이러한 성적인 경계들을 강화해야 한다.

부모들은 아이들이 서로 쉽게 자극을 할 수 있는 나이가 되면, 아이들에게 옷을 갈아입을 때는 서로서로 예의를 지켜 조심할 것을 강조하며, 방이나 욕실문은 반드시 꼭 닫을 것을 당부한다. 때때로 성적인 유혹이 있을 경우에는 뒤로 물러나거나 공격을 하여 거리를 둠으로써 그 상황을 조절하도록 한다. 생물학적인 연대가 없는 입양된 형제들은 서로에 대한 성적인 유혹을 조절하도록 부모들의 도움이 확실하게 필요하다. 즉 침실이나 욕실에서의 사생활 지키기라는 규칙을 통해 서로 쓸데없는 자극을 주는 것에 대한 부담 없이 서로 친하게 지낼 수 있다.

입양가정에서의 이러한 추가적인 이슈들은 청소년을 아주 흥분시키게 만들어 청년시기를 정말 위기의 시간으로 만들 수 있다. 모든 사람들은 부모의 존재와 영향력을 받아들이게 되어 있다. 하지만 이것은 자녀가 성인이 되고 나면 자신들이 온갖 노력을 다했음에도 불구하고 아이들의 신뢰를 잃어버릴지도 모른다고 느끼는 양부모들에겐 특히 어려운 일일 것이다.

발달과정에서 많은 고통의 원인으로 알려진 것은 청년기 이슈들과 입양이슈들이 집중되어 부모-자녀 관계를 점점 더 힘들게 만드는 경우이다. 부모들은 청년기 동안의 정상적인 헤어짐이 버려짐이나 거절을 뜻하는 것이 아니라는 것을 재확인할 필요가 있는 반면에, 입양된 청년들은 그들 스스로 가지고 있는 다른 부분들을 표출시킬 공간을 만들기 위해 입양가정으로부터 스스로 독립하고자 하는 깊은 욕구를 가진다. 양부모들은 버려짐이라는 느낌 없이 건강한 독립투쟁을 지지하는 방법을 배울 필요가 있다. 그들은 친생가족에 대한 청년기 입양인의 관심이 실제 심리적 관계에서 양부모에 대한 감사의 표시가 결핍되었다는 증거나 배신의 행위라기보다는 대부분의 경우 자연스러운 발달단계의 하나라는 것을 깨달아야만 한다. 양부모들은 그들의 자녀와 만들어 놓은 실제 관계에서 신뢰를 유지하기 위한 강력한 의무와 부딪히게 된다.

양부모들과 그들의 자녀들은 이러한 이슈들에 대해 독립적·상호적으로 싸워 부모와 자녀가 그들 가족의 입양상황을 수용하는, 충분히 합의가 된 새로운 계약을 만들기 위한 기초 작업을 한다. 이러한 새로운 계약은 부모와 자녀 모두에게 충분히 여유를 갖고 삼각 가족체계에 대해 개방적인 시선으로 볼 수 있으며, 향후 그들의 삶의 한 부분으로써 수용할 수 있을 때 가능한 것이다.

제7단계: 양부모 가족과 청년입양인

아동이 새로운 출발을 위해 가족을 떠나는 시기는 가족들에게 중요한 감정적인 밀고 당김을 동반하는 수많은 들고 나감의 문제들과 부딪히게 만드는 기간이다. 처음 집을 떠날 때의 슬픔은 방해받는다는 느낌 정도로 대체될 수 있지만, 이후에는 청년들이 집이라고 부르는 곳을 점점 옮겨감에 따라 또다시 버려짐의 감정들이 자리 잡을 수 있다. 폴리아나 메컬로우Paulina McCullough는 "아동의 새로운 시작과 떠남"이라는 글에서 이 단계 동안의 가족의 변화에 대해 말하고 있다. 그녀는 "자녀들이 연애를 시작하거나 결혼할 때와 관련된 새로운 상황을 만들어 내는 것"에 뒤따르는 아동의 새로운 출발로 인한 일시적인 빠져나감에 대해 설명을 하고 있다. 그리고 부모들이 자율성, 책임성 및 그들 각각의 원가족과의 연계성에 대한 문제들을 어느 정도 성공적으로 잘 처리하는지를 보여주는 것이 그들이 키우는 자녀들과 이러한 문제들을 성공적으로 다루는 데에 결정적인 영향을 미치게 될 것이라고 말한다.

다시 한 번 말하지만, 이러한 과정은 입양 가족에게 있어서는 좀 더 복잡하다. 특히, 양부모 자신이 청년기에 가족을 떠났던 과거의 역사는 그들이 자녀들의 떠남을 어떻게 경험하고 다루는가에 중요한 영향을 미치게 된다. 그러나 입양 가족에게 있어서 도착과 떠남은 또 다른 중요한 의미들이 덧붙여진다. 그들의 아이들은 평범한 방법으로 도착하는 것이 아니다. 그것은 또한 그들이 평범한 방법으로 떠나지는 않을 것이라는 걸 의미한다. 그들의 도착을 성립시키는 것이 너무 어려운 일이었기 때문에 어떤 부모들은 자신들이 "빌려온 아이"와 함께 "빌려온 시간"을 살고 있다고 항상 느끼기도 한다. 어쩌면 그들은 자신들이 아이를 영원히 소유할 수 있다고는 전혀 믿지 않는 것 같다. 멜리사가 대학을 졸업했을 때, 그녀의 엄마는 이성을 잃게 되었다. 자신의 딸과 즐겁고 친밀한 관계임에도 불구하고 그녀는 이제 딸이 더 이상 자신을 원하지 않을지도 모른다는 두려움을 갖게 되었다.

> 나도 아이들이 언젠가는 그들 자신의 인생을 위해 떠난다는 걸 알고 있어요. 멜리사도 물론 그래야죠. 어떤 면에서는 내가 그 애를 보살폈던 것만큼 나도 자격이 있다는 생각이 들죠. 어쩌면 난 더 이상 자격이 없는지도 모르죠.

집을 떠난 멜리사로부터의 지속적인 연락은 그녀의 이러한 불안을 줄여주었다.

청년기에 나타나는 독립과 버려짐의 문제들을 양부모와 입양인이 어떻게 잘 해결할 수 있었느냐는 성인기로 바뀌는 것이 어느 정도 어려울 것인가와 관련이 있다. 부모와 자녀가 여전히 서로 흔들리는가? 여전히 그들은 자신들이 이성적인 성인과 성인의 관계로 될 수 있는지 의심스러워하는가? 반항적인 청년기 행동이 진정되면 입양가족 내에서 가족 간의 연대를 다시 확인할 수 있다.

양부모의 간섭이 적어지는 성인기에 들어가게 되면 입양인은 정체감의 완성을 위해 애쓰게 될 것이다. 외부적인 압력은 줄어들기 때문에 내적인 압력에 더 초점을 맞추게 된다. 따라서 입양인들은 부모보다는 그들 자신의 내부에서 보다 더 많은 싸움을 시작하게 된다.

입양인이 배우자를 찾기 시작하면서 그들은 자신들의 혈통에 대해 좀 더 많은 관심과 호기심을 갖게 된다. 물론 양부모는 입양인의 중요한 질문들에 대해 답을 해줄 수가 없다. 잠재적인 배우자와 그들의 가족들도 입양인의 유전적 배경에 대해 궁금할 것이며 비슷한 관심을 표현하기도 한다. 그것은 양부모들이 처음 입양을 준비할 때 부딪혔던 전체 가족의 문제들을 일종의 재답습 하는 것과도 같다. 새로운 가족 구성원들은 그들과 다음 세대간의 혈통적인 연계를 잃어버릴 것과 관련한 두려움과 편견에 직면하게 된다. 그들에게는 '알려지지 않은 미지의 사실'이란 것이 어느 정도 중요한 것일까? 좀 드문 상황이긴 하겠지만, '좋은 집안에서 잘 자란' 어떤 한 여자는 자기 남자친구가 입양되었고 그래서 혈통에 대해서 모른다는 것을 알게 되어 그만 헤어지자고 하였다. 그 남자친구는 단단하고 안정된 관계를 가진 아주 건강하고 좋은 가정에서 성장했다. 그래서 그 남자친구와 가족들 모두 그 여자친구의 이러한 거절에 대해 망연자실하였다.

양부모들은 다음 세대에 무엇을 물려주어야만 하는지에 대해 생각하면서, 아이들이 가져가고 싶어 하는 가정생활의 경험들은 무엇일지 궁금해진다. 미래를 기대하면서, 부모들은 다시 한

번 자신들의 과거 환상들을 되짚어본다. 아마도 상상했던 친생자는 아버지를 꼭 빼닮았었을 것이며, 아들은 아버지 편에서 일하면서 가업을 이어갔을 것이다. 입양된 자녀가 가업과는 완전히 다른 일을 선택했을 경우, 부모에게는 가족의 전통이 끝났다는 감정과 실망감으로 인한 고통이 재현된다. 여기에서 어려운 점은 양자이건 친생자이건 간에, 가족의 가업을 공유하지 않은 자녀가 느끼는 부모의 소망에 대한 부담감이다. 이러한 부담감은 가족 역사의 실제적이며 살아있는 부분으로써 입양인의 신분을 부인한다. 계속되는 과정으로 유전과 양육의 통합의 또 다른 수준이 있다. 양부모뿐만 아니라 그들의 아이들은 이러한 새로운 성인, 혈통과 환경 모두의 조화를 이룬 이러한 완전한 사람이 가족에 지속적으로 무엇을 제공하는지를 보아야만 한다. 이시기의 통합은 부모들과 자녀들 사이의 새로운 계약을 세우기 위한 강력한 토대로서, 모든 당사자들이 느끼는 지속적인 강력한 유대감은 서로 간의 인생 경험과 삼각 가족을 수용하는 것에 기초를 두고 있다.

입양인은 그들의 양부모가 경험했던 박탈감을 그대로 경험하게 된다. 여러 상황들은 다양하고 복잡한 감정들을 자극하게 된다. 반면에, 양부모들은 이제 할아버지와 할머니가 된다는 기쁨을 맞게 된다. 하나의 가족을 창출한다는 것은 그들에게 쉽지 않은 일이며, 십중팔구 그들은 자신들이 원했던 크기의 가족을 얻지는 못한다. 일반적으로 가족을 확대하는 기회를 갖는 것은 굉장히 매력적으로 보이는 일이다.

"난 언제나 아이들로 가득한 집을 꿈꿔왔지만 겨우 두 명의 아이로 만족해야만 했죠. 지금이야말로 드디어 그때가 온 거죠. 이제 우리 집은 손주들로 가득 차게 되겠죠." 꿈에 부푼 한 엄마의 말이다.

반면에 양부모들은 그들에게 슬픔과 분노를 주었던 옛날의 고통스러운 현실들과 다시 부딪히게 된다. 그들은 자신의 자녀들을 부러워할 뿐만 아니라 출산을 경험했던 사람이 해줄 수 있는 일종의 상담이나 공감 같은 것을 자신들은 해줄 수 없다는 걸 알게 된다.

> 난 우리 딸이 임신 중에 경험하는 부종이나 치질, 산통 이런 것에 대해 내가 어떤 조언도 해줄 수 없다는 게 너무나 끔찍하게 가슴이 아픕니다. 난 늘 내가 엄마로서 정말로 능력이 있다고 생각했는데 지금은 우리 딸의 인생에서 아주 중요한 순간에 내가 어떤 도움도 줄 수 없다는 것 때문에 상실감을 느낍니다. 우리 딸이 출산과 관련해서 시어머니에게 조언을 구해야만 한다는 게 난 너무너무 절망스럽습니다.

양부모들은 그들이 부인해 왔던 슬픔과 괴로움이 재연장되는 순간을 다시 경험하게 된다. 한 양모는 자신이 난임이라는 것을 무척 창피해했으며 여전히 입양을 부인하고 있었다.

"모유수유란 결코 쉬운 일이 아니란다." 그녀는 자신의 딸이 출산을 했을 때 그렇게 말했다(즉, 자신이 출산경험이 없음에도 그 사실을 부인한 채 딸에게 출산과 관련된 조언을 해주는 것). 인생의 다른 변화처럼, 손자의 출생은 양부모가 자녀양육의 지식을 통달할 수 있는 좋은 기회이다.

비록 그들은 스스로 임신과 출산을 경험하지는 못하지만, 다른 사람의 경험으로부터 배울 수 있는 기회를 갖는 것이다. 한 양모는 자신의 딸이 출산했을 때 병원에서 함께 있었고 첫 손자의 출생 후 집에서 머물렀다. 그녀는 모유수유와 출산 후 보살핌에 관하여 자신이 할 수 있는 만큼 책을 읽고 자문도 구했다. 이러한 방법으로 그녀는 자신이 결코 해본 적이 없는 경험을 통해 신참 엄마에게 훌륭하게 조언을 해주고 도와줄 수 있었다. 양부모로서 자신들의 자녀가 처음으로 혈연관계인 사람과 애착을 맺는 것을 보는 것은, 비혈연관계의 불안감을 부활시키게 된다.

"내 딸이 자기 아이와 애착관계를 맺고 나는 잊어버리게 될까? 출산 능력이 있는 딸이 너무 부러워서 진심으로 좋아해 줄 수도 없고 함께 있지도 못하게 될까?" 다시 한 번 말하지만, 이러한 감정들을 인정하고 다루어주는 것이 양부모로 하여금 그들의 손자들과 지속적으로 관계를 맺고 조부모로서의 역할을 기쁘게 감당할 수 있게 만드는 방법이다. 또한 양부모는 난임의 문제들과 부모로서의 능력(이제는 조부모로서의 능력)을 분리시켜야만 한다. 아이를 출산하지 않았다는 것이 그러한 경험을 배울 수 없다거나 아이를 낳아 친생부모가 되는 그들의 자녀를 도와줄 수 없다는 것을 의미하지는 않는다. 그러나 임신과 출산의 생리학적 변화를 통해 자녀들을 이끄는 것보다 더욱 중요한 것은, 양부모가 사랑을 베푸는 어머니와 아버지로서의 사례를 자신들을 통해 보여줄 수 있다는 것이다.

제8단계: 입양가정의 후반기

나이든 세대가 되어간다는 것은 적응을 필요로 하는 삶의 여러 상황에 있어서 많은 변화들을 포함하는 것이다. 이제 아동이 성인이 된 가족에서 노인이 되어가는 변화가 있다. 건강이 쇠하여지고 배우자를 잃고, 친구를 잃고, 할아버지 할머니가 되고, 퇴직을 하고, 재정적인 어려움이 있게 된다. 노인으로서 '의존'이라는 연장된 문제들이 있게 되는데 당면한 삶의 여러 어려움들을 해결하기 위해(자녀들을 포함하여) 다른 사람의 도움을 정말로 필요로 하게 된다. 이러한 문제들을 다루는 과정에서 죽음, 그리고 자신의 삶을 되돌아보는 어려운 과제와 직면하게 된다.

노인 인구가 증가함에 따라 우리는 필요한 도움과 보호를 제공해야 하는 가족들의 어려움을 점점 더 알게 된다. 중년세대가 된 자녀들은 종종 자신의 아이들과 부모를 동시에 돌봐야 한다.

맞벌이부부 가족들은 특히 시간과 에너지 때문에 더 많은 부담을 갖게 된다. 지리적으로 떨어져 살고 있는 경우에는 자주 방문해야 하며 신경 써야 할 일들이 너무 많아지기도 한다. "한 엄마가 다섯 명의 자녀를 돌볼 수 있지만 다섯 자녀가 한 엄마를 돌볼 수는 없다"는 말이 있다. 이것은 점점 사실이 되어 가고 있다. 초기 삶의 단계에서 결정되어진 의존과 독립의 문제를 어떻게 잘 해결했는가에 따라 입양가정에서는 그러한 변화가 좀 더 복잡하게 된다.

부모들은 선천적으로, 자신의 가족 경험으로부터 자녀들에게 도움을 요청하거나 받는 것에 대해 저항하거나 주저한다. 양부모들의 경우 만일 자녀들과 애착관계가 없다고 느낀다면, 자녀들에게 자신들을 돌봐야 한다는 책임을 맡기는 것을 훨씬 더 주저하게 될 것이다. 결국 좋지 않은 결과가 반복될 수 있는데, 부모들은 자녀들이 원치 않는다고 느꼈기 때문에 도움을 요청하지 않게 되며, 자녀들은 부탁받지 않았기 때문에 도움을 주지 않게 되고, 결국 부모들은 실망감을 갖고 자신들이 가졌던 생각을 정당화하게 된다. 이러한 행동은 '빌려온 시간-빌려온 아이들'이라는 주제와 일치하는 것으로, 일부 양부모들의 신념체계의 한 부분인데, 그 신념이란 자신들이 자녀들과 일생동안 친밀한 관계의 경험을 해결하지 못한 사람들이라는 것을 부인하는 것이다.

인생의 말년에는 죽음과 남겨둘 유산에 대한 문제들이 생긴다. 양부모들은 친생자녀가 없다는 것과 그것이 그들에게 주는 의미들과 부딪혀야만 한다. 즉, 앞으로 생물학적으로 대를 이을 수 없게 될 거라는 생각 때문에 고통스러워하는 순간이 있게 될 것이다.

양부모들을 위한 결론

문헌을 통해 양부모들을 위한 조언들은 많은 반면, 양부모들의 경험을 직접적으로 발표한 경우는 매우 적다. 따라서 양부모들의 입양경험 결과를 평가하여 얻은 자료들은 아주 적을 수밖에 없다. 그래서 책의 저자들은 적은 수의 사례연구로부터 얻어진 자료를 가지고 '양부모들의 특성'이라고 발표하는 경향이 있어왔다.

싱글 부모, 재혼한 부모, 또는 최근 들어 게이부모 등의 다른 대안가족들과 마찬가지로, 입양가족들은 그들의 모호함 및 비전통성과 싸워야 하며 그들 가족의 구성과 기능에서 입양을 분명히 밝혀야만 한다. 커크David Kirk는 양부모가 그들의 가족과 친생가족들 사이의 차이점들을 부정하거나 혹은 인정하는 경향이 있다는 점에 대해 연구를 했다.

이러한 생각은 최근 들어 브로드진스키Brodzinsky에 의해 다듬어졌는데 그는 '차이점의 거부'로부터 '차이점의 인정'을 거쳐 '차이점의 강조'로 개념적 범위를 확장시켰다. 그는 양부모들이 자녀들의 발달단계마다 다른 단계를 거치면서 이러한 범위를 통과하는 여행을 통해 대처한다는 것을 알았다. 예를 들면, 양부모들은 그들이 아기와 애착관계를 맺는 동안에는 차이점을 부인하며, 부모들이 이 아이를 '소유하는' 것은 어려운 일이라는 것을 발견하게 되는 분노의 청년기에는 '차이점을 강조'하게 될 것이다. 어떤 양부모들은 유연성을 거의 보이지 않고 확고한 자신의 태도를 유지할 것이다. 그럼으로써 그들 스스로 좀 더 유연한 대처기술을 부인하게 될 것이다

친생부모나 입양인들을 대상으로 하는 다양한 연구조사들이 있어왔던 반면에 양부모들에 대한 대규모 연구조사나 의미 있는 노력들은 거의 없었다. 입양 서클의 구성원들 중 이 구성원

(양부모)에 대한 관심의 결핍은 그 자체가 흥미로운 이슈인데, 아마도 입양을 통해 그들의 욕구들이 대부분 충분히 충족되었을 것이라고 생각했기 때문이다.

결론

부부가 입양을 결정할 때는, 이 선택이 아이가 없는 채로 있거나 제한된 크기의 가족인 것보다는 훨씬 더 그들에게 좋은 일이 될 거라는 희망이 있다. 난임이 아닌 어떤 양부모들은 사회적 욕구를 충족하는 동시에 그들의 가족생활을 향상시키고자 한다.

성공적인 양부모 경험에 기여하는 중요한 요인들은 입양준비의 질과 입양관계가 가진 본래의 특별한 문제들을 다루는 능력이다. 입양을 준비함에 있어서 부모들은 그들의 입양동기를 시험하는 시간을 갖고 이러한 새로운 관계를 방해하게 되는 사항들은 깨끗하게 처리할 필요가 있다. 입양인이 난임을 해결해 주는 것도 아니며 좋은 사람이거나 좋은 부모라는 것을 증명해 주는 것도 아니다. 이러한 종류의 문제들은 충분히 해결되어야 할 필요가 있으며 그렇게 함으로써 아동이 부담 없이 가족의 일원이 되어야 한다. 물론 다른 부모들과 마찬가지로 과거가 양부모에게 영향을 미칠 것이며 부모경험에도 영향을 줄 것이다. 여기에서 논의되었던 양부모의 특별한 발달 과제들은 모든 부모들에게 요구되는 성과물들 위에 추가로 덧붙여지는 것이다.

때때로 어려운 발달과제를 다루는 데 있어서 중요한 점은, 이러한 과제가 양부모 역할의 정상적이며 필수적인 부분임을 받아들이는 것이다. 즉, 이러한 정상상태를 받아들인다는 것은, 삶이 달라졌으면 하는 바람과 입양 가족의 과정에는 피할 수 없는 스트레스가 없었으면 좋겠다는 소망까지도 받아들이는 것을 포함한다.

성공적인 대처는 이러한 현실적인 감정들을 주시하고, 그것을 본질적으로 다루는 것이다. 대부분의 양부모들은 그들의 입양한 아이들이 자신들이 낳은 아이였으면 얼마나 좋을까 하고 바라며, 친생부모에 의해 포기되었다는 슬픈 이야기를 자녀들에게 전달하지 않았으면 좋겠다고 생각한다. 그럼에도 불구하고 그들은 그들이 알고 있는 최선의 방법으로 해야 할 일을 한다. 이것이 그들의 삶이며, 그들은 친밀한 관계와 이러한 특별한 과제들을 완수하기 위한 그들의 능력 둘 다 만족시키는 경험의 기회를 갖는다.

양부모들은 자신들 스스로에 대해서 혹은 자녀들에 대해서 혼자서는 해결하기가 어렵다는 것을 발견하게 되는 시기가 있다. 그럴 때 그들은 양부모 그룹이나 사후관리 상담을 통해 도움을 받고자 할 것이다. 그들이 계속해서 자녀들과의 관계에 문제가 있거나 자신들의 감정과 기능에 대해 스트레스를 받는 경우에는, 치료적인 도움을 받아야 한다. 부모들은 치료자를 선택할 때 반드시 입양에 대한 경험과 지식이 있는 치료자인지를 면밀하게 살펴본 후 선택해야 한다.

입양부모가 되는 경험의 성공여부는 단지 아이가 없는 채로 살 것인가 혹은 그들의 가정에서 이 아이가 없는 삶을 선택할 것인가의 양자택일의 반대적 상황을 대조하는 것으로만 측정될 수 있을 뿐이다. 양부모들이 특정 아동의 문제나 입양의 일반적인 문제가 너무나 엄청나게 느껴져서 입양을 후회하는 경우도 있다. 그러나 대부분의 경우 입양했건 안했건 간에 아이를 사랑하고 키우며 필수 과제를 수행하는 능력을 경험하면서 삶의 풍요로움을 느끼게 된다. 한 가정의 유산은 입양가정 부부의 심리적인 기억들, 경험들 그리고 그 가보를 전하는 한 아이에 의해 살아있는 것이다.

Key-point

- 커크(Kirk)는 친생부모 역할과 양부모 역할 사이의 차이점을 부인하기보다는 오히려 인정할 필요가 있다는 것을 처음으로 강조하였다. reproduce를 생식, 생산, 출산, 등의 의미로, 문맥에 따라 여러 가지로 번역하였음.
- "차이점을 알리되 그것을 문제화 시키지 말아라."
  브로드진스키(Brodzinsky)와 동료들은 학령전기 아동(입양되었건 아니건 간에)은 입양의 관계 구조에 대해서는 사실상 이해하지 못한다는 것을 발견하였다. 그러나 강조하지만, 얼마나 긍정적인 상황에서였는지, 얼만큼 신중하게 정보가 제시되었는지에 상관없이, 그것을 듣는 입양인에게는 반가운 뉴스가 아니라는 것이다. 입양사실을 밝힘'은 새로운 과제의 시작이며, 부모와 아동 간에 그 의미에 대해 협상을 하며 인생 전체에 걸쳐 계속되는 과정이다.
- 이러한 생각은 최근 들어 브로드진스키(Brodzinsky)에 의해 다듬어졌는데 그는 '차이점의 거부'로부터 '차이점의 인정'을 거쳐 '차이점의 강조'로 개념적 범위를 확장시켰다.

- 브루노 베틀헴(Bruno Bettelheim)은 부모들에게 다음과 같이 조언을 했다. "차이점을 알리되 그것을 문제화시키지 말라."
- "능력이 있는 딸이 너무 부러워서 진심으로 좋아해 줄 수도 없고 함께 있지도 못하게 될까?" 다시 한 번 말하지만, 이러한 감정들을 인정하고 다루어주는 것이 양부모로 하여금 그들의 손자들과 지속적으로 관계를 맺고 조부모로서의 역할을 기쁘게 감당할 수 있게 만드는 방법이다. 또한 양부모는 난임문제와 부모로서의 능력(이제는 조부모로서의 능력)을 분리시켜야만 한다.

제4장

입양됨으로 성장하기

입양인들의 발달과제

The Adoption Life Cycle

성경과 고전문헌들은 입양된 아동의 어려움에 대해 많은 묘사를 하고 있다. 모세는 갈대상자에 버려졌고, 오이디푸스는 버려져서 입양되었고, 요셉은 가족들에 의해서 팔렸다. 포기되었거나 버려진 아동들의 경험들은 또한 헨젤과 그레텔 같은 아동문학작품에서도 드라마틱하게 표현된다.

역사적으로 그리고 현재의 자료들은 영구적인 입양가정이 필요한 아동들이 다양한 계층, 문화, 종교, 국가 및 개인적인 상황에서 발생한다고 지적한다. 그러한 많은 아동들은 그들의 친인척들 내에서 비공식적으로 입양이 된다. 일부 아동들은 친척이 아닌 사람에게 입양되기도 한다. 비친척 입양은 혼외 자녀에 대한 낙인이 있는 문화에서 태어난 아동이나, 가족 내에서 적절한 보호가 이루어질 수 없는 아동에 대해 일반적으로 이루어져 왔다. 이러한 아동들의 대다수는 신생아 때에 포기된다. 좀 더 나이가 들었을 때 포기된 아동들은 위탁보호나 시설 보호 같은 복잡한 과정을 거치게 된다.

현재 입양가정에 있는 대부분의 아동들과 신생아 때 입양된 대부분의 성인 입양인들은 비밀 입양의 형식을 따르고 있다. 그들의 친생부모들은 부모의 권리를 포기했으며, 그들의 양부모들은 그들을 환영하였다. 양쪽 부모들 사이에는 공유된 정보가 거의 없다.

이제 이러한 아동들의 실제 발달과정과 그들이 부딪히게 되는 문제들을 살펴보자. 우선 신생아 때 입양된 아동들을 먼저 살펴보겠지만, 나이가 들어서 입양되었거나 복잡한 보호과정을 거친 아동들의 경험과 비교하여 유사점과 차이점에 대해서도 주의 깊게 살펴 볼 것이다.

제1단계: 잉태, 임신 그리고 출산의 상황

이 세상 그 무엇보다도, 아이의 출생은 계획되고 행복한 기대감을 갖게 되는 일이다. 그러한 출생이 부모에게 있어서도 가장 좋은 상황일 뿐만 아니라 아이에게 있어서도 부모가 그들을 간절히 원했으며, 그들을 낳기 위해 갖은 노력을 다했다는 것을 알려주어 편안한 느낌을 주는 것이다. 또한 아동으로 하여금 자신이 합법적인 장소이며 생득권을 가진 세계로 들어갔다고 느끼게 해주는 '긍정적인 자전적 감각positive autobiographical sense(자신의 인생에 일어난 사건에 관한 긍정적인 개인적 기억, 감각)'을 갖게 한다.

하지만 그와는 반대로, 대부분의 입양아동들이 갖게 되는 첫 번째 자전적인 자료는 그들이 실수로 생겨난, 계획되지 않았으며 운명적이지 않은 존재라는 것이다. 이런 상황이 입양인들에게만 해당되는 특별한 것은 아니다. 계획 없이 잉태된 비입양인들도 그들의 '권리'라는 측면에서 자신들의 '정당성'에 대해 종종 의구심을 갖기도 한다. 비록 계획되진 않았지만 출생을 환영받는 아동들의 경우에도, 어떤 때는 자신들이 추가적인, 또는 불필요한, 부담스러운 아동이라는 느낌을 갖기도 한다. 또한 부모가 소망하지 않았던 성별로 태어난 아동은 항상 자신이 '정당하지 않다'는 느낌을 가지며 다른 성의 특성을 발전시킴으로서 보상을 하려고 애를 쓴다. 그렇게 함으로써 좀 더 정당성을 얻기도 한다. 예를 들면, 여자형제들만 있는 경우 그중 한 명이 아들을 원했던 부모님의 소망을 충족시키기 위해 왈가닥으로 자라는 것은 그리 특별한 일이 아니다.

입양인들에게 있어서, 친생부모가 그들을 포기했다는 사실은 그들의 존재 자체가 문제가 된다는 것을 의미한다. 즉, 그들은 문제의 원인이며, 그들을 내쫓아버리는 것으로 문제가 해결됐던 것이다. 그러나 이것은 나중에야 설명되고 합리화되는 사실이다. 오히려 그들의 잉태를 둘러싼 또 다른 사실들이 스스로에 대해 느끼는 방식에 영향을 줄 것이다. 그들이 사랑의 관계에서 태어났는지 혹은 우연한 관계에서 태어났는지, 혹은 폭력적 관계에 의해 태어났는지 여부가 그들에게는 중요할 수 있다. 그들의 부모가 서로 결혼한 관계였거나 혹은 다른 사람들과 결혼했거나 하는 사실들이 그들에게는 중요한 문제가 될 수 있다.

그들의 친생부모가 피임에 실패했기 때문이라거나, 사고의 희생양이라거나, 단순히 그들을 돌볼 수 없었다거나 하는 사실을 알게 되었기 때문일 수도 있다.

잉태와 관련된 이러한 사실들은 입양인이 자신에 대한 근본적인 인지를 하도록 만들며, 입양인은 지금까지 말해왔던 것과는 거의 다르거나 전혀 다른 자서전적인 이야기들을 만듦으로서 그러한 사실들을 가지고 수많은 출생 스토리의 조합을 구성할 수가 있다. 예를 들면, 한 7살짜리 소녀는 그녀의 부모가 결혼해서 아이를 키우기에는 너무 어려서 그녀가 좋은 엄마와 아빠가 있는 좋은 가정에 입양되기를 원했다고 말해왔다. 그래서 입양기관의 사회사업가를 통해 입양을 진행했다는 것이다. 아이의 이야기에는 그러한 사건에 대한 자신의 감정을 반영하여 약간씩 꾸며낸 내용들이 포함된다. 아이는 이렇게 말한다.

> 우리 부모는 너무 어려서 아이를 키울 수 없었지만 저를 키우고 싶어 했어요. 비록 아빠가 엄마는 아이를 키울 수 없다고 말했지만, 우리 아빠는 엄마에게 저를 상자에 넣어서 어느 집 계단 앞에 놓으라고 시켰어요. 아무리 엄마가 울면서 저를 키울 수 있게 해달라고 했어도 말이죠. 그리고 마침내, 사회사업가가 와서 저를 차에 싣고 갔지요. 그날은 저 말고 다른 아이들도 데려가는 길이었죠. 사회사업가는 데려간 모든 아이들을 양부모 가정에 보냈어요.

이 아동이 자신의 어머니는 단지 강압에 못 이겨서 자신을 떠나보냈던 것이라고 생각한다는 것은 아주 중요한 점이다. 아이가 성장하는 발달단계에 따라 이 이야기의 또 다른 버전이 등장하기도 한다. 이러한 초기의 '사실'들은 아동의 일생에 걸쳐 부딪히게 되며 발전된다.

다른 모든 사람들에게 있어서, 입양인의 삶에 대한 그 밖의 기본적인 사실들은 그들의 생물학적 기초에 대한 것들이다. 생물학적 요인들은 아주 최근에 들어서야 체계적으로 연구가 되었고 입양인의 발달에서 중요한 요인들로 이전에는 간과되었던 것들이다. 입양 분야의 이러한 연구들에서 중요시되는 것은, 아동이 백지상태의 존재이며 그들의 발달은 양부모가 충분히 책임을 갖고 이루어낼 수 있는 것이라고 생각되었다는 점이다. 하지만 1960년대 중반 이후의 연구들은 인간발달에 있어서 중요한 유전적 요인들이 있음을 지적하였으며, 일부는 환경적 영향에 아주 무감각하다는 것을 알게 되었다. 이러한 초기의 연구들은 유전자가 지적능력, 정신병리, 비사회적 일탈 성격, 학대, 주의집중장애에 대하여 중요한 역할을 맡고 있다고 제시하였다. 친생부모에게 이러한 복잡한 특성이 있는 경우에는 무계획적인 임신과 포기의 사건이 일부 관련이 있을 수 있다. 예를 들면, 충동 조절이 어려운 한 여성이 자신이 임신했으며 아이를 키울 수 없다는 것을 알게 되기도 한다. 그러나 유전적 영향에 대한 이러한 정보는 입양인이 유전적으로 더 위험한 집단에서 출생한다는 것을 의미하는 것은 아니라는 사실을 유념해야 한다.

우리는 아동을 포기하는 부모의 유전적인 근본을 다른 싱글부모나 전체 부모집단과 비교할 수 있는 방법이 없다.

입양된 아동이 자신의 유전에 대해 많은 정보를 갖는 경우도 있고, 갖지 못하는 경우도 있으므로, 우선은 외적으로 보이는 것을 유전된 것이라고 생각할 수밖에 없을 것이다. 대부분의 양부모들은 입양한 자녀의 친생부모에 대해 아주 적은 정보만을 공유하고 있다. 따라서 입양아동들은 그들 스스로에 대해 추론하는 경향이 있다. 그들은 자신의 친생모나 친생부가 자신과 아주 똑같은 머리칼이나 눈을 가졌고, 자신들과 같이 뚱뚱하거나 말랐거나, 똑똑하거나 멍청할 거라고 굳게 믿는다. 그들은 정신적·신체적 질병이나 성격적 특징 및 발달과정이 유전적으로 어떤 근거가 있는지를 영원히 궁금해 한다. 선천적인 것인지 후천적인 것인지에 대한 문제가 여전히 모호하게 남아있기 때문에 빈약한 출생정보를 가진 입양인에게는 좀 더 문제적일 것이며, 결국 자신의 환상과 짐작에 의지해야만 할 것이다. 친생부모와 함께 살았거나 혹은 친생부모를 알고 있는 입양인 또한 자신의 유전적 뿌리들을 평가하고, 그들의 부모가 그들을 키울 수 없었던 것이 그들의 기질의 한 부분은 아닐까 하는 의구심을 갖는다. 따라서 입양인들은 그들의 삶과 관련된 환경적인 요인들과 유전적인 요인들을 분리해내려고 시도하는 많은 단계들을 거치게 된다.

태아가 엄마의 행동에 의해 영향을 받는다는 것은 이제 상식이다. 저체중이나 다른 신체적 비정상으로 출생하는 것은 임신중의 영양결핍이나, 흡연, 음주, 약물에 의한 원인이라는 것이 증명되었다. 그러나 엄마의 감정이 태아에게 어떻게 영향을 미치는지는 다소 명확하지 않다.

신생아의 애착에 대해 연구하는 사회과학자들은 엄마와 아기의 유대관계는 서로의 존재를 경험하는 자궁에서부터 시작된다고 말한다. 무엇이 그 경험에 특별하게 영향을 주는지는 아무도 알 수 없지만 행복하고 편안하고 잘 보호받은 환경의 엄마가 스트레스받고 열악한 의료보호를 받은 우울한 엄마보다 훨씬 더 건강한 아기를 낳는다는 것은 상식적인 일이다. 모든 아기들을 위한 부모역할 경험은 이러한 연속선을 따라 변화한다. 입양인에게 있어서 한 가지 독특한 특징은 친생모가 의식적, 무의식적으로 임신기간 동안 예측한 슬픔을 똑같이 경험한다는 것이다. 이것은 측정하기에는 어려운 성질이며, 이것이 태아에게 어떤 충격을 주는지에 대한 자료는 거의 없다.

아동을 포기하는 어떤 엄마들은 임신기간 동안 상실감을 효과적으로 부인하기도 하며, 마치 모든 것이 잘 되고 있는 것처럼 태아에게 감정과 신체를 통해 전달하기도 한다. 또 다른 사람들은 분노와 우울이라는 격렬한 감정을 개인적으로 경험하기도 할 것이다. 가장 설득력 있는 추론은 친생모들의 임신의 상황이 그녀의 아기에게 긍정적인 신체적, 감정적 태아환경을 제공하는 것을 더 어렵게 만들며 이러한 아기들이 더 많은 위험에 놓이게 된다는 것이다. 생물학은 어떤 특별한 태아가 환경에 그렇게 민감한지 그리고 만일 그렇다면 어느 정도의 충격이 태아에게 영향을 미쳤는지에 대해서 아직까지 해답을 주지 못하고 있다.

제2단계: 분만 후의 기간

입양된 아동들은 광범위한 입양 전의 경험들을 가지고 있다. 모든 입양아동들이 가진 한 가지 공통점은 그들은 친생모로부터 신체적·감정적으로 분리되었다는 사실이다. 신생아들을 관찰해보면 그들의 최초 애착의 강도에 있어서 어떤 차이점들이 있다는 것을 알 수가 있다. 어떤 아기들은 엄마로부터 지속적인 친밀감과 관심을 필요로 하지만, 다른 아기들은 완전히 자기만족적인 모습을 보이기도 하며 다른 보호자들에게 쉽게 만족을 하기도 한다. 따라서 친숙한 것(소리들, 움직임들, 온도, 엄마의 냄

새)으로부터 분리됨으로써 생기는 상처의 정도는 입양인들 간에 다양할 것이다. 그들이 어떻게 잘 극복하느냐는 그들 자신의 기질과 그들이 입양된 환경의 질에 따라 달라질 것이다. 어떤 아동들은 그들이 양부모가정으로 입양되기까지 다양한 곳을 전전한 경험을 갖기도 한다. 영원히 안정적으로 입양이 되기 전까지 잠깐 동안 병원에 있었거나 위탁가정에 있었거나 하는 것이 드문 일은 아니다. 이러한 여러 번의 옮겨 다님은 이미 태아기 때 스트레스를 받고 태어나면서 상처를 받은 아동을 더 악화시킬 수가 있다. 일부 아동들은 유전적인 취약함과 태아기 때의 스트레스로 인해 부정적인 쪽으로 악화될 수도 있으며, 아무리 좋은 입양환경이라 할지라도 출산 후 친생모와 분리됨으로 인한 상처를 완벽하게 경감시킬 수 없다는 취약함이 있다. 그들은 결코 회복되지 않을 일종의 근원적인 상처를 경험할 것이다. 다른 극단적인 경우, 유전적으로 덜 취약한 태아는 출생 전 스트레스와 친생모와의 분리를 매우 쉽게 극복할 수 있었기 때문에, 새로운 환경이 '충분히 양호'하면 된다. 대부분의 아동들은 이러한 두 가지 흐름 사이에 놓여있다. 그들의 공통점은, 그들 모두 친생모로부터의 상실감으로 고통을 받고 있다는 것과 그것을 회복할 수 있도록 도움을 줄 수 있는 안정된 양육환경을 필요로 한다는 점이다.

제3단계: 신생아

이러한 입양 전의 상황들을 가진 채, 신생아들은 각자 그들만의 고유한 기질과 다양한 안녕의 상태를 가지고 입양가정에 들어갈 것이다. 그리고 마찬가지로 다양한 안녕상태와 자기 아이의 요구를 다루는 데 있어서 장단점을 가진 입양가족들과 서로 만나게 될 것이다. 이러한 조화는 일시적, 장기적인 것 모두에 해당되는 한 가지 중요한 사항이다.

모든 부모들은 그들의 신생아들과의 첫 경험에 대한 이야기들을 가지고 있다. 여기의 이야기들도 그러한 가족들 이야기의 일부이다.

> "우리 아이는 처음 본 그날부터 세상을 다 경험한 똑똑한 노인 같았어요."
> "우리 딸은 젖을 빨면서 태어났고 언제나 부족해 했어요."
> "우리 딸은 돌처럼 굳어 있었죠."
> "우리 아들은 나를 자기 근처에도 못 오게 했어요. 끌어안지도 않았구요. 혼자 놔두기를 원했어요."
> "우리 딸은 두 팔을 벌리면서 도착을 했어요. 이미 사랑하고 사랑받을 준비가 되었더라고요."

일부 부모들은 이러한 특징들이 시간에 따라 중요하게 변화한다고 보고한다. 또 다른 많은 다른 사람들은 그들의 아이가 여전히 같은 상태에 머물러 있다고 말한다. 이러한 이야기들은 '조화'(아동이 자신을 표현하는 방식과 그 표현이 받아들여지는 방식)

에 대한 결과적인 반영이다. 예를 들면, '혼자 내버려두길 원한다'고 묘사된 아기는 '놀라울 정도로 독립적인', 혹은 '따뜻해지도록 부드럽게 달래주어야 할 필요가 있는' 것, '냉담하게 거부하기' 등 여러 가지 방식으로 이해될 수 있다. 이러한 인식들은 입양아동들에게 제시되는 상호작용의 종류에 영향을 주며, 어떤 면에서는 아동들이 스스로를 인식하게 되는 방법에도 영향을 줄 수 있다. 따라서 입양인과 양부모는, 구속을 벗어난 노예처럼, 그들이 애착을 맺기 전에 제일먼저 각자의 상처를 회복해야 한다. 양부모들이 그들의 임신문제로 인한 상처를 치유하는 중요한 과정을 완수했다면, 그들은 수행과제를 가진 그들의 자녀들을 돕기 위한 좀 더 나은 위치에 있는 것이다. 반면에, 난임이건 아니건 간에 여전히 입양을 결정하는 데에 뒤따르는 자신들만의 문제들과 심각하게 싸우고 있는 양부모들의 경우에는 자신들의 자녀를 있는 그대로 받아들이거나 아동이 가족의 일원이 되도록 도움을 주는 것이 아직은 다소 어려울 것이다.

통합하고 결합을 이루는 과정이 다른 사람들보다 어떤 면에서는 더 어려울 수도 있다. 한 가지 결정적인 요인은 양부모가 입양과정에 대해 어느 정도의 현실적인 기대감을 가질 수 있느냐 하는 것이다. 만일 양부모가 입양은 생물학적인 부모가 되는 것과는 똑같지 않으며 추가적인 스트레스가 있게 된다는 사실을 받아들인다면, 그들은 아동을 있는 그대로 수용할 수 있는 최선의 준비가 된 것이다.

자신들의 난임과 타협하지 못한 부부가 자신들이 상상한 친생자와 똑같은 아동을 찾았지만, 오히려 상처 많은 말썽꾸러기 아동을 입양하게 되는 난처한 일이 발생하기도 한다. 이것은 임신이 가능한 부부가 특정한 성별의 이상적인 아동을 찾거나 혹은 도움이 필요한 어려운 아동을 구제하기를 원했지만, 자신들의 구제노력에 대해 긍정적인 방식으로 반응하지 않는 아이를 입양하게 되는 것과 같은 만족스럽지 못한 결연이다. 최상의 결연은 입양된 아동의 특별한 욕구를 현실감 있게 받아들이는 부부와 이러한 양부모의 노력에 아주 잘 반응하는 아동과의 결연이다. 사실, 입양이 특별한 과제들을 가지고 있다는 사실을 받아들이는 양부모들이야말로 이러한 초기 적응문제를 가진 어떠한 아동이라도 도울 수 있도록 가장 잘 준비가 된 사람들이다.

입양된 아기는 그들의 새로운 가정에서 매일의 삶을 경험하면서, 가족에 대한 지속성과 예측가능성을 가지고 새로운 친밀함을 발전시키게 된다. 이러한 일치감이 날마다 더해지면서 아동은 근원적인 상처의 치유를 계속하며 다시는 상처를 받을 필요가 없다는 확신을 갖게 되고 가정에서의 안정감을 갖게 된다. 이렇게 안심을 하면서, 입양된 아기들은 그들의 양육자와 그들 자신에 대해 신뢰감을 발전시키게 된다.

제4단계: 학령기 전 단계

아동들이 성장기의 한 단계를 끝마치고 새로운 단계로 옮겨가기까지는 그리 오래 걸리지 않는 데 반해, 양부모가 아동들의 성장 속도를 따라가지 못한 채 뒤처지는 경우가 종종 있는 것 같다. 꼭 껴안고 싶을 만큼 귀여운 신생아들이 너무 빨리 투쟁적으로 변하며, 자기 스스로 선택하고 통제권을 행사하겠다고 주장하는 유년기의 아동으로 변해버린다. 자기 자녀의 이러한 발달적 측면을 수용하는 부모의 능력은 훗날 자녀의 자존감 형성에 도움이 된다. 마찬가지로 성적sexual 표출과 공격성을 나타내는 행동들은 부모-자녀관계에 대한 일종의 테스트이다. 만일 양부모들이 친생부모의 성적 표출과 공격성 조절 결핍이 그들 자녀에게 유전된 것은 아닐까 하고 크게 걱정을 한다면, 그들은 자녀의 정상적인 행동발달을 오해하고 잘못 해석한 것이다.

때때로 부모들은 학령전 기간을 아동에게 입양사실을 밝히는 시기로 선택한다. 1970년대의 아동복지 사회복지사들은 가능하면 가장 이른 시기에 자연스러운 방법으로 '입양되었다'는 단어를 사용하도록 권고하였다. 그리고 여전히 그러한 권고가 행해지고 있다. 하지만 앞서 언급했듯이, 최근의 연구들은 6세 또는 7세 이하의 아동들은 양부모와 생물학적 부모의 개념을 이해하는 능력이 결핍되었다고 지적한다.

이 단계의 아동들은 신비한 사고의 과정을 가지는데, 셀마Selma Fraiberg는 "신비한 시기The Magic Years"에 대해 어린이는 한 가지를 가지고 다른 것을 신비스럽게 만들어낸다며 굉장히 아름답게 묘사하였다. 그들의 마음속에 있는 소망이나 두려움은 순식간에 현실로 바뀔 수가 있다. 자기 남동생이 죽었으면 좋겠다고 소망했던 한 아동은 나중에 정말 동생이 죽었을 경우, 자신이 가졌던 소망 때문에 동생이 죽었다고 믿게 된다. 아빠가 이혼 후 집을 나갔을 때 아빠가 집을 나갔으면 좋겠다고 바랬던 것이 정말 뜻밖에 아이의 생각대로 일어나게 되는 것이다. 이러한 현상에 대해 설명을 하는 어른들의 노력에도 불구하고 아동들은 이러한 신념을 확고하게 갖게 된다.

이 단계에서 입양에 대한 정보는, 아동을 혼란스럽게 만들며 아동 스스로 입양에 대하여 특별하고 신비한 결론을 내리도록 한다. 3살짜리 제이슨은 친구 집에 가서 친구의 새로운 보모와 만나게 되었다. 그리고 아기들은 어디에서 오는가에 대한 토론을 벌였다. 집에 돌아온 제이슨은 엄마에게 친구 베이키의 여동생이 태어난 것처럼 자신도 엄마의 배에서 나왔냐고 질문을 했다. 그의 양모는 한 여인이 아기를 낳았지만 키울 수 없어서 가족서비스센터로 아기를 데려왔고 그곳에서는 아기를 원하는 아주 좋은 가정을 찾았다고 설명을 해주었다. 그리고 양모는 아주 따뜻한 목소리로, 자신들이 그 아기를 집으로 데려올 수 있어서 얼마나 행복했었는지를 말해주었다. 그리고 다음에 차를 타고 외출을 하면서 입양기관 앞을 지나면서 '저곳에서 바로 너를 처음 데려왔단다'라고 부드럽게 설명을 했다. 그리고 그날이 얼마나 기쁘고 행복한 날이었는지에 대해서도 잘 설명을 해주었다. 몇 달이 지난 후, 양부모는 제이슨이 친구 베이키와 나누는 대화를 우연히 엿듣게 되었다.

제이슨은 베이키에게 "네 여동생은 엄마 뱃속에서 나왔지만 나는 시내에 있는 빌딩에서 왔다."고 설명하였다. 그는 가족빌딩에서 태어난 것으로 이해했던 것이다. 베이키도 제이슨도 출생의 다양성에 대해 명확하게 구분하지 못하는 것 같다.

입양이 종결되는 과정에 있는 5살짜리 수잔은 자신이 입양되기 위해 '내걸려졌다'로 말한다. 자기 집에 있는 캔디나 성냥처럼 손에 닿지 못하도록 걸려 있는 가정용품과 같은 것이다. 어느 날 수잔은 어떻게 사회복지사가 선반에 올려져 있는 아기들을 꺼내서 입양을 보내는지에 대해 질문을 하여 엄마를 당황스럽게 만들었다. 수잔에게는 선반에서 그들을 처음 꺼내어 들어 올린 것이 아기와 상관있다는 게 너무나 이상하게 보였던 것이다.

금발머리의 4살짜리 아이는 부모가 짙은 색의 머리카락을 가졌기 때문에 누구를 닮아서 금발이냐는 질문을 자주 받았다. 그럴 때마다 그의 부모는 가능하면 어린 나이에 입양사실을 공개하라는 지침을 따라 아이가 입양되었다는 사실을 잘 설명해주었다. 그러면 "정말 이 아이는 행운이군요."라는 반응에서부터 "당신은 정말 행운이네요."라는 반응까지 다양한 반응들이 이어진다. 아동은 'dopted(adopted 라는 단어에서 a를 빼고)'에 대하여 약간 다른 것 이라고(그다지 좋은 것은 아닌) 인지를 하게 된다. 부모는 자신의 4살짜리 아들이 자시만의 사고방식으로, 모든 금발머리 사람들은 입양된 것이며 약간 다른 것이고 그들 모두가 잘못된 것이기 때문에 올바로 잡기 위해 행운이 필요한 사람들 이라고 생각한다는 것을 나중에서야 알게 되었다. 또 다른 아동들은 어떤 면에서 입양을 특별한 것이라는 개념으로 이해하기도 한다. 그러나 '특별하다'는 것 또한 다르다는 것이기 때문에 아동이 가진 기본적인 기질에 저항하며 '일반적'으로 되기를 원한다. 가족 내에 친생자녀와 입양된 자녀가 함께 있는 경우, 무엇이 "일반적"이며 무엇이 "특별한" 것인지에 대한 분류의 과정이 계속된다. 각각의 아이들은 각기 다른 시기마다 부모에게는 자신이 아닌 다른 아이가 훨씬 더 소중하다고 느끼게 된다.

입양의 내용, 질, 상황 및 입양사실의 공개의 시기는 아동의 발달적 상태와 상호작용관계에 있다. 입양사실의 공개가 학령전기의 단계에 발생할 경우, 아동은 그 정보를 그들만의 구체적이고 신비한 사고방식으로 마음대로 이해해 버린다. 일부 상호작용들은 다른 것들보다 좀 더 약화된다. 이 단계에서 입양사실의 공개는 진실을 넘어서 이해와 맞바꾸는 것이다. 이러한 정보의 처리과정은 나이와 인지적 성숙이 직접적으로 관련된 발달 과제이다. 부모들은 발생 가능한 혼란에 대해 민감해질 수 있으며 해명하기 위해 애를 쓸 수도 있다. 하지만 그러한 혼란이 꼭 해로운 것들은 아니며, 대부분의 혼란은 '우리가 늘 생각해 왔던' 범주에 속하는 것이다. 즉 시간이 지나면서 자연스럽게 확인되는 실수들이며 비논리적인 믿음의 범주에 속하는 그런 것들이다.

제5단계: 학령기

아동이 학령기가 되면 인지능력에 중요한 변화를 가지게 되며, 이전에 그들에게 관련된 몇 가지 개념들을 이해할 수 있게 된다. 심리학자인 피아제Piaget는 이시기를 아동의 발달단계에서 '조작적' 기능이 출현하는 시기라고 말한다. 신체적인 성숙과 경험을 통하여 아동은 우연한 관계들을 점차적으로 이해할 수 있게 되며 계획적이며 논리적으로 사고를 하게 된다. 만일 아동이 자신의 입양사실에 대해서 일찍부터 이야기해 왔다면, 이제 아동은 이러한 정보들과 그들이 이전에 내렸던 결론들을 재작업하기 시작 할 것이다. 아주 사소한 초기의 이야기들이나 믿음뿐만 아니라 그들과 관련된 감정들이 계속해서 등장한다. 자신이 선반위에 포장되어 있던 아기라고 여전히 생각하는 아동은 일종의 '금지구역'의 개념을 계속해서 갖고 있을 것이다. 금발머리의 소년은 자신의 머리 색깔 때문에 자신은 늘 어떤 식으로든지 평범하지 않다고 느낄 것이다.

학령기 단계 동안 아동에게 입양에 대한 이야기를 해주면, 아동은 자신이 친생부모와 양부모 두 세트의 부모를 갖고 있다는 것을 이해할 수 있다. 이러한 이야기는 부모와 자녀간의 신성한 관계에 대한 믿음을 뒤집는 것이다. 역설적이게도, 양부모와의 안정적인 애착관계는 친생부모가 아동을 포기한 것에 대한 이야기를 훨씬 더 이해하기 어렵게 만든다. 입양아동은 이렇게 생각한다.

> 내 양부모가 나에게 애착을 가진 것처럼 모든 부모들이 자기 자식에게 애착을 갖는 거라면, 어떻게 부모가 자기자식을 멀리 떠나보낼 수 있다는 걸까? 모든 것이 잘 되었었다면 말이지. 왜 양부모님은 지금 이런 이야기를 내게 해서 날 혼란스럽게 만드는 걸까?

아동은 인간의 본성에 대한 기본적인 신념과 안녕감이 혼란스러워진다. 어떤 아동들은 이러한 사실로 인해 눈에 띄게 우울해지기도 하며 이러한 우울감을 감정적·행동적으로 표현하기도 한다. 어떤 아동들은 즉각적으로 방어적인 태도를 보이기도 하며, 혹은 입양된 것은 그렇지 않은 것 보다는 훨씬 더 좋은 것이라고 그들 스스로를 설득하기도 한다. 어떤 식으로든지 입양되었다는 사실은 중대하게 인식이 되며, 아동은 그들 자신만의 인지과정을 거치기 시작한다. 아동의 사고방식으로 보자면, 어떤 나쁜 일이 일어난 것은 누군가의 실수 때문인 것이다. 입양된 아동들은 그들 스스로를 포함한 입양삼자의 모든 등장인물에 대해 느끼는 많은 감정들과 싸우기 시작한다. 그들은 친생부모와 양부모, 그들 스스로에 대한 복잡한 감정들을 경험한다. 종종 그들은 이러한 감정들을 지속시키거나, 또는 좋은 부분과 나쁜 부분으로 나누기도 한다.

입양이라는 드라마에는 여러 다른 인물들이 함께 관련되어 있다. 의사, 변호사, 사회복지사들은 좋은 행동을 했거나 나쁜 행동을 했거나 등으로 구분되며, 앞의 등장인물들을 보호하는 역할이다. 한 아동은 관련된 모든 사람의 특징과 동기에 대해 깊이 생각하였다.

> 친엄마가 좋은 엄마여서 나쁜 아기를 떠나보낸 건가요, 아니면 나는 좋은 아기였고 친엄마가 나쁜 엄마였던 건가요? 친엄마가 좋은 엄마였고 나도 좋은 아기였다면 내 양부모님이 나를 친엄마에게서 훔쳐간 나쁜 사람이었을 거예요. 아마 누군가가 나를 친엄마에게서 훔쳐내서 양부모에게 팔

> 았을지 몰라도 어떤 때는 내가 나쁜 아기였을 거라고 생각해요. 또 어떤 때는 다른 사람들이 나쁜 사람이었을 거라고 생각하기도 해요.

학령기에는 모든 아동들이 자신의 출생에 대해서 환상을 가지는 시기이다. 이 단계가 되면, 아동들은 자신의 부모를 모든 것을 알고 있고 모든 힘을 가진 존재로 여겼던 미성숙한 단계를 넘어서기 시작한다. 그들이 성숙해 감에 따라서, 그들은 이전에 아주 강한 존재로 인식했던 부모에 대해 날마다 실망감을 느끼게 된다. 그들은 그들의 부모가 실수를 저지르기도 하며, 때로는 그들이 알고 있는 다른 부모들에 비해 훨씬 부족하다는 것도 알게 된다.

상처를 단 한 번의 키스만으로도 '완벽하게' 낫게 만들 수 있는 존재였던 부모들이 이제는 때때로 의도적으로 그들의 실패와 고통의 한 원인이 되기도 한다. 이러한 결과에 직면하게 되면 일종의 평형을 찾기 위한 시도로서 많은 아동들은 입양되었거나 그렇지 않거나, '가족 로망스'를 발달시키게 되는데, 그들은 사실 이렇게 완벽하지 못한 사람들의 자녀가 아니라 아름답고 훌륭한 왕자와 공주인 귀족부모의 자녀라는, 동화 같은 환상을 갖게 된다. 자신이 귀족부모로부터 현재 함께 살고 있는 부모에게로 옮겨져 온 것으로 상상하며, 이러한 상상은 여러 가지 상황들로 변형이 된다. 때로는 자신들은 강제로 입양되었다고 상상하기도 하며, 또는 자신의 완벽한 부모들이 죽었거나 아니면 부모가 자신을 잃어버린 거라고 상상하기도 한다. 공통된 맥락은 완벽한 부모와 완벽한 부모가 없다는 인생의 비참한 현실에 대한 상실감이다. 이러한 환상은 삶의 일상적인 실망들로부터 휴식을 안겨주며 좀 더 인내심을 갖게 만든다.

입양된 아동들에게 있어서 이러한 로맨틱한 환상들은 좀 더 복잡하다. 입양아동이 자신의 양부모에게 화가 났거나 실망했을 때, 많은 입양아동들은 친생부모에 대해 모든 아이들이 꿈꿔왔던 부모, 즉 자신들이 원하는 것은 무엇이든지 다 해주는, 그들이 늘 원했던 완벽한 부모라고 상상하게 된다. 하지만 이러한 환상이 효과적이기 위해서는 완벽한 부모의 상실에 대해서 일종의 압도적이고 강력한 설명이 뒷받침되어야 하며, 부모의 완벽함을 의심하게 만드는 것은 절대 없어야만 한다. 따라서, 아동이 친생부모와 더 이상 함께 살 수 없는 것은 전적으로 다른 누군가의 잘못 때문이어야만 하는 것이다.

어느 8살짜리 소녀는 자신의 양부모에게 화가 날 때 마다 늘 떠올리는 환상적인 이야기에 몰두를 했다. 이 소녀는 "그들에게서는 오렌지 향기가 느껴져"라고 말한다. 이런 환상 속에서는 이 소녀에게 자신과 꼭 닮은 엄마와 신데렐라에 나오는 왕자님을 닮은 아빠가 있다. 그 엄마와 아빠는 소녀의 침실로 들어와서 꼭 안아주며 언제나 쿠키와 사탕을 가져다주고 이야기책을 읽어주며, 놀이동산에 데려가서 놀이기구도 태워주고, 맥도날드 햄버거도 사준다. 그리고 언제나 소녀에게 좋은 말만 해준다. 환상 속에서의 소녀는 지저분하지도 않고, 게으르지도 않고 버릇없지도 않다. 소녀는 완벽했고 환상 속의 부모는 그녀의 현실의 일상생활과는 전혀 다른 사람인 것이다.

많은 입양된 아동들에게 있어서 이러한 위안을 주는 환상을 발전시키기란 훨씬 더 어려운 일이다. 그들에게는 이미 어디엔가 존재하는 '원래의' 부모에 대한 환상을 다루어야 하는 복잡한 상황이 있기 때문이다. 그들은 두 세트의 부모에 대한 실망감과 양가감정을 처리해야 한다. 친생부모에 대한 환상은 주로 그들이 공유해온 빈약한 사실들에 근거한 것이다. 예를 들면, "너의 친엄마는 너무 어렸고, 너무 가난했고, 미혼모였다.", "너의 친생부모님은 더 이상의 자녀를 키울 수가 없었다." 등이다. 이러한 사실들은 부적절하고, 무책임하고, 쓸모없는 사람이라는 불안한 이미지를 떠올리게 한다. 흔히 설명되는 "친엄마는 아동을 너무 사랑했기 때문에 더 나은 삶을 위해 떠나보냈다."는 말은 누군가를 사랑하면 떠나보낸다는 양립할 수 없는 사실로 인해 아동을 매우 불안하게 만든다.

입양된 아동들의 환상들에는 책임과 비난을 분류하려는 노력이 포함되어 있다. 학령기아동이 갖는 한 가지 논리적인 결론은 만일 자신들이 좋은 아동이었더라면 친생부모가 그들을 계속 키웠을지도 모른다는 것이다 "난 분명히 나쁜 아기였을 거예요. 그래서 친엄마가 나를 떠나보낸 거죠. 난 굉장히 지저분했거나(내 방 처럼요) 음식을 지저분하게 흘리면서 먹었을 거예요(내가 점심먹을 때 처럼요)."

환상은 친생부모가 키우고 있거나 그렇지 않은 친형제들에 대한 것까지 확대된다. 한 소년은 자신에게 쌍둥이 형제가 있었을 거라고 상상했다. 상상 속에서 자신은 나쁜 아이였고(그래서 버려졌고) 그의 쌍둥이 형제는 착한 아이였다(그래서 그 아이는 친생부모가 키운다). 그는 쇼핑센터나 극장 같은 곳에 가면 자신과 비슷하게 닮은 사람이 없는지 흘끔흘끔 찾아본다. 또 다른 논리적인 결론은 친생모가 나쁜 엄마여서 자기의 착한 아기를 버린다는 내용이다. "친엄마는 파티에 다니느라고 너무나 바빠서 나를 돌보지 못했죠."라고 한 소년은 말했다. 한 나쁜 엄마가 모든 착한 아이들을 버렸다거나 한 착한 엄마가 모든 나쁜 아이들을 버렸다는 상상 속에서 안심되는 순간이 있을 것이다. 일부 아동들(혹은 단 한 아이의 생각일 수도 있지만)의 생각 속에는 공명정대함에 대한 아동의 근본적인 분노가 지속되고 있다.

입양되었다는 것이 공개되면서 알게 되는 사실들이 아동의 정체감 형성에 있어서 위험스러울 수도 있다. 한 아동은 "나의 친생부모님들이 너무 어렸다거나 너무 가난했다는 것이 내게 어떤 의미가 있는 거죠? 나도 운명적으로 친생부모처럼 된다는 말인가요?"라고 궁금해 하였다.

생일은 입양서클의 당사자들이 서로에 대해서 새삼 인지하게 되는 시간이다. 많은 입양된 아동들은 생일이 다가오면 우울해지기 시작한다. 이러한 우울감은 친생자들이 그들의 생일 즈음에 경험하는 일반적인 흥분(그리고 근심)과는 다른 것이다. 많은 입양아동들은 혹시 자신들의 친생모가 '생일'을 기억하고 자신들을 생각할지도 모른다는 상상을 해본다. 그리고 의식적, 무의식적으로 어떤 징조(생일카드나, 전화한통, 방문)가 나타나기를 기다리지만 결국 아무 일도 일어나지 않고 실망을 하게 된다. 아동의 사고방식으로는, 누구의 잘못으로 인해 아동이 포기되었는지를 결정해야만 하며 "좋은 것과 나쁜 것"으로 나누어야만 한다. 생일의 여파는 상처받음, 실망의 순간, 분노와 낮아진 자존감만 남겨져 회복의 기간을 필요로 한다.

한 소년이 5살 생일축하파티를 계획하게 되었다. 부모님은 소년과 소년의 제일 친한 친구를 데려가서 〈윌리 웡카와 초콜릿 공장〉이라는 영화를 보여주었다. 그리고 아이들의 생일파티장소로 유명한 동네 피자식당에서 피자를 먹었다. 그러나 그 영화는 나쁜 주제를 담고 있는데, 말을 안 듣는 아동은 나쁜 달걀들처럼 깨트려버린다는 것이다. 평소에는 의젓했던 이 아이는 영화가 진행될수록 점점 더 불안해져 갔다. 소년은 엄마의 무릎에 올라앉아서 자기 눈을 가려버린다. 반면에 친구는 아무런 불안함이 없이 영화를 즐기고 있다. 긴장감은 영화관을 떠나서도 계속되며 피자가게에서 모두들 '생일 축하합니다'라는 노래를 부를 때, 소년은 눈물을 참지 못하였고 감정이 극에 달하였다. 파티가 끝난 후 자기 엄마에게 이렇게 말하였다. 이 조숙한 소년은 생일파티를 열었던 피자가게에서 피아노를 연주하던 여자가 혹시 자기의 친생모였고 그래서 자기를 알아보고 혹시라도 자기를 데려갈까 봐 얼마나 걱정을 했었는지 모른다고 자기 엄마에게 말했다. 이러한 공포는 소망과 두려움을 동시에 반영하는 것이다. 이 소년은 친생모가 자신을 찾기 원하면서도 양부모 가정에 강하게 애착관계를 맺고 있기 때문에 친생모가 자기를 데려 갈까봐 두렵기도 한 것이다. 이 소년이 봤던 영화(윌리 웡카와 초콜릿 공장)는 나쁜, 버려진 아기에 대해 소년이 이미 갖고 있었던 '생일날의 걱정'을 더 악화시켰으며, 자신이 충분히 착해져야만 친생모가 다시 데려갈 수 있다고 생각하게 만들었다.

때때로 스스로를 보호하기 위해 아동들은 양부모를 비난하기도 한다. 만일 아동이 친생부모를 "나쁜 사람"이라고 믿는 경우, 그들은 그런 친생부모의 자식으로서 이러한 "불량한 것"이 자신들에게 스며들어 있을지도 모른다고 느낀다. 이러한 느낌들에 대한 방어의 한 방법은 그들은 좋은 가문에서 태어났으며 따라서 '착한 아이'라고 결정하는 것이다. '가족로망스'는 친생부모가 사실은 귀족계급이었고 아동자신은 이기적인 욕망을 가진 양부모에 의해 유괴된 것이라는 믿음을 근거로 진행된다.

이 연령대의 입양아동들이 흔히 갖는 이러한 소망과 두려움들은 입양관계의 영원불변성에 대해 의심하고 혼란스럽게 만든다. 아동은 자신들이 이전에 한번 버려졌었는데 그런 일이 또다시 벌어지면 어쩌나 하는 걱정을 하게 된다. 그래서 일부 아동들은 양부모의 인내심과 한계를 요구하는 행동을 하며 테스트를 하기도 한다. 처음에는 이런 반항적인 행동을 해도 괜찮을까 주저하면서 반항적인 행동을 시도한다. 실제 테스트를 하기 위해, 그들은 자신들이 생각하기에 누군가가 처음으로 자신들을 기분 나쁘게 했던 행동이나 혹은 부모님을 분명히 화나게 하거나 자극할 행동들을 선택한다. 입술을 자주 핥기 시작하면서 보기흉한 염증과 상처를 유발시킨다. 아동은 점점 보기 흉하고 나쁜 냄새가 나는 아이로 변한다. 이것은 아동이 자신이 처음 버림받은 원인이라고 생각되는 행동을 재현하는 것이다. 아동이 이러한 것에 대해 양부모와 이야기할 수 있고 부모로부터 동정심과 안심을 받는다면 이러한 행동은 멈출 수 있다.

입양 사실은 또한 가족에 대한 궁금증을 자극시킨다. 이 연령에 있는 한 아동은 만일 자신의 양부모가 죽는다면 자신에게 어떤 일이 일어날 것인지 궁금해졌다. 다시 입양기관으로 돌려보내질까? 친생부모에게로 돌아가게 될까? 만일의 경우에 대비하여 아동에 대한 가족 내에서의 후견인에 대한 정보가 확실하게 정해지면 아동이 편안하고 안심할 수 있다. 부모로부터의 확신과 지지를 통해 영원성에 대한 의문이 풀려지며 비로소 인생의 안정기에 들어선다. 이것은 이후의 단계에서 다시 대답되기 위해 재출현되기도 하는 부분이다.

아동이 학교체계에 들어가게 되면서, 그들의 세계는 더 넓어진다. 그들의 입양이 삶의 한 사실로서 받아들여져야 하는 더 넓은 지역사회가 존재하는 것이다. 학교 프로그램에서 유전이나 혈통에 대한 이슈들이 다루어질 때는 불편하고 심지어는 불화가 생기는 순간도 있을 수 있다. 일부 아동들과 어른들은 무신경하거나 때로는 잔인한 말을 할 수도 있다. 어느 4학년 반에서 여러 가지 다른 가족의 종류에 대해 수업을 하고 있었다.

품행이 바른 한 소녀가 학교에서 자신이 어떻게 아기 때 입양되었는지에 대해서 설명을 하였다. 그러나 아무도 그녀의 이야기를 믿지 않았다. 같은 반 친구들은 소녀가 양부모님과 닮았으며 부모님도 좋은 사람이고 소녀도 좋은 사람이기 때문에 소녀가 결코 입양되지 않았을 거라고 주장했다. 입양가정에 대한 아이들의 이미지와 자신들의 같은 반 친구에 대한 불편한 사실을 부인하고 싶은 욕구가 완전한 불신을 만들어냈던 것이다. 소녀는 완전히 충격을 받은 채 집으로 돌아갔다. 소녀는 지금까지 가족 내에서 편안하게 지내왔고 자신의 입양사실에 대해서 편안해했었다. 얼마 지나지 않아 같은 반 친구 하나가 "이 사람들은 너의 진짜 부모가 아니야. 우리 엄마가 그러는데 너의 진짜 부모님은 너를 버린 거래."라는 말을 전해 주었다. 같은 반 친구의 이러한 반응은 소녀가 이전에 경험해 본적이 없는 낙인을 말해주는 것이며, 이제 소녀는 자신감을 잃어버렸다.

학령기는 에릭슨이 말한 발달단계 중 아동이 "근면성 대 열등감"과의 싸움을 하는 시기이다. 즉, 아동이 생산성을 추구하는 시기로 생산능력이 있는 사람이 됨으로서 자신의 타당성에 대해 자신감을 가지게 된다. 동시에 아동은 동료 생산자들(또래친구들)과 동일시하게 되며 타당한 사람들의 집단에 자신을 합류시킨다. 입양된 아동들이 이시기에 직면하는 버려짐에 대한 이슈는 그들의 타당성에 대한 생각을 위태롭게 만들며 그들의 근본적인 인간성에 대한 질문을 불러일으키는 경향이 있다. 설령 그들이 친생부모가 그렇게 한 것에 대해 납득을 했더라도, 포기됨이나 부적합의 감정들과 싸움을 해야 한다. 심지어 체격이 좋고, 똑똑하고, 건강하고, 매력적인 입양아동과 이해심 많고 사랑이 많은 양부모의 결합이라는 최선의 상황이라 해도, 자아의 적절성에 대한 인식과의 이러한 싸움은 전쟁인 것이다. 더구나 신체적 · 정신적 부적절함이나 양부모의 편협함이나 거절과 같이 "충분히 좋은" 환경이 아닌 경우라면, 열등감과 불충분한 기능을 악화시키는 원인이 된다.

그러나 이러한 이슈들과의 힘든 싸움이 입양아동들에게는 아주 정상적이고 필요한 과정이며 그들이 가졌던 친생부모에 대한 환상을 반영하는 것이다. 하지만 앞에서 언급했던 것과 같은 환상은 아동의 개인적인 세계의 한 부분이다. 어떤 아동들은 다른 아동들보다 그들의 개인적인 사고와 감정들을 훨씬 더 풍부하게 표현한다. 그들은 때로는 말로, 때로는 행동으로 부모의 참여를 유도하기도 한다. 5살짜리 소년은 그의 생일파티 때 친생부모에 대한 환상 때문에 곤혹스러운 경험을 했는데, 소년은 행동을 통해 자신의 근심을 처음으로 드러냈고 그래서 이러한 아들의 행동에 대해 걱정을 하게 된 엄마와 함께 이야기를 나누게 되었다. 이것은 이 엄마가 자기 아들과 대화를 함으로서 아들의 감정이 존중받고 있다는 것을 알려주기 위해 필요한 일이었다. 그들은 이야기를 나눌 수 있었고, 소년이 자신의 감정을 표현했지만 그들의 관계는 망가지지 않았다.

이러한 분위기 안에서 소년은 자신이 가졌던 부담감을 덜어낼 수 있었고 부모로부터 편안함과 지지를 받았다. 모든 아동들이 이 소년처럼 이야기를 할 수 있는 것은 아니다. 모든 부모들은 자기 아이의 사생활 존중과 그들의 계속되는 어려움에 대한 민감성 사이에서 균형을 잡기위해 노력해야 한다. 이것은 인생에서 계속되는 미묘한 댄스와 같은 것이다.

제6단계: 사춘기와 청년기

서구 사회에서는, 청년기를 보편적으로 중요한 발달단계로 생각한다. 이 시기에 당면한 과제들은 일반적으로 가족에 대한 감정적인 유대뿐만 아니라 진정한 분리(개별화/독립)까지 모두 포함하는 개인의 정체성의 점진적인 형성이다. 이러한 종류의 균형을 이루기란 대체로 어려운 일이다. 발달 과정 중에 청년들은 이 과제를 수행하기 어렵다고 종종 느낀다. 그들은 어떻게 하면 자유로운 몸이 될 수 있는지, 또한 자신의 부모와 충분히 수용 가능할 수 있는 조화로운 관계를 유지할 수 있는지 고민한다. 어떻게 하면 또래집단과 잘 어울리면서 동시에 가족과도 문제없이 잘 어울릴 수 있을까? 많은 성인들이 자신의 청년기 시절을 다른 방식으로 꾸려나갔더라면 훨씬 더 좋았을 거라고 생각하지만, 막상 그 시절을 다시 경험하기 위해 되돌아가고 싶어하는 사람은 거의 없다. 많은 부모들이 이 단계가 매우 골치 아픈 시기라는 것을 알고 있다. 그들은 그들의 십대자녀들의 의존으로부터 독립으로, 그리고 다시 반복하는 요란한 변화들뿐만 아니라 부모를 좋아했다가 때로는 난폭할 만큼 싫어하는 것으로의 변덕스러움에 대해 불평을 한다.

> 어느 날인가 우리 딸에게 해줄 요리를 위해 필요한 재료가 하나도 없었어요, 그랬더니 다음날 우리 딸이 부엌에서 나가지 않고 내가 차려놓은 모든 그릇들을 혀로 핥고 있는 거예요.

어느 엄마의 넋두리이다. 정체감 변화를 실험하고 가족의 안과 밖으로 움직여가는 개별화를 위한 이러한 투쟁의 과정은 보편적인 것이지만 때로는 청년과 그들의 부모 모두에게 어려운 길이다.

입양이슈들은 청년기의 이슈들을 크게 반향시키며, 이 두 가지가 서로 상호작용하면서 악화시키기도 하고 때로는 정상적인 청년기 발달과업을 자극하기도 한다. 입양인에게 있어서는 내적 동요와 이미 알려진 외적 환경을 융합하는 것만으로 청년기의 과제가 완벽하게 달성되는 것은 아니다. 가족 내에서 개별화되고 가족으로부터 적절한 독립관계를 형성하는 비입양인의 발달 과제가 입양인에게는 단지 수행과제의 한 부분일 뿐이다. 입양인에게는 친생부모와 그들에 대한 환상이라는 또 다른 큰 세계가 있으며, 입양인들이 앞으로 어떤 어른이 될 수 있다거나 되겠다고 결심하고자 시도하는 과정이다.

많은 사람들은 이러한 환상들이 타당하지 않다고 주장할 것이다. 마크라는 이름의 14살 소년은 그의 치료사가 그의 파괴적인 행동이 친생모에게 버림받은 것과 관련이 있다고 말했을 때 짜증이 나기 시작했다. "친엄마, 친엄마, 당신은 항상 그 얘기만 해요. 난 친엄마에 대해 '거의 대부분' 생각한 적이 없는 데도요."라고 마크는 큰 소리로 외쳤다. '거의 대부분'이라고 강조하는 표현은 숫자로 표현할 만큼 마크의 마음속에 뿌리 깊게 자리잡고 있음을 암시한다.

사춘기 초기가 되면 입양인들은 자신이 누구이며 어떤 어른처럼 성장하고 싶은지 궁금해 한다. 그들은 확인하고자 하는 일부 고정된 특징들을 찾기 위해 자기 주변을 조사한다. 신체변화의 초기 징후들이 관찰되면서 입양인은 그 최종 결과와 그것이 그들에게 무슨 의미인지를 생각한다. 비교할 수 있는 친생부모가 명확하게 있는 것은 아니다. 소녀들은 그들의 엄마는 월경 때 가슴이 얼마만큼 커지는지, 필체는 얼마만큼 나쁜지 등을 알고 싶어 한다. 소년들은 그들의 아버지의 체형과 자신들은 어떻게 성장할지에 대해 알고 싶어 한다. 엄마가 체격이 작았다든가 아빠가 체격이 컸다든가에 대해 안다고 해도, 아동 자신이 누구와 닮아 가는지에 대해 이해하기에는 충분치 않은 정보이다.

사춘기 입양인들이 그들의 친생부모에 대해서 알고 있는 것은, 친생부모는 성적으로 적극적이며 대부분 피임에 대해 무책임했다는 것이다. 입양인들이 그들 스스로의 성격 발달을 관찰하는 것은 친생부모를 닮고 싶은 소망과 닮는 것에 대한 두려움을 모두 불러일으키는 고통스럽고 복잡한 요인이 될 수 있다.

수잔은 13살의 소녀로 부모와 따뜻하고 편안한 관계를 가지고 있었는데, 가슴이 발달하는 사춘기 초기에 접어들면서 점점 짜증을 잘 내고 변덕스러워져 갔다. 누드에 대해 극도로 보수적이 되었고 자신의 사생활을 지키는 것에 점점 전투적인 자세가 되었다. 그녀의 부모는 이러한 행동을 사춘기의 행동이라고 보았고 곧 사라질 것이라며 긍정적으로 생각을 했다. 그러나 딸의 행동은 그들이 알고 있는 다른 13살 소녀들보다 훨씬 더 극단적이었다. 어느 날 그녀의 엄마는 우연히 딸이 옷을 갈아입느라고 가슴을 드러내고 있는 찰나에 방에 들어가게 되었다. 그런데 딸, 수잔이 이에 대해 분노하며 소리를 지르고 울음을 터트리고 방에 있는 값진 물건을 마구 던졌다. 마침내 그녀는 엄마의 품에 안겨서 눈물을 흘리며 자신의 가슴이 커지는 것에 대한 절망감을 털어놓았다. 그녀는 자신의 이미지가 섹시하게 될까봐 고민이 되었으며 자신의 친엄마가 그랬었던 것처럼 자신도 "행실이 나쁜 여자"가 될까봐 두려웠다. 양모의 위로와 지지로 인해 얼마동안은 안정을 되찾고 위기감이 줄어들었다. 후에, 치료과정에서 수잔의 그러한 감정들은 두려움이며 동시에 소망의 일부분이라는 것이 확인되었다. 그녀는 양모가 너무 평범하고 섹시하지 않은 사람이라고 생각했다. 거기에는 친생모를 더 닮고 싶은 그녀의 바람이 있었던 것이다. 드디어 수잔은 자신의 이 두 가지 부분을 잘 조화시킬 수 있었고 친생모와 양모 모두에게서 분리된 정체감을 성립할 수 있었다.

한 14살의 소년은 언젠가부터 자신이 몽정을 하는 것을 알고 점점 고민에 빠졌다. 그는 몽정을 한다는 것은 자신이 음탕하다는 것을 의미하며, 자신은 친아버지처럼 본능을 조절하지 못하는 '동물'이라고 결론을 지었다. 때때로 그는 이것이 '정상적'인 것이라고 생각했지만, 또 어떤 때는 '음탕한' 것이며 무책임한 것이라는 생각이 들었다. 성적인 동일시는 그들의 친생부모에 대한 환상뿐만 아니라, 양부모와의 동일시에 대한 내적 충격을 통합하려는 노력 때문에 점점 더 복잡해진다. 그들의 현재 욕구에 따라서, 입양인은 친생부모와 양부모와의 동일시를 수용하거나 거부하게 된다. 그들은 간헐적으로 또는 지속적으로 스스로를 성적 특징과 관계가 없거나 혹은 과도하게 책임감 있게 행동함으로써 절대로 친생부모와 같은 사람이 되지 않으려고 한다. 이러한 동일시의 문제를 해결하기 위해서는 친생부모와 양부모 모두에 대한 충성심과 배신의 감정뿐만 아니라 소망과 두려움 두 가지를 모두 다루어야 한다.

입양인이 갖는 친생부모와의 성적sexual인 동일시는 때때로 그러한 부모들을 보호하거나 동시에 그들 스스로를 보호하는 한 방법이다. 자신의 친생부모가 했었던 행동일거라고 상상했던 대로 행동하는 것은 "내 뿌리는 이렇게 나빴었고 난 엄마(아빠)를 닮은 것뿐이다."라고 말하는 것이다. 이러한 신념을 뒷받침할 만한 결정적인 통계자료는 없지만, 대부분의 아동복지 사회사업가들의 경험에 비추어 보면 입양청소년들은 비입양청소년들 보다 훨씬 더 성적인 행동을 하는 경향이 있으며 입양소녀들이 임신의 위험에 더 많이 노출된다.

일부 입양소녀들은 그들의 엄마의 경험을 억지로 반복하는 것처럼 보이는데, 아마도 어떤 일이 일어났었는지를 실제로 이해할 수 있는 유일한 방법이라는 무의식적인 생각 때문인 것 같다. 어떻게 엄마가 자기의 아이를 포기할 수 있는지에 대해 이성적으로는 도저히 이해할 수가 없는 경우, 그들은 그것을 경험적으로 이해하려는 시도를 한다. 그들은 그들의 친생모가 그랬었을 거라고 상상되는 동일한 환경(즉, 아동을 키울 수 있는 내적·외적 자원이 없는)을 그들 스스로 자초한다. 임신이 '어울리지 않는(모범적인 성향의)' 소녀들이 종종 임신을 하곤 한다. 즉, 잘 적응되어있고 스스로의 감정을 잘 조절하며 성적행동과 피임에 대해 책임감이 있는 소녀들이 임신을 하는 경우이다. 그러나 그들의 이러한 높은 기능에도 불구하고 어떻게 그들이 아이를 포기하는 상황까지 오게 되었는지에 대한 의문이 남아있는데, 아마도 입양소녀들이 그 답(자신의 출생과 입양과정에 대한)을 찾기 위한 노력의 일환으로 그런 어울리지 않는 행동을 하는 것 같다.

임신을 한 입양소녀들의 또 다른 가능한 의식적·무의식적인 동기는 그들의 양모가 임신을 할 수 없었다는 것이다. 이것은 경쟁심리에 근거한 것일 수도 있고, 입양인이 느낄 때 양모를 이길 수 있다고 생각하는 탁월한 방법이기도 하다. 또는 집안에서 아기가 태어나기를 간절히 원했던 양부모의 채워지지 않은 오랜 소망을 자신이 이루어야겠다는 욕구가 내재해 있는 것일 수도 있다. 임신과 관련된 상황들이 너무 고통스러웠기 때문에 이해하지도 않고 감사하지도 않았지만, 어떤 면에서 입양소녀의 임신은 양부모에게 결정적인 선물이 될 수도 있다. 15살짜리 한 입양소녀가 그런 '선물'을 만들어 냈다. 이 소녀가 자신의 18살짜리 남편과 지하층 아파트에서 사는 동안 소녀의 양부모들이 실질적으로 아기를 하루 종일 돌봐주었다. 최근, 이 15살 엄마는 아기가 '아기의 할머니'를 만날 수 있도록 캘리포니아에 있는 친생모(사실은 그녀가 할머니이므로)를 방문하기 위해 아기와 함께 간다고 선언했다.

입양소녀의 임신사건의 결말은 친생모의 경험과 양모의 경험에 대해 소녀가 갖고 있는 환상과 그것이 자신에게 의미하는 바가 무엇인지에 따라 결정될 가능성이 높다. 젊은 여성은 자신의 아이를 키우고자 할 것이다. 자신의 친생모도 아기를 키우길 원했었다고, 혹은 그렇게 했어야 한다고 생각하며, 자신이 아이를 키워야만 그런 '실수'를 범하지 않는 거라고 생각한다. 예를 들면, 자신의 친생모가 강압에 의해 자신을 포기하여 입양 보낸 것이라고 믿고 있는 소녀는 "어느 누구도 내 아기를 포기하라고 나에게 강요하지 못해요, 어떤 일도 일어나지 않아요."라고 주장하며 아기를 입양 보내는 일을 취소한다. 이것은 그녀가 자신과 자신의 친생모를 보호하고자 하는 행동이다.

혹은 친생모의 입양결정을 용서한다는 것을 확인시켜 주기 위해 자기 아이의 입양을 결정하기도 한다. 그녀는 이제 친생모가 입양을 결정하고 자신을 포기했던 것을 이해할 수 있다고 생각한다. 입양결정은 친생모가 살기위해 그리고 아기의 최선의 이익을 위해 선택할 수밖에 없었던 행동이라고 이해한다. 그것은 그녀 스스로 수용 가능한 결정이며, 또한 그녀의 친생모도 수용 가능했었던 결정이었다. 그러나 아기를 원하는 그녀의 양모의 소원을 깨닫는다면, 입양결정을 위해 아동을 포기하는 것는 양모에 대한 적대적인 행동이 될 것이다.

임신중절은 입양인이 스스로를 낙태시키는 방법이며, 절대 잉태되지 말았어야 했던 아동을 죽이는 방법이다. 반면에, 낙태는 그녀에게 최선의 대안을 시행함으로써 그녀가 친생모와 유전적으로 다르다는 것을 나타내는 그녀의 방법이다.

입양소년 또한 계획되지 않는 임신사건을 어떻게 해서든지 되풀이해야 한다는 압박감을 느끼기도 한다. 그들은 자신의 친생부가 그랬었다고 생각되는 것처럼, 과거를 재현하기 위해 점점 무책임해지거나 아니면 지나치게 책임감 있게 될 것이다. 그들 자신의 동일시와 욕구의 상태에 따라 자신의 여자친구에게 낙태를 강요하거나, 아이를 키우기를 강요하거나 혹은 입양보내기를 강요할 것이다. 청소년 입양인이 그들의 성적 관심이 정상적인 발달의 한 부분이며 사전에 결정된 인생의 갓길임을 증명하는 것이 아니라는 것을 깨닫기 위해서는 양부모의 도움이 필요하다.

성적 정체감에 더하여, 좀 더 일반적인 자아정체감 형성이 이루어진다. 입양인들은 "나는 누구이며 누구와 닮았나?"라고 묻는다. 양부모들은 사회적인 계층, 생활스타일, 직업 선택 등등에 있어서 가능한 동일시의 한 세트를 제공한다. 그러나 입양인은 친생부모에 대한 사실들과 환상들을 통합시킨다. 가장 흔한 것은, 입양인들은 완전하지 않은 조각난 정보들을 갖고 있다는 것이다.

> "너의 엄마는 음악적 재능이 있었다.", "너의 아빠는 운동선수였다.", "너의 부모는 기술이 없는 노동자였다.", "너의 엄마는 11학년 때 학교를 중퇴했다.", "너의 부모는 대학생이었다."

이러한 얘기들의 공통점은 모든 친생부모는 자신이 낳은 아이를 키우고 싶어 하지 않았거나 혹은 키울 수 없다는 것을 알았다는 것이다. 입양인에게 있어서 이것은 피임에 대해 무책임했다는 것에 더하여, 친생부모가 자신의 자녀에게 아무것도 해줄 수 없는 '부적절한 사람'이며, 또는 아동의 안전을 위해 자신의 욕구를 포기하고 싶어 하지 않았던 '이기적인 사람'이라는 것을 의미한다. 입양인은 "이것은 내가 나쁜 혈통의 출신이란 것을 의미하는 걸까?", 또는 "결국 나도 형편없는 사람이 되는 걸까?"라는 질문을 하게 된다. 비록 청소년기의 입양인들이 그들의 친생부모가 자신들을 포기했던 것이 전적으로 좋은 결정이었다고 믿으며 언젠가 그들이 따라하게 될지도 모르지만, 그 결정을 감정적인 수준에서까지 받아들이는 것은 그들에게 어려운 일이다. 따라서 친생부모에 대한 사실들과 개성적인 묘사들은 그들 사이의 유사점과 차이점들에 대한 강력한 양가감정을 만들어내게 된다.

마가렛은 어린 10대 소녀로, 그녀는 그녀의 친생모가 굉장히 예술적인 사람이라는 말을 들어왔다. 그녀의 양부 또한 예술적인 사람이었다. 그녀도 예술적인 소질을 갖고 있지만, 양부모가 볼 때 그녀는 이러한 소질을 발전시키는 것을 망설이는 것 같았다. 불충분한 여성(친생모)을 닮느냐 충분한 남성(양부)을 닮느냐의 사이에서 "선택"을 해야 하는 것과 같은 난감함 때문에 엄청난 감정의 소용돌이 속에 빠져있는 마가렛은 자신의 개성의 일부분을 단순히 외면함으로서 갈등을 피해버린 것이다.

총명하고 핸섬한 14살의 소년 마크는 그의 삶의 모든 면에서 완전히 실패했다. 그의 친생부모가 그를 돌볼 수가 없었다는 말을 듣고 난 후, 그는 자신의 친생부모가 완전히 무기력한 거리의 부랑자였을 거라고 상상했다.

치료 과정에서, 마크가 무의식적으로 만일 그가 엄청나게 성공하거나 유명해진다면 그의 친생부모가 그를 발견하게 될 것이고, 자신들을 도와달라고 찾아올 거라고 생각한다는 것을 알게 되었다. 그는 지역의 자수성가한 남자가 있었는데 점점 엄청난 기부요청들을 받게 되었다는 사례를 들어서 설명을 했다. 이러한 스트레스와 책임을 피하기 위해, 마크는 평범 이하의 눈에 띄지 않는 사람이 되기를 원했던 것이다. 자기 스스로에 대한 이러한 심리를 이해하게 된 마크는, 이제 점점 자신의 잠재력을 향상시켜 가게 되었다.

부모의 정체감을 통합시키고자 애쓰는 것이 마크와 마가렛의 경우처럼 항상 그런 부정적인 충돌을 가져오는 것은 아니다. 일부 입양인들은 양쪽 부모들로부터 최상의 것을 취하는 경험을 하기도 한다. 양쪽부모의 개성이 아주 다를 경우, 그것들을 함께 취합하는 노력이 필요하다. 16살짜리 소년 지미는 덩치가 큰 육상선수였는데, 키가 작고 날씬한 양부와는 전혀 닮지 않았다. 그의 가족분위기는 지적이며 예술적이었으며 체격조건이 좋거나 스포츠에 관심이 많거나 하는 가족은 거의 없었기 때문에 이런 환경이 지미와는 잘 맞지 않는 것처럼 보였다. 그러나 아동의 생물학적 특징과 가족의 심리학적 특징 간의 차이점은 그들의 삶을 더욱 풍요롭게 하는 환경으로 되어갔다. 지미는 그 가족에게 어떤 새롭고 신선함을 가져다주었으며 가족들은 그것을 감사하고 즐길 줄 알았다. 지미는 그의 신체적인 특징을 귀하게 생각했다. 동시에 가족의 지성과 감성은 지미의 지적인 발달에 긍정적인 역할을 하였다. "우리는 각자 서로에 대해 새로운 세계를 열어놓았고 그것이 우리 모두를 더욱 풍요롭게 만들었죠." 지미의 엄마가 내린 결론이다. 정체감 형성을 위한 이러한 모든 영역에서, 입양인의 과제들은 그들 자신이 가진 생물학적인 부분들과 심리학적인 부분들을, 이것도 저것도 아니라고 부인하며 지나친 부담을 주지 않고, 현실적으로 대면하고 깨닫는 것이다. 이러한 인식이 통합되고 응집된 자아를 발달시키는 시작이다.

청소년기는 독립과 분리를 위해 싸우는 특징을 가진 발달단계이다. 많은 십대들은 쇼핑몰에서 부모와 함께 있는 모습을 보여주고 싶어 하지 않으며, 그들의 독립된 또래집단의 삶에 큰 자부심을 가지고 있다. 종종 시도하고 실수하는 과정을 통하여 그들은 그들이 실제로 할 수 있는 것이 무엇이며, 부모로부터 계속해서 받아야할 도움은 무엇인지에 대해서 알게 된다. 경험과 능력의 향상을 통해 그들은 성인의 세계로 발돋움을 하게 된다.

입양인에게 분리와 독립은 좀 더 특별한 의미를 갖는다. 그들은 친생부모로부터 포기되었으며 신성한 생물학적 연계를 상실하였다. 그들에게 있어서 분리는 제2의 포기를 의미한다. 그들은 양부모의 양육기능이 상실하여 관계가 끝나게 되는 것이며, 분리를 새로운 출발이 아닌, 사실은 쫓아내는 것이라고 생각하여 두려움을 느끼게 된다. 그들은 이 세상에 혼자 남겨질지도 모른다는 생각에 공포감을 느끼며 양부모와의 연계강도를 다시 시험하고 싶어 한다.

제2의 포기에 대한 감정을 다루는 한 가지 방법은 활동적이고 강력한 것에 대하여 무력감을 느끼며 수동적이 되는 것이다. 다시 위험한 상황에 놓이는 것 대신에, 입양인들은 그들 스스로 떠나려 한다. 가출을 함으로써 드라마틱한 연출을 하거나 점차 외떨어지고 고독을 즐기는 억제된 방법을 시행하기도 한다. 그럼으로써 부모로 하여금 계속해서 그들과의 초기관계를 다시 맺도록 애쓰게 만든다. (이러한 청소년들은 그들의 부모가 그들을 계속해서 찾게 만든다.)

포기됨에 대한 두려움 외에 입양청소년은 친생부모를 찾으면 다시 애착관계를 맺을 수 있고 처음의 포기됨과 그들이 느끼는 위기감을 해결할 수 있다는 환상을 갖게 된다.

청소년 후기는 여러 가지 이유들 때문에 그들의 친생가족과 그들 자신에 대해 더 많이 알기 위해 관심을 표현하기 시작하는 시기이다. 그들은 그들의 자아정체감 형성 및 분리와 관련된 정보와 맞붙어 싸우게 된다. 자신이 가장 애착을 느끼는 사람과 분리되기 위한 가장 쉬운 방법은 더 이상 그 사람을 좋아하지 않는다고 결정하는 것이다. 청소년들은 그들이 보기에 그들의 부모는 어떤 것이 옳은 행동인지 더 이상 알지 못한다고 생각하기 때문에 부모를 신랄하게 비판한다. 그리고 그들은 종종 훨씬 더 유능하다고 생각되는 다른 부모들과 비교하며 싸움을 붙이기도 한다.

부모에 대한 흠집잡기와 거리감 두기, 친생부모에 대한 관심의 증가는 양부모에 매우 견디기 힘든 일이다. 자녀의 정상적인 발달단계의 경험이라고 생각하기보다는 어쩌면 자녀를 잃을지 모른다는 두려움을 느끼기 때문이다. 아이를 되찾고자 하는 친생부모들 또한 오랜 기간 동안 두려움을 느끼고 있는데 아이가 분리의 순환과정을 거치면서 최고조에 이르게 된다. 어떤 부모들은 너무 거부당하고 상처를 받은 나머지 자기들도 거절함으로써 대응한다. "만일 그 아이가 우리를 원하지 않는다면 우리도 그를 원치 않습니다." 따라서 그들은 청소년 입양인의 예언을 충족시킨다. 어떤 부모들은 그들이 아이를 가까이 붙들고 있으려고 애를 쓸수록 아이는 더 멀리 떨어진다는 것을 알게 된다.

청소년 입양인의 분리와 독립의 추구는 일종의 처음단계로 되돌아가는 것과 초기 애착관계 맺기 과정의 재발생이라고 할 수 있다. 입양인과 그들의 부모는(양부모) 서로를 다시 바라보며, 친생부모의 존재에 대해 인정하는 것과 관련하여 서로의 의향을 타진해보며, 그들이 앞으로 어떤 종류의 연대를 맺을지에 대해 재탐색하게 된다.

청소년 시기에 이러한 밀고 당김은 가족에 대한 다른 모델을 받아들이는 과정의 한 부분이다. 양부모와 청소년 입양인은 가족의 서로 다른 부분을 똑같이 받아들여야 하며, 그렇게 함으로써 입양인은 부모에게서 쫓겨나는 것이 아니라 독립을 성취한다는 느낌으로 전진해 나갈 수 있다. 이런 일이 시작되면, 부모와 자녀 간에 일종의 재계약이 시작될 수 있는데, 그들의 관계가 혈연 보다는 그들의 삶을 함께 경험한 것에 기초한 영원한 것이며 아동이 그들의 친생부모와 직접적으로 또는 상징적인 관계로 발전하기 위한 선택을 하더라도 양부모와의 관계는 영원을 초월하는 관계가 된다는 것에 동의한다. 이러한 계약은 정체감의 생물학적 및 심리적 부분들의 통합과 분리와 독립을 향한 노력들 및 성인기에 이르기 전에는 달성할 수 없는 목표들의 통합이 이루어질 때 까지는 절대 완성될 수가 없다.

질병, 죽음, 양부모의 이혼등과 같은 삶의 여러 사건들이 입양인들에게 있어서는 훨씬 더 특별한 의미가 있다. 그들은 그들의 정당성이나, 그들의 상실감, 그리고 자신들이 나쁜 애가 될 것이며 문제의 원인이 된다는 불안감이라는 견지에서 볼 때 이미 취약점을 안고 있다. 그들이 이러한 삶의 사건들에 어떻게 대응하느냐는 그들의 성격 구조와 현재 인간관계, 그리고 발달단계의 상황에 달려있다. 어떤 입양인들은 이러한 어려운 사건들을 재빨리 적절하게 대처하며 감당해 나갈 것이다. 반면에 심리적으로 연약한 입양인들은 이러한 사건들에 과도하게 영향을 받는다. 예를 들면, 여전히 마법적인 사고방식에 사로잡혀 있는 4살짜리 아동은 자기 양부모의 죽음이 자신들이 화를 내며 불만스럽게 생각했던 결과라고 결론을 내린다. 그들은 이것이 그들이 파멸시킨 두 번째 엄마라고 믿게 된다.

분리 이슈를 안고 있는 예민한 발달단계에 놓인 13살의 한 소년이 양부모의 이혼으로 힘든 시기를 보내고 있었다. 그의 발달적 욕구는 부모로부터 일찍 독립하여 떨어지는 것이다. 게다가 그는 가족이란 원래 함께 지내는 것이 아니라는 증거를 추가했다. 그는 만일 또 다른 어떤 부모가 양부모와 마찬가지로 자신을 정말로 원하게 된다면, 그들의 새로운 분리의 삶이 또다시 진행되는 건 아닐까 하는 생각을 할 것이다. 그의 부모의 지속적인 헌신과 지지야말로 소년이 그의 발달 과정을 계속 이어가도록 하는 충분한 지원이 될 것이다. 양부모의 재혼은 새로 혼합된 가족들에게 일상적인 문제들을 제공하게 된다. 계모와 계부는 양부모와는 구별되어야 하며, 만일 양부모가 각각 재혼하여 새로운 배우자와의 사이에서 친생자녀를 낳았다면 제2의 선택이나 제2의 최선책과 같은 감정적인 이슈들이 다시 나타나게 될 것이다. 다시 한번 강조하지만, 기존의 부모-자녀관계를 지속시킬 수 있도록 보장해 주는 것은 입양인이 이러한 삶의 변화를 잘 감당할 수 있게 하는 중요한 부분이 된다.

제7단계: 청년기

청년들은 그들의 원가족과 그들의 성인시절을 위해 선택하는 삶과의 사이에서 중립적인 상태에 놓여있다. 이러한 변화과정에는 직업을 선택하거나 친밀한 관계를 선택하는 것이 포함된다. 원가족의 삶의 여러 면들을 유지하거나, 수정하거나 떨쳐버리거나 하는 결정 과정이다. 이것은 정체감의 확립과 가족과의 연계를 한층 잘 단련하기 위한 청년기의 분리과정이 계속됨을 말한다. 새로운 관계들 및 직업과 관련된 선택들은 이러한 어른으로의 성장과정에 있는 청년의 성숙과정을 보여준다.

입양인에게 있어서 이러한 변화 상태와 직업 및 친밀관계의 선택들은 좀 더 복잡하다. 그들에겐 하나가 아닌 두 개의 원가족이 있으며, 따라서 어떤 것을 유지하고 어떤 것을 수정하고 어떤 것을 버릴지 결정하기 위해 고려해야 할 요인들이 훨씬 더 많다. 가족의 유대감은 입양가족과의 애착과 가계(족보)유지에 대한 염려를 모두 포함한다. 이러한 것들이 한 젊은 청년이 밝힌 다음의 질문들에 나타나있다.

> 나는 누구인가? 내가 친밀한 관계들을 탐색하고 일하면서 세상에 무엇을 기여할 수 있을까? 내가 정말 양부모님처럼 대학을 졸업하고 전문가의 삶을 살기 위한 준비를 하고 있는 건가? 아니면 단지 그렇게 보이기 위해 노력해 왔던 것뿐일까? 때때로 나는 변호사처럼 옷을 입었지만 실제로는 자동차 수리공인 완전한 사기꾼이라는 느낌이 든다. 사실, 난 어느

쪽도 편안하지 않다. 내가 결혼하고 싶은 부류의 여자는 너무 나를 당황스럽게 만든다. 나는 자동차 수리공과 함께 있어도 마치 대학 교수와 함께 있는 것처럼 편안해 하는 여자를 원한다. 나도 이것이 비현실적이란 것을 알고 있지만 그것이 나의 생각이다. 나는 매우 혼란스럽고 상실감을 느낀다. 나는 내가 무엇을 원하는지 정말 모르겠다.

따라서 "나는 누구인가?"라는 질문은 일과 사랑을 선택하는 데 있어서 지속적으로 돌출되는 부분이다. 자신의 친생모가 학교를 중퇴했다는 이야기를 들어왔던 한 젊은 여성은 학교를 중퇴한 많은 소녀들이 미용학교에 진학하는 것을 보았다. 그녀는 자신이 다른 분야에 대한 특별한 재능이 있는 것을 무시한 채, 미용에 대한 재능이 없음에도 불구하고 헤어디자이너가 되어야겠다고 결심했다. 친생부모에 대해 알려진 사실들이나 환상들이 양부모 가정에도 똑같이 들어맞을 때 가장 갈등이 적게 발생한다.

스테이시는 자신의 친생부모가 머리 좋은 대학생들이었으며 그들은 서로 사랑했으나 아직 결혼을 하여 아이를 키울 준비가 되어 있지 않았다는 말을 들으면서 자랐다. 그녀는 자신의 친생부모가 양부모와 아주 비슷할 것이며, 성공적인 전문 직업을 가졌을 거라고 상상했고, 그녀 자신도 이러한 것을 이루는 데에 아무런 어려움이 없었다. 그리고 나중에 대학 동창인 애인과 결혼을 했다. 입양인들이 성인의 단계에 들어서면 삶의 스타일에서 편안해지기 위해, 그들에게 담겨 있는 혈통적인 부분을 빼버린 자신의 모습을 만들어 가고자 지속적으로 노력한다.

입양인들이 갖고 있는 한 가지 현실적인 두려움은 (의식적이든지 무의식적이든지) 그들이 우연히 친생가족이나 친척들과 결혼을 하게 될지도 모른다는 것이다. 가끔씩 어느 한 쌍의 연인이나 부부가 자신들이 친형제였다는 사실을 알게 되었다는 뉴스가 신문에 보도되기도 한다. 주간지들은 그렇게 드러난 근친상간의 관계를 머리기사로 온통 뒤덮는다. 한 젊은 남자는 자신과 생물학적으로 아무런 관련이 없다는 것이 보장되는 배우자를 선택하기 위한 확실한 방법을 찾기 위해 수많은 시간을 보냈다고 말했다. 혼혈남성의 경우, 자신의 친생부모들이 서로 결혼을 하지 않았으며 언제든지 다시 아이를 낳을 수 있다는 사실 때문에, 모든 흑인을 제외할 수도, 모든 백인여성을 제외할 수도, 어느 특정 연령층만을 제외할 수도 없었다. 따라서 그는 모든 사람을 제외하였으며 결국 외톨이가 되어버리고 말았다.

한 20대 초반의 여성은 자신이 대학시절에 가졌던 가슴 아픈 사건에 대해 이야기하였다. 그녀는 성장하면서 자신에게는 자신과 아주 많이 닮은 친오빠가 있을 거라는 환상을 가지고 있었다. 그리고 그녀는 계속해서 오빠를 찾고 있었다. 대학에 들어가서 그녀는 우연히 한 젊은 남자를 알게 되었다. 사실, 그들은 외모가 매우 비슷했고 같은 학과 친구들은 그들이 쌍둥이일지도 모른다며 테스트를 하였다. 그녀는 그에게 매력을 느끼게 되어 고민에 빠졌고, 자신이 그와 가까워지다가도 거리를 두기도 하며 갈팡질팡하고 있다는 것을 알았다. 그로부터 최대한 비밀스럽게 가족의 역사를 알아내었지만 그녀를 충분히 안심시키지는 못하였다. 마침내 그녀는 관계를 끝냈고 두 사람 모두 마음의 상처를 입었다.

어떤 입양인들은 "그런 것에 대해 자주 생각해 본 적이 없다."고 하지만 그들 스스로 예비 배우자를 잇달아 포기하며 결코 왜 그랬는지 확신하지 못한다는 것을 깨닫는다. 또 다른 입양인들은 안전한 선택을 위한 금지기준들을 세워놓기도 한다. 예를 들면, 배우자를 백인만 선택해야 안전하다던가, 아니면 흑인만 선택해야 한다든가, 또는 히스패닉만 선택해야 한다든가 하는 결정을 하며 자신들이 수용 가능한 부류의 사람들에게만 매력을 느낀다는 것을 알게 된다. "나도 모르겠어요, 난 단지 그들이 더 좋아요."라는 것은 그들의 주관적인 경험일 것이다. 부모들은 이러한 경향에 당황하게 될 것이다. 자녀들의 선택의 폭을 넓혀 주려는 부모들의 노력은 자신의 생존과 혈통을 지키기 위한 성인입양인의 강력한 저항에 부딪히게 된다. 이러한 모든 복잡함들 때문에, 입양인들은 배우자를 선택하기 위한 추가적인 시간이 필요할 것이다.

이미 앞에서 살펴본 것처럼, '소속되지 못한' 것은 청년 입양인들에게는 다른 함축적 의미가 있다. 그들은 매일 매일의 경험을 통해 집을 떠나는 것이 버림받거나 쫓겨나는 것을 의미하지 않는다는 것을 알아야만 한다. 그들은 입양가족이 출발지의 정박지점으로 여전히 남아있다는 것을 알아야 한다. 심지어 분리가 불안정하더라도(극단적인 경우 집 밖으로 나가더라도) 부모자녀 간의 유대는 한결같으며 정서적인 연대는 깨질 수가 없는 것이다. 일부 입양인들(그리고 양부모들)은 이 유대관계를 시험하기 위해 한동안 서로 "단절"될 필요가 있다. 몇몇은 부모와 자녀 간의 단절을 서로 요구하는 것이 끝내 회복할 수 없는 상황을 만들 수도 있다.

이렇게 마음을 어지럽히는 문제들은 많은 청년입양인들이 문제 해결을 위한 답을 얻고자 친생부모를 찾게 만드는 동기를 제공한다. 어떤 입양인들은 단지 정보만을 원하며 개인적인 연락은 원하지 않는다. 어떤 입양인들은 정보와 상봉 그리고 친생부모와 지속적인 관계를 유지하기 원한다. 원하는 목적이 서로 다른 것뿐만 아니라, 입양인들이 이러한 목적을 추구하는 정도에도 차이가 있다. 어떤 입양인들은 이러한 목적을 추구함에 있어서 압박감을 느끼며 그들 자신의 유전적인 부분에 대한 직면이 없이는 완전한 사람이 될 수 없다는 생각을 갖기도 한다. 또 다른 입양인의 경우, 압박감은 보다 적게 느끼지만 그들의 행복감을 강화시키기 위해 그러한 정보를 찾고 싶어 한다.

최근 한 연구에서는 친생부모와 상봉을 한 114명의 입양인들의 경험에 대해 서술하였다. 이들 중 101명은 자신들이 친생부모를 찾은 경우였고, 나머지 13명은 친생부모들이 먼저 찾은 경우였다. 이 중에서 대부분의 입양인들이 여성이었으며(103명), 62%가 입양 개선 그룹의 멤버로 가입되어 있었다. 그리고 대다수의 입양인들이 생후 6개월 이전에 입양기관을 통해 입양이 되었다. 기존의 연구들과 이 연구의 대조적인 결과는, 친생부모를 찾는 입양인들이 그들의 양부모 가족과 불행한 것이 아니었다는 것이다. 그들은 4가지 기본적인 동기들 때문에 친생부모를 찾기로 결정을 하였다. 첫째 생애 주기의 변화(예를 들면 첫아이를 출산하면서), 둘째 출생 정보를 얻기 위해, 셋째 친생부모와 관계를 맺고 싶어서, 넷째 자기 자신을 이해하고 싶은 이 4가지 기본적인 동기 때문에 친생부모를 찾기로 결정을 하였다.

상봉결과는 거의 모두가 성공적인 것으로 보고되었다. 단지 2명의 입양인만 부정적인 결과였다고 대답했다. 이 연구에서는 친생모들에 의해 설명된 "유전적 성적 매력"(제2장을 보라)에 대해서는 아무런 언급이 없다. 이것은 아마도 구조화된 질문지 때문인 것 같으며 또한 그러한 감정에 대해 논의하는 것을 입양인들이 주저했기 때문인 것 같다. 연구자는 이 연구의 조사대상자가 매우 선별적인 집단 샘플이라는 것과, 따라서 이 연구 결과를 성인입양인 전체에 일반화시키는 것을 조심해야 할 것이라고 주지시키고 있다. 또한 "친생부모를 찾는 입양인들은 그들의 입양가족을 떠나려는 것이 아니라 확대된 가족을 만들기 위한 방법을 찾는 것이다."라고 설명하였다.

그들은 자신들의 두 부분들을 모두 가져와야 할 필요성을 느끼는 것처럼 보이며, 그렇게 함으로써 스스로 완전하다는 느낌을 만들어 갈 수 있는 것 같다. 연구자는 양부모들이 그들의 자녀들에게 이러한 부분을 준비시킬 것을 제안하고 있다.

또 다른 입양인들은 친생부모를 찾고자 하는 생각을 거부한다. 그들은 분노의 감정과 거절당했다는 감정을 갖고 있다. "만일 친생부모가 나를 찾기 원하지 않았다면, 나도 절대로 그들을 찾지 않을거야." 또는 자신들의 삶에 편안함을 느끼며 매우 만족하고 있는 입양인들이 있는데 그러한 경우 친생부모를 찾음으로서 얻게 되는 것들에 대해 큰 의미를 느끼지 못하기도 한다. 한 20세 입양인은 이렇게 말했다. "난 오히려 미스테리한 비밀로 남겨진 것이 더 좋다." 어떤 입양인들은 친생부모와의 상봉이 또 하나의 부모를 더 갖게 만듦으로써 그들에게 문제를 가져오게 될까봐 두려워한다.

마치 남자와 여자가 서로 지지하고 이러한 싸움을 이해하는 것처럼 입양인 자조집단들이 점점 많이 형성되고 있다. 그러나 이러한 문제들은 가족회의나 친구관계에서나 혹은 치료과정에서도 나타나는 것이기 때문에 그러한 질문들과 불안감들이 정상적이라는 것을 깨닫는 것이 중요하다. 자신의 정체감을 통합하고 혈통적 지속성의 결핍을 체념하고 받아들이는 어려운 과정은 성인초기의 평범한 과제들을 연장시킨다. 삶의 모델들이 환상과 현실 둘 다에 근거한다면 앞으로 어떤 직업을 선택하는지를 결정하는 것은 훨씬 더 어려운 문제이다. 가족이 실제 식구들뿐만 아니라 환상속의 가족(친생부모)까지 포함한다면 배우자를 선택하는 것은 훨씬 더 어려운 일이다. "제외시키거나", "용인하거나" 하는 과정은 매우 많은 요인들을 포함하고 있기 때문에, 편안한 결론으로 도달하기까지는 더 긴 시간이 걸린다. 입양인이 이러한 과정을 힘겹게 헤쳐 나가고 있는 것으로 보일 것이다. 부모는 이 기간이 얼마나 복잡하고 갈등적인가를 이해해줌으로써 지지할 수 있으며, 자신들의 친구의 친자녀들이 겪었던 것 보다 훨씬 더 긴 시간이 걸린다는 것을 알게 된다. 이러한 정체감 통합이 일어남으로서 입양가족과의 재결합이 있게 되며, 입양삼자 서클의 모든 구성원들을 포함하기 위해, 때때로 친생부모의 가족과 관계를 맺기도 한다.

제8단계: 성인기

입양인들이 성인기에 이르면, 세대와 세대적 역할의 변화가 일어난다. 그들은 그들의 부모가 노인이 되어가는 동안 그들 자신만의 새로운 가족의 부양자가 되어 간다. 부양역할은 좀 더 상호 공통적인 것으로 되어 간다. 성인들은 그들의 부모를 집에 초대하고 접대하면서 돌보기 시작한다. 그리고 완벽하진 않더라도 경제적으로 점점 자급자족하기 시작하며, 노인들은 앞으로 그들이 자신들의 노후를 스스로 어떻게 돌볼 수 있을까에 대해 좀 더 고심하게 된다.

입양인이 이러한 변화를 만드는 데 있어서 곤란한 점은 사회가 여전히 그들을 나이가 든 성인이 아닌 "입양된 아동"으로만 본다는 것이다. 소로스키, 바렌 그리고 페노어Sorosky, Baran & Pannor가 쓴 책 『입양의 삼각관계The Adoption Triangle』에서는 이것을 "영속적 아동역할"이라고 말하며 40세가 된 한 입양여성이 자신의 입양을 주관했던 기관으로부터 출생배경에 대한 정보를 얻기 위해 67세된 양모의 허락을 받고자 하는 사례를 소개하고 있다. 저자들은 이런 역할이 "양부모의 소유욕과 과잉보호"에 의해 지속되는 것이라고 지적한다. 즉, 발달과제들의 완성을 지연시키는 상황들임을 알 수 있다.

입양인들에게 있어서 자녀의 출생은 특별한 의미가 있다. 자신들의 삶에서 실제로 혈연을 나눈 사람을 갖게 되는 것으로 아마도 최초의 경험이 될 것이다. 아기는 입양인이 볼 수 있고 만질 수 있는 살과 피를 나눈 첫 번째 관계일 것이다. 양부모 가정에서의 경험이 훌륭한 것이었을 지라도, 출산은 감동적이며 굉장히 중대한 사건이 될 수가 있다. “내가 나의 엄마와 아빠를 사랑하는 것만큼, 나와 닮은 누군가를 본다는 것은 특별히 굉장한 일이다. 난 항상 그런 일이 생기길 원했었다. 사실, 난 늘 양어머니의 머리칼과 같은 색깔로 염색을 하고 싶었다.”라고 한 여성은 말한다.

한 신참내기 아빠는 자신의 갓 태어난 아들이 자신과 똑 닮은 귀 모양을 가진 것을 보았을 때 어떻게나 가슴이 뛰었는지 깜짝 놀랐다. 그는 그전에는 결코 느껴본 적이 없는 강한 애착을 느꼈다고 말했다. “내가 그리워했던 것이 무엇이었는지 이제야 알았습니다.” 그가 생각에 잠겨 중얼거렸다.

자신들의 임신 문제들을 다 해결하고 입양가족의 특성을 순수하게 받아들인 양부모들은 그들의 자녀가 이러한 기쁜 경험을 하게 된다는 사실에 행복해할 것이다. 이러한 부모들은 자신의 자녀를 혈족에게 빼앗기지 않을까 하는 위협이나 질투, 두려움을 또다시 느끼지 않을 것이다.

입양인이 자신의 아이를 갖고 낳아서 키우는 과정에는 친생부모에 대한 오래된 그리고 새로운 감정들이 뒤섞이기 쉽다. 심지어 임신기간 동안에는 아이가 태어나면 어떤 유전적인 특징이 나타나게 될지에 대해 염려하기도 한다. 대부분의 친생부모들이 “정상적”인 아기를 갖는 것에 대한 염려나 혹은 일부 알려진 유전적인 조건에 대한 두려움을 느낀다고 보고하는 반면, 입양인들은 알려지지 않은 미지의 부분에 대한 두려움을 해결해야만 한다. 이번 세대에 어떤 혼혈적인 특징이 나타나는 건 아닐까? 알려지지 않은 질병이나 이상증세 같은 것이 혹시 우리 아기에게 영향을 주는 건 아닐까? 어떤 입양인들은 과연 정상적인 아동을 낳을 수 있을지에 대한 엄청난 불안감을 느낀다고 말한다. 부부와 친척들 모두 비슷한 염려를 할 것이며 이러한 것들이 입양인으로 하여금 친생가족을 찾게 만드는 계기가 된다.

동시에, 친생부모에게 할머니 할아버지가 되었다는 것을 알려주고 싶은 마음과 이러한 중대 시점의 의의를 표시하고 싶은 바람이 생긴다. 아이를 포기한다는 것은 상상할 수조차 없다고 느끼면서 동시에 포기하겠다고 선언하고 싶은 마음일 것이다. 또는 너무 어리고, 혼자이며, 가난한 사람이 아이를 키우는 겁나는 과제에서 손을 떼었던 것을 이제는 정말로 이해할 수 있게 되며, 어떤 입양인들은 그런 친생모를 용서한다는 표현을 하고 싶을 수도 있다. 입양인들은 또한 친생부모들의 상실감을 공감하게 된다. 수잔은 자신의 딸이 태어난 후 몇 달 동안 극심한 불안감을 경험했다. 치료과정에서, 그녀는 자신의 가장 값진 것(남편과 딸)을 잃을지도 모른다는 두려움을 표현했다. 그녀의 치료작업에서 밝혀진 것은 그녀가 자신의 친생모는 불우한 삶을 살아왔을 거라고 상상해 왔기 때문에 자신이 삶을 즐기고 있다는 죄책감을 갖고 있다는 것이다. 이러한 것을 알게 되면서, 그녀의 불안감은 줄어들었다.

입양인의 독립과 출산은 역할이 한 단계 상승하는 변화를 가져온다. 아이들은 부모들이 되고, 부모들은 조부모들이 되면서 다른 종류의 보호가 일어나기 시작하는데, 즉 중간세대들이 자녀들과 부모들을 보호하기 시작한다.

그리고 그 시기는 자신의 자녀들에게 입양사실을 밝혀야 할 시점이기도 하다. 그렇게 할 경우, 어떤 면에서 비전형적이거나 불완전한 감정을 경험하는 근본적인 고통의 재생일 것이다. 동시에 입양인들은, 자신의 아이들에게 알지 못하는 할아버지와 할머니가 있다는 것을 이야기하는 것과, 혹은 자기 자녀를 포기할 수 있는 부모에 대한 이야기를 듣고 소름끼쳐하는 그들의 자녀에게 대답한다는 것이 얼마나 어려운 일인지를 직접 경험함으로서 그들의 양부모의 고통을 새롭게 이해하게 된다. 입양인으로서 그들에게 부여되는 특별한 과제들을 깨닫는 것에 덧붙여, 양부모들이 수년 동안 싸워왔던 특별한 과제들이 있었다는 새로운 인식을 하게 될 것이다.

이러한 성인기 과제들을 완수하면서, 입양인들은 다음세대의 발달에 기여하는 그들의 생물학적 및 심리학적 과거의 통합을 한층 더 잘 이해할 수 있는 새로운 세대가 된다.

제9단계: 이후의 삶

이후의 삶의 발달과제들은 변화된 삶의 환경들을 다루는 것을 포함한다. 부모를 잃거나, 건강이 쇠약해지거나, 죽음, 부부의 이혼, 할머니, 할아버지가 되거나, 퇴직을 하거나 또는 재정적인 고통을 겪거나 하는 것들이다. 다시 한 번 말하지만, 입양인에게 있어서 이러한 변화된 환경들은 다소 늘어난 부담들과 복잡함들을 그들에게 가져다준다.

양부모를 잃는 것은 어찌되었든지 현실적 관계가 정말로 상실되는 것이다. 동시에 상실은 입양인으로 하여금 친생부모에 대한 그리움을 가지고 있는 것과 연결된 양부모에 대한 신의, 그리고 양부모를 부양해야 한다는 부담에서 벗어나게 한다. 뿌리찾기를 하는 입양인들에 대한 연구들을 보면, 많은 입양인들이 그들의 양부모(특히 양모)가 사망할 때까지 뿌리찾기를 미룬다고 설명한다. 이러한 결정과 관련되어 표출된 감정은 양부모와 그들의 보호에 대한 존경심과 감사함에 상처를 주고 싶지 않다는 마음이다. 또한 분노나 징벌에 대한 두려움이 있기도 하며, 어떤 입양인들은 잃은 엄마를 대신하기 위한 "2차적인" 엄마를 찾고자 하는 것이기도 하다. 또한, 뿌리찾기를 하는 시점이 친생부모의 나이가 많아져 "지금 아니면 안 된다"는 생각이 들었을 때일 수도 있다. 사실, 양부모에게 그렇게 했건 하지 않았건 간에, 일부 입양인들은 도움을 필요로 하는 연로한 친생부모를 보살피고 싶어 한다.

부부의 이혼이나 사별은 입양인으로 하여금 버림받음이라는 매우 상처받기 쉬운 감정을 건드리기 때문에 특히나 어려운 시기이다. 특히, 그러한 사건들이 건강의 쇠약이나 재정적인 고통과 함께 수반될 경우에는 이전에 이미 경험했던 "버림받은 고아"라는 감정들이 다시 생기기도 한다.

입양인들과 관련된 결론

입양관련 문헌들에서 가장 초기의, 그리고 가장 자주 보고된 결론들은 입원환자나 외래환자를 대상으로 한 임상의학자들의 연구 및 수용치료시설에서 제공한 것들이었다. 이러한 모든 세팅들은 자신들의 환자집단들 중에서 입양아동에 대해 과잉대표성으로 보고하였다. 비록 그러한 아동들이 전체 집단에서는 단지 2% 정도를 구성하지만, 임상집단의 4~15%를 차지한다. 특히 입원환자나 수용치료시설에 더 많이 분포되어 있다는 사실은 좀 더 심각한 역기능 증상을 시사하는 것이다.

이러한 과잉대표성은 마치 인정된 사실인 것처럼 수년 동안 다양한 세팅들을 통해 지속적으로 보고되었고 자주 반복되었다. 왜 그러한 과잉대표성이 있는지는 여전히 불분명하다. 그 사실들은 입양아동들이 (이유야 어쨌건 간에) 훨씬 더 많은 감정 및 행동 문제들을 가지고 있기 때문에 정신건강 시설에 입양아동들이 많은 것이 당연한 것임을 대변하는 것일 수도 있다.

그러나 또 다른 설명도 가능하다. 한 가지는, 양부모들은 대체적으로 교육수준이 훨씬 더 높은 경향을 보이며 정신건강 전문가들에게 좀 더 쉽게 도움을 요청하는 상류계층의 멤버들이다. 그렇기 때문에 양부모의 자녀들은 인구통계학적으로 비슷한 수준의 부모들의 친생자녀들과 비교해 보면 결코 그들보다 더 많은 비율을 차지하지는 않는다는 설명이다. 또 다른 가능성은, 입양기관으로부터 아이를 받기 위해 성공적으로 도움을 요청했던 양부모들은, 보다 심층적인 도움을 요청하는 데 있어서 (정신건강 전문가들에게 치료를 받는) 비입양 배우자들보다 거부감 없이 좀 더 쉽게 신뢰감을 느끼며 더 잘 준비가 되어 있다는 것이다. 어떤 임상가들은 양부모들의 다른 심리적 동기에 대해 제시하는데, 예를 들면, 아이를 입양한 기관으로 아이를 되돌려 주고 싶다거나, 또는 흠집 난 물건을 '고쳐서' 되돌려 받고 싶다는 숨겨진 소망이 있다는 것이다.

입양된 아동들과 일반 아동들의 비교 연구에서는 이들 사이에 나타나는 증후군에는 어떤 차이점들이 있다고 말한다. 입양된 아동들이 학습 장애 및 주의력 결핍뿐만 아니라 거짓말, 도벽, 가출, 감정적 및 공격적 행동과 같은 일탈적 행동 성향의 문제들을 더 쉽게 나타낸다는 것이다. 이러한 문제들에 대한 많은 설명들이 제시되었다. 정신분석학자들은 입양인들이 정신치료 과정에서 보여주었던 것에 의해 입양인의 문제들을 처음으로 확인하기 시작하였다. 이러한 보고들은 거의 전적으로 아동 및 청소년들을 토대로 한 것이다. 성인입양인들에 대한 보고는 거의 없었다(그리고 성인 환자들의 정서적인 삶의 부분에서 중요한 요인인 입양 상황은 대게 간과되었다).

초기 정신분석학자들 중의 한 사람인 폴 브린치Paul Brinich는 입양인들의 치료과정에서 나타난 일반적인 주제들에 대해 명시하였다. 한 가지 주제는. 자신들은 친생부모가 원치 않은 아이였으며, 친생부모에게 거절당했으며, 버림받았다고 느끼는 것이다. 그들은 왜 친생부모는 자신을 원치 않았는지 그리고 그것은 친생부모의 잘못인지 아니면 자신들의 잘못인지에 대한 의문들과 싸움을 한다. 양부모들은 때때로 누가 "좋은 사람"이고 누가 "나쁜 사람"인지 결정하기 위해 친생부모와 싸움을 한다. 입양인들은 청년기 동안 그들의 자아감과 정체감을 결정하기 위해 양부모와 친생부모에 대한 생각으로부터 분리하기 위한 시도를 하게 된다. 이러한 싸움은 입양인이 양부모와 동일시하거나 또는 환상속의 친생부모와 동일시함에 따라 좀 더 혹독해질 수도 있고 별로 그렇지 않을 수도 있다. 어떤 입양인들은 다소 적게 고민하거나, 혹은 그들의 생물학적 혈통에 양부모의 가르침을 아주 쉽게 통합한다. 이처럼 임상적 경험들에서 벗어난 입양인들의 경우, 임상가들은 이러한 아동들이 비입양아동들보다 훨씬 더 큰 심리학적 위험에 빠질 수 있다고 결론짓는다. 이러한 저자들은 또한 양부모들이 직면하는 심리학적 이슈들과 이러한 이슈들이 아이들에게 미칠 수 있는 가능한 영향들에 대해 설명하고 있다. 임상가들은 양부모들의 난임과 관련된 해결되지 않은 갈등, 그들의 친생자녀에 대한 이상화된 환상, 그리고 입양된 아동의 발달에 중요한 요인인 부부문제들을 예를 들어 설명한다.

비임상적 집단의 입양인과 비입양인을 비교한 연구는 매우 적다. 그러한 연구들에서는 좀 더 혼합된 적응의 양상을 보여주고 있다. 학령기아동에 대한 연구들은 대부분 인성발달 및 학교와 사회적 적응에 대해 초점을 맞추었다. 일부 연구들에서는 두 집단간에 유의미한 차이점들이 거의 없었지만 다른 연구들에서는 약간의 유의미한 차이가 있었는데, 특히 학교생활과 관련된 부분들에서였다. 이러한 차이점들에도 불구하고 입양인들의 적응에 대한 부분은 여전히 정상적인 범주 내에서만 발견되고 있다. 좀 더 최근의 연구들에서는 입양된 아동들이 증후군의 양상을 더 보이고 있으며 그들의 행동이 부적응의 범주에 들어가고 있다. 이 연구의 저자들은 중학교 시기와 학교 환경에 적응해야하는 욕구가 입양됨의 의미가 무엇인지를 이해하기 위해 애를 쓰는 아동에게 특히 더 스트레스를 줄 가능성이 있다고 생각한다.

입양 청소년과 비입양청소년들을 비교한 몇 안 되는 연구들 역시 복합된 결과들을 산출하였다. 자아개념을 측정한 한 연구에서는, 입양인들의 자아개념 점수가 비입양인들보다 훨씬 더 긍정적으로 나타났지만, 다양한 도구들을 사용하여 자아정체감 형성에 대해 조사한 연구에서는 입양인들이 더 낮은 자존감, 부족한 사회화 기술들, 그리고 높은 충동성을 가졌다고 나타났다. 지금까지 청소년들에 대한 가장 광범위한 연구는 델라웨어 가족에 대한 종횡연구인데, 그 연구에서는 정체감 형성 이슈에서 입양인과 비 입양인간의 유의미한 차이를 발견하지 못했다.

이러한 각각의 연구들은 입양인들이 어떻게 그들의 발달적 과정경로를 따라 살아갈까에 대해 우리가 알아내고자 하는 것과 같은 중요한 질문들을 산출해 낸다. 불행하게도, 오늘날까지의 연구는 방법론적으로 문제가 있었기 때문에 우리에게 던져주는 질문들이 거의 없었다. 즉, 이야깃거리 정도의 보고서나, 자원자 또는 입양인 자조모임의 멤버들처럼 극도로 선별된 샘플이거나, 과도하게 작은 샘플 사이즈와 같은 몇몇 임상사례들을 기초로 하여 얻어졌기 때문에 한계점들을 보이고 있다. 임상 집단의 참여자가 되거나 혹은 사전 선택된 자조모임을 통해 자원을 하는 연구자들을 알게 되어 연구에 참여하게 되는 입양인들은 아주 소수뿐이다. 이러한 방법으로는 입양인들의 모습을 거의 알 수가 없다. 더 중요한 것은, 입양인들의 성인기에 대한 의미 있는 연구가 없었다는 것이다. 심리학 문헌들에서도 성인 입양인들은 좀처럼 언급되지 않았으며, 그들이 아동기 때 그랬었던 것처럼 정신건강 시설에 다수 입원된 경우도 볼 수 없었다.

연구자들은 어떻게 입양인들이 아동기와 청소년기 동안 적응 문제를 극복하며 살아갔는지를 알아내고자 노력을 했다. 비교연구가 이루어졌는데, 비교집단들은 비입양인들이었다. 입양인의 안녕상태와 기능 상태를 정확하게 평가하기 위해서는 부모로서의 준비가 되지 않은 친생부모들에 의해 양육된 아동들과 비교하는 것이 또한 필요할 것이다.

결론

입양인들의 발달적 과제들을 따라가다 보면, 그들이 특별한 문제들과 도전들에 부딪히는 것을 분명히 알 수 있다. 그들은 자신들이 포기되었다는 사실에 직면하며, 그것을 그들의 입양가족의 경험 속에서 이해하게 된다. 포기됨이란 정상적 상태의 물리적 상실과 정서적 상실을 뜻하는 것이다. 그들에게 일어난 이러한 사건들의 함의에 대한 질문들을 떠올리는 것은 당연한 것이다.

모든 입양인들은 그들의 포기됨의 의미와 싸운다. 저마다 타고난 성격에 따라서, 어떤 입양인들은 그것에 대해 생각할 것이고, 어떤 입양인들은 그것에 대해 말할 것이고, 어떤 입양인들은 이 모든 접근방법들을 적절히 조합해 나갈 것이다. 양부모들이 관계의 영원성을 분명하게 약속하고 그들의 자녀들의 특별한 과제들을 수용할 수 있다면, 양부모들이야 말로 이 해결을 위한 가장 긍정적인 맥락을 제공한다.

입양인이 그러한 특별한 과제들을 적절하게 다루었는지, 사실은 도움이 더 필요한지가 종종 불분명할 때도 있다. 양부모나 입양인은 그러한 도움이 필요한 경우를 어떻게 알게 되는 걸까? 이것을 알 수 있는 유용한 두 가지 지침이 있다. 첫째, 입양인은 그들이 그들의 발달단계에 고착되어 더 이상 진행시킬 수 없을 때 도움을 필요로 한다. 예를 들면, 입양인이 그들의 양부모와의 관계의 영원성을 시험할 수 없어서 그냥 지내게 되고, 대신에 양부모와 서로를 자극하며 싸우는 상태로 곤란하게 남아있는 경우, 그들은 그들을 회복시켜 줄 수 있는 어떤 도움을 필요로 한다. 또는, 만일 그들의 입양과 관련된 소식을 처리하는 과정에서 자신의 포기됨에 대해 양부모를 비난할 수밖에 없는 경우에는 부모 외에 대화할 사람이 필요하다.

두 번째 지침은 입양인들은 그들이 그들의 발달 궤도에서 의미심장한 우회를 할 때, 즉 탈선과 복귀를 포함한 완성된 상태를 시도 하는 것 대신에 "선택적 이탈"을 할 때 도움을 필요로 한다. 이러한 선택적 이탈은 여러 가지 형식을 취하는데, 역기능적 행동과 지속적인 불안한 분위기를 포함한다.

아무리 최고의 가정환경이라 해도, 입양인 문제의 본질적인 특성으로 인해 입양인들이 자신의 내적 갈등들에 대해 양부모와 이야기 나누는 것은 어려울 수 있다. 자조집단이나 치료자가 중립을 지키는 것이 때때로 필요한데 이것은 입양인들이 건강한 발달 과정에 실패하거나 복귀하는 데에 효과적인 도움을 줄 수 있다.

입양인들이 심리치료를 필요로 하든지 아니든지 간에 입양인들은 자신들이 비입양인들보다 더 많은 것을 겪었고 더 힘들었다고 느끼는 것 같다. 바라건대, 어떤 방식이 그들에게 적당한지 간에, 그들이 그러한 부조화와 갈등을 느꼈던 방식을 따라 살았던 그들의 삶에서 "그 사실들(입양과 관련된)"을 해결하기를 바란다. 이러한 과정을 겪으면서, 그들은 입양이란 좋은 어른, 나쁜 어른이나, 혹은 좋은 아이, 나쁜 아이에 대한 것이 아니라는 사실을 받아들일 수가 있다. 그것은 인생에서 일어나는 하나의 사건일 뿐이기 때문이다. 이러한 완성상태를 이루기 위해서는 그들이 만들어 낸 삶의 상황들과 모순들을 순수하게 수용하는 것이 필요하다. 그리고 각자 원했던 것이 다를 수 있을 거라는 충분한 배려가 있어야만 이러한 완성 상태에서의 만족감을 맛 볼 수가 있다.

Key-point

- 입양인들은 그들의 삶과 관련된 환경적인 요인들과 유전적인 요인들을 분리해내려는 시도를 하는 많은 단계들을 거치게 된다.
- 일부 아동들은 유전적인 취약함과 태아기 때의 스트레스로 인해 부정적인 쪽으로 악화될 수도 있으며, 아무리 좋은 입양환경이라 할지라도 출산 후 친생모와 분리됨으로 인한 상처를 완벽하게 경감시킬 수 없다는 취약함이 있다. 그들은 결코 회복되지 않을 일종의 근원적인 상처를 경험할 것이다.
- 만일 양부모가 입양은 생물학적인 부모가 되는 것과는 똑같지 않으며 추가적인 스트레스가 있게 된다는 사실을 받아들인다면, 그들은 아동을 있는 그대로 수용할 수 있는 최선의 준비가 된 것이다.
- 입양된 아기는 그들의 새로운 가정에서 매일의 삶을 경험하면서, 가족에 대한 지속성과 예측가능성을 가지고 새로운 친밀함을 발전시키게 된다. 이러한 일치감이 날마다 더해지면서 아동은 근원적인 상처의 치유를 계속하며 다시는 상처를 받을 필요가 없다는 약속을 덧붙여 쌓아감으로서 가정에서 안정감을 갖게 된다.
- 학령기 입양아동들이 흔히 갖는 이러한 소망과 두려움들은 입양관계의 영원불변성에 대해 의심하고 혼란스럽게 만든다.
- 입양가족이 출발지의 정박지점으로 여전히 남아있다는 것을 알아야 한다.
- 입양인들에게 있어서 자녀의 출생은 특별한 의미가 있다. 자신들의 삶에서 실제로 혈연을 나눈 사람을 갖게 되는 것으로서 아마도 최초의 경험이 될 것이다.
- 이런 시작이 일어나면, 부모와 자녀간에 일종의 재계약이 시작될 수 있는데, 그들의 관계가 혈연 보다는 그들의 삶을 함께 경험한 것에 기

초한 영원한 것이며 아동이 그들의 친생부모와 직접적으로 또는 상징적인 관계로 발전하기 위한 선택을 하더라도 양부모와의 관계는 영원을 초월하는 관계가 된다.

제5장

공유된 삶

친부모, 양부모 및 입양인의
발달(발육)상 과제의 상호관계

입양 서클the adoption circle은 각 구성원 개개인의 중요한 욕구들을 충족시키고 이를 통해 최선의 사회적 이득이 되기 위하여 형성된다. 앞서 4장에서 우리는 어떻게 친생부모, 양부모 및 입양인이 그들의 발달 과정을 추구하고, 특수 과제들을 완수하기 위해 노력하는지를 살펴보았다. 그렇게 함으로써 그들은 준비되지 않은 부모나(친생부모), 자식이 없는 상태로 남아있거나(양부모), 준비가 되지 않는 부모에 의해 길러지는 아동(입양인)을 위한 대안적인 해결책으로써 입양의 긍정적인 특징들을 극대화시킬 수 있다.

우리가 입양 서클의 구성원들 각각의 발달 과제를 추적하여 살펴보았듯이, 모든 구성원들은 생애주기life span전반에 걸쳐 서로의 삶 속에서 다양하게 존재하고 있다. 이들의 존재는 환상fantasy과 현실reality 모두를 포함한다. 현실적으로는 양부모와 그들의 자녀들이 서로 일상적으로 접촉하며 살고 있지만, 입양에 대한 최근의 개방화 분위기에 따라, 친생부모와도 일정 부분 직간접적으로 접촉하는 경우도 있다. 비밀 입양의 경우에는 존재하지만 존재하지 않는, 마치 유령과 같은 참여자(친생부모)에 대해 각 구성원들마다 가지고 있는 풍부하고 강렬한 환상의 증거들이 있다. 입양인들은 친생부모에 대해 환상을 가지고 있다. 그들은 친생부모가 누구이며, 어디에 있으며, 어떻게 생겼고, 어떤 가족과 직업을 가지고 있는지, 또한 왜 그들이 자신들을 포기했는지에 대해 상상을 한다.

친생부모 역시 그들이 포기한 자녀들에 대해 비슷한 환상을 가지고 있다. 그들 또한 세월이 흐르면서 자신의 자녀들의 모습이 어떻게 변했을지, 어떻게 가정과 학교에서 적응하고 있는지, 그리고 입양 보내지기 위해 포기되었다는 사실에 대해 어떤 생각과 감정을 가지고 있을지에 대해 상상한다. 친생부모와 양부모 역시 서로에 대해 상상을 한다. 그들은 서로의 역할과 그들 공동의 자녀(입양인)에 대해 이러한 역할이 가지는 함축적인 이미지를 발전시킨다. 또한 자신에 대해 상대방이 어떻게 생각하고 있는지 서로 궁금해 하고 걱정하기도 한다.

입양구성원들이 그들 자신의 발달과정을 계속 진행하는 동안, 각자의 개별적 이슈들은 서로 엮이기도 하고 다른 이슈에 영향을 미치기도 한다. 이 영향력은, 각 구성원들이 입양을 실질적인 대안 이상으로 그 유익함을 인정함에 따라, 서클의 구성원들이 경험하는 입양의 질을 결정하는 데에 긍정적이고 협력적으로 될 수 있다. 또한 그것은 구성원들이 헤어 나오기 힘든 "곤경" 속으로 빠지게 만드는 역기능적인 영향력을 행사할 수도 있다. 각 개인들과 시스템이 일생에 걸친 발달 과정에 따라 진행되면서, 이러한 역동에는 변화들이 일어나게 된다.

각각의 구성원들이 이 서클에서 그들 자신만의 독특한 위치와 경험을 가지고 있는 반면, 이들이 공통적으로 가지고 있는 어떤 주요한 주제들이 존재한다. 첫 번째는 이 서클의 모든 구성원들이 상실감 문제를 겪고 있으며, 때때로 분노와 관련이 있다는 점이다. 어느 구성원도 그들이 경험하는 박탈감을 고의로 선택하지는 않는다. 각자는 자신이 무력한 참여자라고 느끼기 때문에 무력감에서 비롯되는 필연적인 분노를 해결해야만 한다. 입양 서클 구성원들은 아마도 그들 자신과 타인에 대한 호전성을 조절하는 데 어려움을 겪을 것이다.

두 번째 공통된 주제는 모든 구성원들이 그들이 가진 계통적 genealogical 불연속성(유전적으로 이어지지 못한)에 대한 인식 때문에, 복잡해진 방식으로 애착과 분리의 일상적인 이슈들을 다룬다는 점이다. 즉, 입양 서클에는 생물학적 가족을 연결하는 혈연관계가 빠져 있어 애착과 분리를 불안하게 만들 뿐만 아니라, 관심과 해결이 필요한 걱정거리로 만들어 버린다.

세 번째 주제는 정체성 형성과 관련하여 논의되어야 한다. 입양되는 것, 아이를 입양하거나 포기하는 것은 입양 서클 구성원들로 하여금 그들 존재의 확실성 문제에 대해 고심하도록 만드는 경험이다.

> 나는 누구이며, 내가 이렇게 비일반적인 구성의 한 부분이라는 사실이 의미하는 바는 무엇인가? 나라고 보이는 사람이 진정한 나인가? 나는 이대로 괜찮은가?

이 서클의 각 구성원들은 저마다 자신의 모순적인 구성요소들을 가지고 있다. 입양인들은 친생부모의 생물학적 자녀이지만, 양육되는 자녀는 아니다. 또한 그들은 양육됨으로써 양부모의 자녀이지만, 출생에 의한 자녀는 아니다. 친생부모는 생물학적 부모지만 양육하는 부모는 아니다. 양부모는 양육하는 부모지만, 생물학적 부모는 아니다. 환상과 현실에 있어서 입양서클의 구성원들은 그들 자신의 아닌 것what they are not보다는 그들 자신인 것what they are에 대해 서로를 격려하는 경우가 나타난다. 그리고 또 다른 경우 부재한 것(생물학적인 것과 관련된 놓쳐버린 것)에 대해 보다 강한 집착을 보이기도 한다. 다음 단락에서는 이러한 상호관계와 이들의 영향력에 대해 논의해 보고자 한다.

가족 조직(Family Organization)

가족 내의 각 개인들은 하나의 시스템을 만들어 간다. 각 시스템은 권력 구조, 규칙과 기능 및 가치와 목적, 그리고 감정과 의사소통 방식을 가지고 있다. 가족 구성원들이 생애 주기를 이동하면서, 개인의 성장에 맞춰 가족 시스템 내의 구성요소 안에서 필수적인 변화들이 발생하게 된다. 충분히 좋은 환경 안에서 가족 시스템은 각 구성원들에게 애착심을 제공하며 동시에 구성원들이 개인의 성장을 위해 적절한 노력을 할 수 있게 해준다. 그러므로 가족은 집단을 보호하는 구성원들의 개별적 욕구들을 평가하고 이에 반응하는 유연성을 통해 균형을 이루게 된다.

입양 가족의 시스템은 주요 구성원들의 이미지가 주로 상상이나, 혹은 그들이 신화라고 부를 수 있는 것들을 통해 발달되는 현상에 의해 좀 더 복잡해진다. 다시, 이러한 신화는 가족 조직에 기여하게 된다.

안토니오 페레이라Antonio Ferreira는 가족 신화family myth를 다음과 같이 묘사하였다.

> 가족 신화란 서로를 걱정해 주고 가족 안에서 그들의 상호적 위치를 염려하고 있는 모든 가족 구성원들에 의해 공유되고 있는 상당히 잘 통합된 신념체계로, 지속적으로 내포되는 현실적인 왜곡에도 불구하고 누구에 의해서도 도전받지 않는다는 믿음을 포함하고 있다. 이러한 왜곡들은 가족신화가 가족 내에서의 개인의 행동들을 설명하고자 애쓰는 반면, 진정한 단일체를 위해 전혀 다른 원인, 동기, 이유의 세트를 구체화함으로써 이것의 동기들을 숨기게 될 때 나타나게 된다.

그러므로 가족 시스템들은 그 집단을 균형 있게 유지하기 위해 결정된 방식으로 작동하며, 가족 신화는 이러한 균형을 위협하는 감정과 생각으로부터 구성원들을 보호하는 방어적인 역할을 수행한다. 이러한 신화를 유지하기 위해, 가족 내 개별 구성원들의 신념 안에서는 현실에 대한 특정한 왜곡이 발생한다. 그리고 각 개별 구성원의 방어와 가족 시스템의 상호적 방어 사이에는 미묘한 상호작용이 존재하게 된다. 이러한 지배적인 신화들은 때때로 발달 과제를 완수하기 위한 개인들의 노력을 방해하거나 심지어 실패하게 할 수 있다.

이러한 신화를 제거하기 위해서는 적어도 한 명의 구성원이 이 신화를 불신해야만 하며, 더 이상 이를 지지하지 않는 방식으로 행동해야 한다.

이미 우리는 입양서클의 구성원이 된다는 것은 낮은 자존감을 갖기 쉽다는, 즉, 낮은 자존감에 꽤 취약하다는 사실을 발견하였다. 이러한 취약성을 방어하기 위해서 구성원들은 개인과 가족의 균형감각과 진실성을 보호하려는 노력들을 자연스럽게 강화시킬 것이다. 이제 입양 서클 안에서 이러한 노력들이 촉진시킬 역동과 신화의 종류에 대해 살펴보고자 한다.

상실감과 분노(Loss and Anger)

이미 논의한 바와 같이, 입양 서클의 구성원들은 각자가 경험한 상실감으로 인해 자존감이 저하되기도 한다. 친생부모는 그들의 생물학적 자녀를 잃었고, 양부모는 그들이 낳은 자녀를 양육하는 경험을 가지지 못했으며, 입양인은 동일한 부모에 의해 태어나고 양육되는 기회를 얻지 못했다. 이러한 상실감은 각자의 방식으로 그들을 괴롭힌다. 때때로 각각의 구성원들은 상대방에게 상실감을 상기시키기도 한다. 물론 이러한 상실감은 이후 얻게 되는 이득에 의해 점차 사라져간다. 즉, 친생부모는 때이른 육아책임과 사회적 오명으로부터 자유를 얻으며, 양부모는 자녀를 양육하고 사랑할 기회를 얻고, 입양인은 준비된 가족을 얻는다. 이들 각자는 자신들의 이득과 상실을 비교·검토한다.

자연적인 생물학적 상호관계의 상실과 관련하여 정상적인 지위(친생자녀라는)에 대한 상실감과 함께 종종 무력감이 나타나기도 한다. 자녀들에게 있어서는, 그리고 아마도 양부모와 친생부모에게도 역시(그들의 이전 생활 경험에 따라) 입양에 대한 욕구를 시인하는 것은 곧 무결점의 상태를 상실했음을 의미한다. 세상은 공평하며, 예측가능하고 믿을 만 하다는 유아적인 믿음은 사라진다. 대신에 이러한 대안적인 가족 구조의 본질과, 왜 이와 같은 구조가 이러한 방식으로 구성되어야만 했는지를 이해하기 위해 일생에 걸친 투쟁이 시작된다. 이 서클의 개별 구성원들은 지속적인 무력감과 싸우고 있다. 아이들은 힘 있는 어른들에 의해 쉽게 소속이 옮겨진다. 양부모는 입양단체, 변호사, 그리고 친생부모의 영향력에 순종해야 하며, 친생부모는 현존하는 사회적·법적 시스템에 따라야 한다. 각각의 입양구성원들은 "정상적인" 핵가족의 형태를 구성하는 경험과는 완전히 다른 경험을 할 수밖에 없을 뿐 아니라, 모든 사람들에 의해 덜 우선적인 것으로 인식되고 있는 이러한 종류의 가족 형태와 관련된 사회적 양면성과 계속해서 마주하게 된다.

무력감이 분노와 공격적인 행동을 발생시키는 것은 당연하다. 이러한 현상은 종종 인간 행동에 관한 연구에서 나타나는 "무력한 분노"와 관련되기도 한다. 친생모는 "나는 내 아기를 포기할 수 없어"라고 주장하는 반면, 양모는 "나는 내 자신의 아기를 원해"라고 주장한다. 입양인은 "왜 나는 입양되어야만 하죠? 왜 나는 다른 아이들처럼 '보통의' 아이가 될 수 없죠?"라고 불평한다. 무력감의 위치에 놓인 사람은 누구나 이러한 분노를 처리하고, 이것이 자극할 수 있는 공격적 행동에 대한 조절방법을 찾아야 한다.

불공평하거나 어떤 "나쁜" 일이 일어났다는 감정이 존재하는 경우, 이 사건을 비난하거나 유죄로 인식하는 것이 일반적인 현상이다. 이러한 방식으로 무력감과 관련된 분노는 타인에게 책임을 돌리고 그들을 비난하거나, 혹은 자신에게 책임을 전가하여 죄책감을 느끼면서 자신의 분노를 표출할 대상을 찾을 수 있다. 그들의 양면적인 가치와 혼란 속에서, 일부사람들은 죄책감과 비난 사이를 방황할 것이다. 이러한 변화는 단일 사건을 통해 발생할 수도 있고, 혹은 일생 동안 발생할 수도 있다. 이러한 감정 표현은 조절되지 않고 통제에서 벗어나 있는 것으로 보이는 경우가 있는 반면, 과도하게 통제되고 있는 것으로 보이는 경우도 있다. 입양 서클의 구성원들은 그들 자신의 상실감과 분노뿐 아니라, 다른 구성원들에 의한 이러한 감정 표현을 처리하기 위해 노력할 것이다.

입양 서클 구성원들이 그들 자신의 삶에 대한 통제, 생물학적 관계, 그리고 정상적인 지위의 상실을 처리하는 일반적이고 가장 우선적인 방법은 부인denial이라는 강력한 방어기제에 의존하는 것이며, 이러한 부인에 가담해 줄 주요 인물들의 협력을 얻기 위해 노력하는 것이다. 양부모는 스스로에게 이 자녀(입양인)는 그들만의 것이며, 자신의 가족과 다른 가족 간에 차이점이 없다는 사실을 증명하기 위해 노력할 것이다. 거부당함의 고통과 포기된 사람이라는 수치심으로부터 자신들을 보호하기 위해, 입양된 아이들은 양부모의 이러한 신념에 쉽게 동의할 것이다. 부재하는 친생부모의 존재가 알려지지 않은 채 유지됨으로서 (양부모와 입양인의) 이러한 노력에 전략적으로 참여하게 되는 것이며, 자신의 가족이 생물학적인 가족과 "완전히 동일"하다는 신화는 영원히 지속될 것이다. 만약 입양이 "완전히 동일한 것"이라면, 실망감이나 수치심으로 인해 분노할 이유는 없다. 입양 구성원들 중 누구도 이러한 신념 체계에 도전하지 않는 이상,

이 신화는 지배적이다. 그렇지만 동시에, 부인되고 있는 바로 그 감정들이 이러한 지배적 신화를 드러나게 하고 이에 도전하게 만든다. 이러한 경우가 발생할 수 있는 동일한 방식을 살펴보자.

아동이 처음으로 입양배치placement되는 것이 한 부부(친생부모)에게는 상실이며 다른 부부(양부모)에게는 획득으로 보일 수 있는데, 어떤 면에서 이것은 진실이기도 하다. 아이를 포기한 부부는 아이의 실재적인 일상의 존재(감)를 잃어버리는 반면, 입양한 부부는 그들이 기다려온 자녀를 얻게 된다. 동시에, 상호적인 시기심과 무능력감이 나타나게 되는데, 이는 각각의 부부가 상대방 부부가 할 수 있는 것을 하지 못하기 때문이다. 그들은 서로를 바라보면서 (혹은 단순히 서로에 대해 생각하면서), 무능력감에 의해 복잡해진 자신들의 상실감을 강화시킨다. 각 개인은 이러한 고통스러운 감정을 회피하거나 혹은 감소시키기 위한 방법을 찾기 원한다. 이를 위한 한 가지 방법은 상상과 현실에 있어, 이 고통스러운 상기인reminder(친생부모에게는 양부모가, 양부모에게는 친생부모가)을 멀리 떨어트리기 위해 노력하는 것이다. 그러므로 이러한 노력은 상대방에 대한 생각을 자신의 집 밖으로 몰아내는 것으로 나타날 수 있다. 친생부모 가정에서는 입양 가정에 대해 생각해서는 안 된다는 불문율이 존재할 것이며, 훨씬 덜 언급될 것이다. 이와 유사하게 입양 가정 내에서도 친생부모에 대한 감정이나 생각을 표현하는 것은 금지라는 명백한 메시지가 있을 것이다.

무력감을 감소시키는 한 가지 방안은 경쟁자(상대방)를 평가절하시키는 것이다. 친생부모는 상대방이 단지 외적인 조건, 즉 그들 자신에게는 부족한 돈이나 교육수준을 가지고 있을 뿐이라고 평가함으로 양부모의 능력을 불신한다. 양부모 역시 이와 비슷하게 그들의 무력감을 방어하게 된다. 즉, 그들은 건강한 아이를 임신하고 출생할 수 있는 친생부모의 능력을 "진정한 real" 어버이의 권한 밖에 놓음으로써 상대방의 가치를 평가절하한다. 또한, 무력감의 이러한 고통스러운 감정들을 피하고 줄이기 위해 요구되는 "안전거리"는 뿌리찾기와 상봉 활동에 참여하는 것을 막는다.

아이가 자신의 입양 신분을 깨닫게 되었을 때, 그들이 이러한 핵심적 문제를 처리함에 따라 양부모와 자녀 사이를 왕복하는 매개체가 등장하게 된다. 직접적으로나 행동으로, 혹은 언어와 음악을 통해, 그들은 자신의 지위에 대해 서로에게 묻고 대답한다. "내가 여기 있는 것이 좋은가요, 아니면 나는 또 다시 포기되나요?" 아이는 다양한 방식으로 물을 것이다. 우리는 이미 이러한 질문이 어떻게 양부모의 한계와 헌신을 측정하는 행위 양식을 형성하는지에 대해 살펴본 바 있다. "넌 여기 있는 것이 만족스럽니, 아니면 어느 날 우리 곁을 떠날 거니?" 부모들은 알고 싶어 한다.

때때로 입양 서클의 다양한 구성원들의 불안은 한 데 모이게 된다. 양부모는 아마도 여러 가지 점에서 그들이 입양자녀를 영구적으로 양육할 자격이 없다고 믿을 것이다. 그들이 자신들의 입양자녀에 대해 완전한 권리를 요구할 수 없을 때, 양부모들은 친생부모들이 박탈당한, 즐거움을 자신들이 경험한 것에 대해 죄책감을 느낄 것이다.

> 만약 그녀(친생모)가 이 아들이 얼마나 훌륭한 아이인지 알았더라면, 그녀는 결코 아이를 떠나보내지 않았을 거예요. 만약 지금 그녀가 이러한 것을 알고 있다면, 그녀는 분명히 아이가 돌아오기를 원할 거예요. 비록 우리가 입양을 심사숙고하여 법적으로 문제없이 진행했지만, 때때로 내가 납치범인 것처럼 느껴져요.

자신의 훌륭한 아이가 사실은 친생모에게 속해 있다고 느끼는 양모는 남몰래 마음속으로 이렇게 말할 것이다. 그리고 자신이 (친생부모로부터) 포기되었다는 감정과 싸우고 있는 아이는 아마도 자신의 소속감에 대해 질문할 것이다. 그러므로 (양)부모와 아이의 이러한 감정은 그들이 서로에 대해 권리를 가지고 있지 않다는 믿음으로 모이게 된다. 해결되지 않은 임신문제를 가진 양부모는 자신들이 흠 있고 부적절하기 때문에 이렇게 사랑스러운 아이를 받을 자격이 없다고 여길 것이다. 또한 자신을 좋은 친생모의 나쁜 씨앗처럼 여기는 아이는 좋은 양부모를 만날 자격이 없다고 느낄 것이다. 그들의 행동 속에서, (양)부모와 자녀는 절박한 심정으로 서로에게 반복하여 물어볼 것이다.

> 당신은 나를 진정으로 원하나요? 당신은 당신의 혈육을 원하는 것보다 더 많이 나를 원하나요?

양부모와 자녀들은 이와 같은 가슴 아픈 질문에 대답하기 위해 서로의 한계를 강요하기도 한다. 이러한 상호보완적인 의심이 악화될 때, 양측의 불안한 행동은 쉽게 확대된다. 아이의 도발적이고 난해한 행동은 사실 "당신은 (정말로) 나를 원하나요?"라고 묻고 있지만, 양부모는 이러한 시험을 아마도 그들 자신에 대한 거부와 평가절하로 느낄 것이다. "네가 우리에 대해 이런 식으로 행동한다는 것은 분명 네가 우리를 사랑하거나 원하지 않는 다는 거야."라고 생각할 것이다. 이러한 관계에서, 영속성(지속성)의 결핍에 대한 서로의 신념은 결국 조급한 결별을 야기할 것이다. "나는 그들이 나를 진정으로 원하지 않기 때문에 떠날 거예요."라고 아이는 생각한다. "그가 우리를 진정으로 원하지 않기 때문에 그가 떠나도록 해줘야 해."라는 (양부모의) 마음은 이미 서로 예정된 상실을 믿고 있는 상호보완적인 생각이다. 양부모와 입양자녀는 가족은 가정의 분열에 관여하거나 분열을 의도해서는 안 된다는 신념에 무의식적으로 동의하고 있다.

한편, 입양인과 아이를 포기한 친생부모는 그들 자신의 끝나지 않은 상실감에 대해 관심을 가진다. 아이들은(입양되었든 아니든) 종종 자신들이 유괴되었으며 근사한 친생부모가 여전히 애타게 자신들을 찾으며 기다리고 있다는 낭만적인 상상을 즐기곤 한다. 그들은 어느 날 완벽한 부모가 나타나기를 기다리거나, 혹은 그들 스스로가 친생부모를 기적적으로 찾을 것이라고 기대한다. 완벽한 부모를 상상하는 것은 자녀들이 그들의 부모에 대해 일상적으로 느끼는 실망감을 완화시킨다. 입양된 아이들은, 실제 친생부모에 대해서 그들이 공유하고 있는 정보의 일부분에 기반하여 확대된 환상들을 가지고 있기 때문에, 이렇게 이상화되고 안정적인 상상에 방해가 되는 것들을 처리해야만 한다. 또한 이러한 환상들의 일부는 그리 낭만적이지 않다. 아이들은 아마도 친생부모를 자신들이 망쳐놓은 삶을 살고 있는 사람들이라고 상상할 것이다. 혹은 만약 자신들이 친생부모에게 돌아간다면 여전히 그들의 삶을 훼손시킬 것이라고 생각한다. 아이들은 그들의 입양(포기) 사실에 대하여 당황하며, 이를 이해하기 위해 노력한다. 그들은 자신과 타인의 중요하거나 명백한 죄에 대한 수치심과 죄책감의 수렁 속에 빠지게 된다. 입양 서클의 각 개별 구성원들은 자녀의 최근 환경이나 발달 단계에 따라 다양한 상황에서 "나쁜" 사람이거나 혹은 "처벌받을 만한" 사람이 되기도 한다. 예를 들어, 입양인이 자신은 양부모에 의해 유괴되었거나 데려와졌다고 굳게 확신하여 자신을 이상적인 친생부모로부터 격리시켰다는 이유로 양부모를 비난하는 경우가 발생할 수 있다.

또 다른 경우, 아이들은 친생부모의 부적절함이나 무책임함, 혹은 철저한 "악행"을 그들의 운명으로 여기기도 한다. 또한 때때로 이러한 근원적 비난과 엇갈린 감정으로 인해 자신이 포기된 것에 대해서 스스로 책임의식을 느끼는 아이들은 죄책감을 보이기도 한다. 죄책감이나 비난을 통한 설명은 누군가에 대한 분노를 불러일으키기도 한다. 현재 자신들 옆에 있지 않은, 자신을 포기한 친생부모에 대한 분노가 그들(친생부모)에 대한 환상을 키우는 대신 계속될 수 있으며, 혹은 현실적으로 더 쉽고 확실한 대상인 양부모에게로 옮겨질 수도 있다. 자기 자신에 대한 분노는 죄책감이 되기도 하며, 이는 때때로 자기처벌로 이어질 수 있다. 양부모에 대한 비난은 일상적인 사건에서의 분노를 통해 표출되기도 한다. 그러므로 죄책감과 비난의 표현을 통해, 입양된 아이들은 그들의 당황스러움을 설명하려고 노력한다.

친생부모와 양부모 역시 어떻게 이러한 비일반적이고 때때로 고통스럽게 느껴지는 사건이 그들에게 일어났는지 이해하기 위해 노력한다. 또한 그들은 입양 서클 내에서 그들 자신과 가족 발달의 다양한 시점에서 표출되는 죄책감과 비난을 해결하기 위해 노력한다. 예를 들어, 양부모는 입양보낸 부모(친생부모)의 행동에 대한 그들 자신의 신념이나 해석을 직·간접적으로 나타낸다.

"만약 그녀(친생모)가 너를 원했다면, 그녀는 너를 이렇게 떠나보내지 않았을 거야.", "만약 그녀가 너를 찾기를 원한다면, 그녀는 아마 지금쯤은 너를 찾았어야 해.", "그녀는 아마도 네가 먼저 그녀를 찾기 원하고 있을 거야."

입양보낸 부모(친생부모) 역시 죄책감과 비난이 포함된 믿음과 환상들을 표현한다. "그녀(입양인)는 아마도 좋은 양부모와 가족들을 찾았을 거야. 그녀는 내가 간섭하기를 원하지 않을 거야. 난 단지 상황을 혼란스럽게 만들 뿐이야. 나는 이미 그녀의 삶을 충분히 힘들게 만들었는걸." 하고 친생모는 죄의식 속에서 말할 것이다.

모든 입양구성원들에게 공통되는 신화의 한 가지 예는, 아이는 자신들 없이 더 잘 살 것이라는 친생부모의 믿음이며, 만약 상봉이 이루어진다면 자신이 그들(친생부모)의 삶을 망쳐놓을 거라는 아이(입양인)의 신념이다. 또한 이 신화는 양부모부터 아이에게까지 영향을 미치는 다음의 메시지 뒤에 감추어져 있다. "만약 그녀(친생모)가 너를 원했다면, 그녀는 너를 떠나보내지 않았을 거야." 이러한 공통되는 부정적 신념으로 인해, 각자가 상대방의 상황을 현실적으로 이해하고 공감하는 것은 어려운 일이다.

자기 자신과 타인의 상실감을 수용하는 것은 입양가족 서클의 진정한 이득을 인정하고 누릴 수 있는 길을 열어준다. 입양 서클 구성원 각각은 그들 스스로를 위한 대안 가족(입양가족)의 장점에 대해 만족감과 즐거움을 얻을 수 있게 되며, 심지어 타인의 필요가 충족되고 있다는 만족감을 느끼기도 한다.

애착과 분리(Attachment and Separation)

애착과 분리로 고심하는 것은 모든 사람들의 정상적인 발달과정의 한 부분이다. 우리는 우리의 부모에게 애착을 가지며 또한 그들과 분리하기도 한다. 우리는 동료나 친구와 붙어있기도 하고 때때로 그들로부터 멀어지기도 한다. 우리는 자신의 자녀와 함께 있고, 또다시 그들과 떨어지기도 한다. 입양 서클의 구성원들에게 이러한 애착과 분리는 상실감이라는 그들 공통의 경험으로 인해 상당히 복잡해진다.

우리가 언급한 바와 같이, 자녀를 포기한 친생부모는 그들의 자녀에 대한 상실을 경험하며, 임신 당시부터 여러 가지로 다양한 상처를 입는다. 친생부모가 자녀와 분리되는 방식은 양부모가 아동에게 갖는 애착의 기회와 질, 그리고 아동이 양부모에게 갖는 애착과 상호 연관된다. 무엇보다 가장 좋은 것은 아이의 입양배치가, 새로운 가족에게 애착심을 가질 수 있는 긍정적인 기회를 아이에게 제공할 수 있는 시간적 틀 안에서 결정되는 것이다(즉, 입양배치까지의 시간이 너무 오래 걸리지 않는 것이 양부모 가정에서의 긍정적 애착심을 가질 수 있는 좋은 방식이다). 이러한 이상적인 조건만이 아이를 입양보낸 부모가 필연적이며 괴로운 싸움을 이겨낼 수 있고, 아이가 자신의 환경에서 단 한 가지 변화를(친생부모에게 분리되어 입양보내는) 견뎌내고 출생 직후 빠른 시일 안에 입양이 이루어질 수 있는 적절한 해결책을 얻을 수 있게 한다. 친생부모가 그들의 결정에 대해 어느 정도 안정감을 얻었다는 사실은 양부모의 심리적 평안함에도 기여하게 된다. 즉, 이러한 이상적인 환경 안에서, 양부모는 그들의 난임을 진정으로 수긍하게 되며, 그들의 비생물학적 자녀를 기쁘게 맞이하게 된다. 양부모들은 그들이 이해와 신뢰, 그리고 격려받고 있다고 느끼게 해주는 입양과 관련된 사회적·법적기관과 입양을 진행할 것이다. 그리고 이러한 요인들을 바탕으로, 이 서클이야말로 가장 좋은 선(이득)을 위해 형성된 것이며, "그렇게 예정된 것이었다"는 넘치는 확신을 모든 구성원들이 갖게 된다.

하지만 현실에서는, 분리와 절박한 상실에 대해 친생부모의 갈등이 입양배치시점의 아동의 나이, 입양진행 기간, 입양과정의 순탄함과 일관성에 영향을 미친다는 사실을 알고 있다.

입양 보내기를 망설이는 친생부모는 아마도 그들의 결정을 미루고 싶을 수도 있다. 그들은 시간이 자신들의 갈등을 해결해주기를 희망하면서, 출생 전에는 어떠한 입양진행 단계도 취할 수 없다고 느끼기 때문에 계속해서 입양결정을 연기할 것이다. 대신, 아이와 접촉하는 일이 자주 있게 되고, 이러한 시간은 오히려 결정을 내리기 어렵게 만들 것이다. 입양 과정에는 많은 시작과 끝이 있을 것이며, 때때로 잠재적인 양부모와의 접촉을 포함하기도 한다.

양부모 입장에서는 출생 직후 가능한 빨리 아이를 입양하여 입양 과정의 예측성과 효율성을 확보하는 것이 차후 긍정적인 애착관계 형성을 보다 쉽게 만들 수 있다. 만약 그들이 오랫동안 기다리고, 추측하고, 바라고, 실망하는 시간들을 경험한다면, 아이에 대해 그들 스스로를 개방할 준비를 제대로 하지 못할 수도 있다.

최근들어 입양 가능한 아이들이 감소하고 있는 현실은, 잠재적인 양부모들로 하여금 입양을 위해 더 폭넓게 아동을 찾아보게 만들고 있다. 기존의 전통적인 입양 기관을 통한 노력과 비교해 볼 때, 이러한 궤도 일탈적 양상은 종종 불완전한 입양을 초래하는 경향이 있다. (입양을 바라는) 부부들은 이러한 경험을 사산이나 자연유산과 유사한 경험으로 종종 묘사한다. 이는 이러한 부부들이 그들이 환상을 가지고 있었거나, 혹은 심지어 서로 만나고 관계를 유지하며 집으로 데려왔던 아이로부터 (사산이나 유산과) 유사한 슬픔을 겪기 때문이다. 그들은 자신들이 또 다른 상실의 고통을 감당해 낼 수 있는가에 대해 의문하며, 사산이나 자연유산을 겪은 생물학적 부모처럼, 자신들의 부적격함을 경험하게 된다. 이러한 과정을 통해, 자신들은 아이를 포기할 수 없고 그래서는 안 된다는 친생부모의 신념과, 자신들은 부모가 될 자격이 없거나 그렇게 될 수 없다는 양부모의 확신이 함께 수렴된다.

한 연구단체의 조사에서 입양 부부와 비입양 부부 사이에 모자(어머니와 아이) 간 애착관계의 특징에는 아무런 차이점이 없는 반면, 두 그룹 중 일부 혹은 양쪽 모두에서 이러한 발달관계의 불안정성에 기여할 수 있는 상황이 분명히 있을 수 있다는 것이 발견되었다. 입양 과정이 혼란스럽고 양부모가 자신이 감시받고 있다고 느끼거나, 혹은 아이가 다양한 조치로 인해 불안정한 경우, 초기의 안정적인 애착심 형성은 훨씬 어렵게 된다. 이러한 경우, 양부모와 아이가 서로에게 자신을 맡기기까지는 보다 더 오랜 시간이 걸리게 되며, 때때로 그들의 준비 상태에 있어서 동시성이나 상호성이 부족하여 둘 중 하나가 그 애착심에 저항하게 만들기도 한다. 아마도 애착심 형성을 간절히 기다리고 있는 양부모는 슬픔에 잠길 것이며, 양육을 위한 자신들의 노력에 반응하지 않는 불안정한 자녀에게 거절당한 기분일 것이다. 이러한 경험은 양부모들을 상처받기 쉽게 만들 수도 있다.

양부모는 아마도 자신들이 합당한 부모가 될 수 없다는 비참한 두려움이 진실이라고 느낄 것이며, 이러한 감정은 그들에겐 아이가 없으며 가질 수도 없다는 근본적인 근심을 유발시킬 것이다. 그들은 이러한 수렁 속으로 자신들을 더 깊이 묻게 될 것이며, 그 결과 아동이 양부모와 관계를 맺기 위해 제시하는 행위들에 대해 적절히 대응할 수 없게 된다. 이는 다시 자녀들로 하여금 거절당함을 느끼게 할 것이며 그들을 절망하게 만든다. 가장 극단적인 경우는 부모와 자녀가 서로에게 진심으로 대하지 못하여 부모-자녀 간의 영속적인 결속관계를 맺지 못하는 것이다. 이는 상실감이 너무나 깊기 때문에 고통스러운 이 자리에 다시는 자신을 내려놓지 않으려는 결정을 마음속으로 하는 것과 같다. 이러한 경우, 친생부모에 대한 이미지는 새롭게 형성된 가족 위로 길고 어두운 그림자를 드리우게 되며, 이러한 이미지는 새로운 결속체(양부모-입양자녀) 사이에 지속적으로 존재하게 된다.

심지어 초기의 결속과 애착이 잘 형성되는 환경에서도, 분리의 문제는 근본적인 상실, 즉 입양가족의 삶에 있어 하나의 특징인 이 사실에 의해 한층 복잡해진다. 유아기 단계에서, 아이의 자아독립을 위한 정상적이고 당연한 행동들에 대해, 분리를 거절로 받아들이는 양부모의 두려움이 뒤따른다. 어린 아이의 "싫어!" 혹은 "내가 혼자서 할 거야"와 같은 태도에 대해 아마도 양부모는 "아이는 진정으로 나를 사랑하지 않아"와 같은 개인적인 반응을 보일 것이다. 발달상 적절한 방식으로 일어나는 독립을 향한 노력이 (양)부모에게는 자신이 부모로서 부적절하다는 감정을 지속적으로 유발시킬 것이며, 자신에 대한 비판과 거절로 인식하게 될 것이다. 또한 입양아동이 자신의 입양 신분을 점점 더 크게 인식하게 될수록, 부모-자녀 간의 거리감과 영속성에 대한 불안정한 감정이 커질 것이다. 그러므로 부모와 아이의 근심은 서로 상호 작용하며, 상호관계의 안정성과 신뢰감 형성에 방해가 될 것이다. 부모가 한 사람의 부모로서 필요한 자격을 갖추기 위해 고민하면 할수록, 자녀들은 자신의 부모가 이상적이고 낭만적인 존재로서의 이미지를 갖추도록 요구할 것이다. 양부모와 입양아동은 일상적으로 공유되는 경험들의 기반에 근거하여 형성된 진정한 부모-자녀로서의 유대관계를 부인하고, 쓸데없는 흔들림에 휩쓸리게 되는 것이다. 결국, 서로에 대한 이런 관계를 알지 못한 채, 부지불식간에 친생부모의 그림자가 이들의 관계에 어두운 영향력을 미치게 된다.

이러한 궁지에서 벗어나기 위해, 부모는 그들이 완벽한 부모가 되어야 한다는 신념을 어떻게 스스로 발전시켰는가에 대해 생각해 볼 수 있는 특별한 경험이 필요하다. 그들은 스스로에 대한 불가능한 요구로부터 벗어날 필요가 있다. 이러한 조치는 입양된 아이에게 어떠한 부모에게도 완벽함을 기대할 수는 없다는 메시지를 전달하게 되며, 그들이 완전한 부모의 자격을 가지고 있다고 생각하게 만드는 것이 무엇인지에 대해 질문하도록 할 것이다. 그렇게 함으로써 이러한 쓸데없는 흔들림이 부모-자녀 관계의 평범한 즐거움과 괴로움으로 바뀔 수 있다.

청소년기의 질풍노도는 종종 "당신은 내가 무엇을 해야 한다고 강요할 수 없어"와 같은 감정 표현을 야기하기도 한다. 입양된 아동은 이러한 감정을 "당신은 내가 무엇을 해야 하는지 강요할 수 없어, (왜냐하면) 당신은 나의 진짜 부모가 아니잖아."로 확대시킬 수 있다. 이러한 경우, 친생부모는 낭만적인 형상, 즉 부당한 요구를 하지 않는 "좋은 사람들"로 재등장하게 된다. '분리'와 관련된 이러한 현상은 사춘기 청소년들이 친생부모에 대한 관심이 증가할 때 종종 나타난다. 사춘기 청소년들이 이런 식으로 상상하는 것은 '출생초반의 옮겨짐(입양)'에 대한 재생존 방식이며, 뒤바뀐 어버이의 형상에 대한 적응이라고 볼 수도 있다. 즉, 아동은 자신이 양부모에게 내쫓길 것이며, 친생부모에 의해 구조될 것이라고 상상한다. 여기에서 우리는 '부적응적인 순환'으로 확대될 수 있는, 즉 청소년들의 이러한 두려움과 신념들이 결합되어 점차 양부모에게 반항적으로 대항하는 단계들을 보게 된다.

사춘기 후반에 일어나는 분리는 입양된 아동의 경우에는 더 커다란 복잡성과 취약성을 가져온다. 그들의 입양되지 않은 형제(자매)와는 다르게, 입양인은 이미 한 번 "집을 떠나도록" 강요받은 적이 있다. 이러한 '출생초반의 떠남(분리)'은 무력감의 전형이다. 즉, 영아나 어린 아동은 입양배치 시점에 물리적으로 한 가정을 떠나 다른 가정으로 옮겨진 적이 있다. 집을 떠날 적절한 시기가 되었을 때, 입양인은 그동안 양부모나 다른 중요한 타인들에 의해 확인되었거나 혹은 확인되지 않은 '최초의 이야기(자신의 입양배치에 대한 스토리)'를 자신만의 버전으로 작동시켜 진행하게 될 것이다. 만약 '출생초반의 옮겨짐(입양가정으로의 배치)'에 대해 모든 사람들이(입양기관, 양부모, 친생부모 등) 아동복지를 위한 결단으로써 아주 좋은 조치였던 선의적 행위라고 생각한다면, 두 번째 떠남은 단지 사춘기 시절의 그저 흔한 질풍노도일 뿐이라고 여길 것이다.

정상적인 가족을 갖고 싶고, 평범한 가족 간의 분리를 하고 싶은 입양인의 의식적인 소망에도 불구하고, 입양 가족 구성원들이 갖고 있는 근본적인 환상들 간의 상호관계는 잘못된 행동(입양아동의 포기)을 원상태로 복구시켜야 한다는 각 구성원들의 욕구를 발동시킬 것이다. 이때 입양인들은 들어가고 나감에 관한 자신의 주권을 확보하기 위해 강력한 통제력을 행사할 수 있다. 양부모는 자신이 부당하게 데리고 있다고 생각하는 아동을 다시 돌려보내기 위해 아이와 공모할 수도 있다. 자포자기한 심정이 될 때면, 그들은 심지어 아이를 친생부모에게 되돌려주는 상상을 하기도 한다. 의식적으로는 까다로운 그 아이를 자신들이 기르도록 다시 되돌려받기를 원할 것이고, 무의식적으로는 되돌려 주고자 할 것이다.

후기 청소년기의 분리에서 나타나는 상호 근원적인 환상들의 영향력에 대한 또 다른 사례는, 입양은 무책임하거나 애정 없는 포기의 결과로써 발생했다는 신념을 갖게 만드는 경우이다.

즉, 입양인과 양부모는 친생모가 아이를 사랑하지 않았기 때문에 자녀를 포기했다는 신념을 공유하고 있다. 청소년기가 되어 집을 떠나는 시기가 되면, 이 근원적인 환상이 다시 반복 될 수 있다. 입양인은 스스로를 가장 사랑받을 자격이 없는 사람으로 여길 수 있으며, 때문에 양부모가 자신을 내쫓도록 자극함으로서 자신의 허황된 환상을 충족시킬 것이다. 이러한 경우, 그들이 서로에게 오랫동안 다양한 방식으로 수없이 물었던 질문, 즉 "이러한 관계가 영원한 건가요?"라는 물음이 재등장한다. 자녀의 자극적인 행동이 뒤따르는 동안에는, 이 질문에 대해 부모나 입양인 모두 긍정적인 대답을 할 수 없다. 아마도 이러한 대답(긍정적인 대답)이 사실이라고 느끼기까지는 수많은 분리와 재협상을 경험해야 할 것이다.

뿌리찾기와 친생부모 상봉의 이슈는 사춘기 후반과 초기 성년기에 자주 등장하기 시작하는 문제이다. 일부 입양인은 자기 자신에 대한 중요한 질문들에 대답하기 위해 친생부모와 연락을 하거나, 혹은 정보를 얻기 위해 그들의 배경을 조사해야 할 강한 필요성을 느낀다. 친생부모 또한 이 시기에 뿌리찾기에 대해 보다 적극적이 될 수 있으며, 이제 입양 가족에게 덜 방해가 된다고 느끼고, 성장한 자녀와 연락하기를 원하기도 할 것이다. 입양서클의 개별 구성원들이 뿌리찾기의 욕구를 진전시키는 방법은 그들의 현재 진행중인 관계(현실에서 또는 환상에서)를 반영하게 되며, 미래의 상호관계에도 영향을 미칠 것이다. 일부 양부모는 (친생부모와의 상봉을 위한) 그들 자녀의 뿌리찾기를 정당한 욕구로써 이해할 수 있을 것이며, 자녀의 이러한 노력을 지원하고 격려할 수 있을 것이다. 물론 어떤 양부모든지 이러한 경험을 어느 정도의 불편함이나 고통 없이 겪을 수는 없겠지만, 이러한 양부모들은 자신들의 불편함을 자녀의 동기를 비난하는 데 사용하거나 뿌리찾기를 위한 자녀의 동기를 자신들에 대한 거부나 실망감으로 동일시하는 데 이용하지 않는다. 또 다른 부모들은 뿌리찾기가 양부모에 대한 배신이며 고마움을 모르는 행위라고 생각할 수도 있다. 이들에게는 자녀의 뿌리찾기 행위가 자신들에 대한 단념을 의미하며, 자녀가 친생부모를 선호한다는 것을 "증명"하는 것으로 여겨진다.

뿌리찾기가 완수되었을 때, 입양인, 친생부모, 그리고 양부모의 다양한 반응들이 나타날 것이다. 일부 친생부모들은 아마도 상봉을 하자는 제안에 대해 곧바로 분명하게 거절할 수도 있다. 반면, 다른 친생부모들은 이러한 제안을 자신들이 고대하고 갈망해 온 일로 여기고 진심으로 반기며, 어떤 식으로든 관계를 지속시키고 싶어 할 수도 있다. 또한 그 사이에는 양가적인 반응을 보이거나 비일관적으로 반응하는 경우도 있다. 일부 가족들은 입양서클 내의 모든 이들과의 관계를 성공적으로 진행시킬 수 있는 반면, 그렇게 할 수 없는 가족들도 있을 것이다.

입양서클 구성원들의 개별적 반응들 가운데 일부 조합들은 다른 조합보다 해결하기가 더 어려운데, 이는 그들이 지배적인 가족신화의 부인이나 조사, 그리고 균형을 드러내지 않기 때문이다.

이러한 신화의 한 가지 사례는 도전적 성향의 청소년 입양인과, 이 청소년 입양인을 쫓아내고 싶은 양부모, 그리고 거절하는 친생부모 간의 조합이다. 이 조합의 모든 구성원들은 어떠한 가족도 영원할 수 없다는 신념을 굳게 갖고 있는데, 이는 이와 같은 믿음을 약화시킬 수 있는 기능을 담당할 사람이 없기 때문이다. 입양인은 자신이 거절 혹은 포기될 것이라는 확신을 가지고 있으며, 양부모는 자녀가 항상 그들의 친생부모에게 돌아가기를 원하고 있다는 증거를 가지고 있다. 또한 친생부모들은 자녀가 자신들의 삶을 방해할 것이라고 확신한다. 이러한 신념들이 지속되면 구성원들이 애착과 분리의 만족스러운 균형을 이루지 못하게 된다.

잠재적으로 문제가 되는 또 다른 조합의 유형으로는, 뿌리찾기 중에 있는 입양인, (이로 인해) 위협받고 있다고 느끼는 양부모, 그리고 이러한 뿌리찾기를 반기는 친생부모의 조합이다. 상봉에서 관찰된 만족감은 친생부모야말로 자녀가 선천적으로 선호하는 바로 그 부모라는 양부모의 두려움을 확인시켜 준다. 양부모는 아마도 자녀들을 그들의 올바른 보호자에게 되돌려 준 것처럼 여기게 되고, 때문에 감정적으로 움츠러들 것이다. 이와 같은 상황에서, 친생부모는 그들의 자녀와 함께 잃어버린 시간을 만회하고자 할 것이며, 자녀는 방어적으로 자녀로부터 멀어진 입양 부모에게 버림받았다고 느끼게 될 것이다. 이와 같이 새롭게 형성된 서클의 역동성은 입양인의 성숙한 독립성 획득을 방해한다. 입양에 존재하고 있는 지배적인 신화의 힘은 입양된 아이가 양부모와 친생부모 모두와 현실적이고 영원한 관계를 맺는 것을 허락하지 않는다.

발생 가능한 상봉 시나리오에 대한 이런 사례들을 설명하는 것이, 뿌리찾기와 친생부모 상봉이 성공적일 수 없다는 것을 말하려는 것은 아니다. 사실 더 많은 상봉 사례가 보도되고 연구될수록, 뿌리찾기는 현실적인 이유들 때문에 이루지는 것이며 입양 서클의 모든 구성원들을 위한 긍정적인 결과로 나타난다는 증거가 늘어나고 있다. 점점 더 뿌리찾기와 상봉은 입양가족의 생애주기에 있어 자연스러운 일부분이 되어가고 있다.

입양 서클의 모든 구성원들은 생물학적인 일가가 한 세대에서 다음 세대로 연속적으로 이어지는 유전적 계승의 결핍을 경험한다. 개별 구성원들이 각기 다른 종류의 관계가 결핍되었다 할지라도, 공통적인 사실은 모든 구성원들이 어떠한 것을 잃어버렸다는 점이다. 이러한 상실감은 상호 연관된 여러 방식에서 볼 수 있다. 이러한 상호관계의 한 영역은 성공적인 출산능력에 관한 것이다. 이미 언급된 바 있듯이, 친생부모의 출산능력에 대한 양부모의 잠재적인 시기심은 쉽게 나타날 수 있다. 때문에 출산능력이 있으며, 양부모가 거부당해 온 경험을 그들의 삶 속에서 가지고 있는 입양인에 대한 질투심 역시 나타날 수 있다.

이러한 경험, 즉 연속적인 가계계승에 대한 (양부모의) 희망은 입양인이 나중에 아이를 출산하면서 생물학적 부모가 됨에 따라, 자신(양부모)과 입양인과의 일체화를 통해 부분적으로 혹은 완전히 충족될 것이다.

동시에, 출산의 경험은 입양인에게 자신의 혈통에 대한 관심을 불러일으킬 것이다. 아마도 출산뿐 아니라, 생물학적 진화에 대한 관심과 관련하여 유전에 관한 의학적 의문이 제기될 것이다. "이 붉은 머리카락은 누구로부터 유전된 걸까?", "쌍둥이잖아! 이건 아마도 내가 쌍둥이임을 의미하는 건 아닐까?" 이처럼 입양인이 자신의 친생부모에 대한 더 많은 정보를 얻기 위해 뿌리찾기를 시도하는 동기는 바로 아이의 탄생이다. 이러한 상황에서 발전 가능한 결합된 신념(위에서 언급한 바 있는, 가족 신화의 구성요소를 의미함)은 자기 자신이 부모가 되기에는 부적절하다고 여기는 양부모의 인식과, 유전적 가계를 연결하기 위해 친생부모를 그리워하는 입양인의 소망에서 비롯된다고 할 수 있다. "나는 왜 생물학적인 친생부모가 될 수 없는가"라는 양부모의 절망은 “나는 왜 친생부모를 가질 수 없는가”라는 그들 자녀의 슬픔과 한 쌍을 이룬다.

따라서 부모와 자녀는 ‘상실은 돌이킬 수 없으며, 이에 대한 보상도 없다’는 서로의 신념을 강화시키게 된다. 또한 각자는 상실감을 초월하는 것은 불가능하다고 결론을 내린다. 그리고 내부 및 주변 관계의 자원들을 최대한 이용할 수 있는 그들의 능력을 가로막는 분노감과 냉담한 자세를 유지하게 될 것이다. 만약 입양서클의 구성원들 중 누군가가 다르게 생각하고 행동하기 시작한다면, 이들의 공조된 신념, 즉 비생물학적 가족은 이러한 상황(자녀가 출산을 한 상황)에서 정상적으로 기능할 수 없다는 확신을 떨쳐버릴 수 있을 것이다. 즉, 자녀를 양육한 경험이 있는 부모로서 스스로가 얼마나 가치 있는 존재라는 것을 깨달은 양부모가 이제 막 부모가 되어 새로운 역할을 담당해야 할 입양자녀에게 적극적으로 지지를 할 수 있게 되는 변화가 가능하게 된다. 이러한 변화를 통해 입양인은 자신의 고착된 자세에서 벗어나 부모의 도움과 친밀함을 받아들일 수 있게 된다. 상호 공감을 통해 그들은 계보적 간격을 메울 수 있는 확실한 정보와 입양 기록을 이용할 수 있을 것이다.

양부모나 친생부모 양측 모두 자신들이 볼 수 있고, 곁에 둘 수 있고, 또한 가계를 유지하고 있다고 느끼는 자손을 갖지 못했다. 양부모의 연속성은 그들이 자녀에게 제공했던 양육경험 속에 있다. 그것은 그들이 공유해 왔으며 자녀가 앞으로 성장해 나갈 모습과 다음 세대로 전달될 요인 속에 반영되어 있는 그들 자신의 한 부분이다. 가계적인 연속성은 아니지만 한 가족이라는 표시로써 아동에게 전달되는 가치와 전통을 보면서 양부모는 매우 흐뭇할 것이다.

연속성에 대한 친생부모의 인식은 그들이 자녀의 생물학적 출발을 제공했던 지점에서 멈춰져 있다. 또한 만약 친생부모가 자녀의 입양배치를(어느 가정으로 입양되는지) 통제할 수 있는 상황이라면, 친생부모는 선택된 양부모 가정의 유익한 환경을 자녀에게 보장해주기 위해 노력할 것이다. 모든 부모와 마찬가지로, 친생부모는 자녀가 그 가족 혈통의 가장 좋은 부분을 계승해 주기를 바랄 것이다. 입양인이 양부모 및 친생부모와 유지하고 있는 성숙한 상호관계가 무엇이든지간에, 양측의 부모는 자녀의 인생에 있어 연속성의 한 부분으로부터 영원히 삭제되어 있다. 양부모는 결코 자녀의 유전적 형질의 요인이 될 수 없으며, 친생부모는 한 가족임을 나타내는 표시인 전통과 가치의 전달에 있어 아무런 영향력도 갖지 못한다. 각각의 부모는 상대방의 경험을 부러워하면서도, 만약 자녀가 잘못된 방향으로 나아갈 경우에는 그 책임을 상대측 부모에게 전가할 것이다. 그러나 종종 입양 서클 구성원들 간에 서로 감사하는 마음이 나타나기도 하다. 양부모는 친생부모에게 이 아이를 출산해 준 것에 대해 감사히 여기며, 친생부모는 아이에게 좋은 가정을 제공해 준 양부모에게 고마운 마음을 가질 것이다. 또한 입양인은 자신이 좋은 생물학적 출발과 훌륭한 양육 모두를 제공받았다고 느낄 때, 양측의 부모 모두에게 고마워할 것이다.

정체성(IDENTITY)

우리는 이미 입양 가족 서클의 구성원이 되는 것이 각 구성원의 자아인식에 상당한 영향을 준다는 것을 알았다. 모든 구성원들은 입양 서클의 구성원이 되는 것이 그들에게 어떠한 의미이며, 또한 그들이 서클 내에서 어떠한 구성원이 되어야 하는지에 대해 각자의 방식으로 고심하게 된다. 그들은 또한 오랜 기간동안 서로에게 다음과 같은 질문들을 제기하고 이에 대답한다.

입양 서클의 구성원들이 고심하고 있는 첫 번째 질문은 "왜 이러한 일(입양)이 일어났는가?"이다. 이는 결과적으로 "이것이 나에게 의미하는 것은 무엇인가?"라는 질문으로 이어질 수 있다. 친생부모는 아마도 다양한 방식으로 이 질문에 대답할 것이다. 예를 들어 "나는 어리고 무책임 했어.", "나는 그 때 화가 났었고, 이 분노를 행동으로 옮겼던 거야.", "나는 모든 면에서 형편없는 사람이었어. 우선 나는 아이를 임신했고, 그 다음엔 아이를 떠나보냈어."

입양인 역시 자신의 친생부모에 대한 이러한 질문에 대해 여러 방법으로 대답할 것이다. "엄마는 좋은 여자였어, 하지만 내가 나쁜 아이였기 때문에 엄마는 날 떠나 보낸 거야.", "그녀는 품행이 좋지 못한 여자였어. 그러나 나는 착한 아이였고 그래서 엄마는 나를 훌륭한 가정에 보낸 거야." 양부모 역시 친생부모에 대해 나름의 생각을 가지고 있다. 양부모들은 아마도 친생모가 '매춘부'였을 거라는 생각이나, 혹은 입양인이 나쁜 아이였기 때문에 버려졌다는 인식을 입양인과 공유할 것이다. 사실, 그들은 자신의 아이를 포기한 친생부모들이 지니는 특성에 대해 염려할 것이다.

양부모 역시 왜 자신들에게 출산의 문제(난임)가 생겼는지에 대해 스스로 질문하고 대답할 것이다. 일부 양부모들은 그들의 난임을 도움이 필요한 아이들을 양육하라는 "신의 뜻"이라고 느낄 것이다. 다른 일부는 난임을 성적 범죄(혹은 그들이 죄책감을 느끼는 다른 행동이나 생각)에 대한 처벌로 여기고, 이는 그들이 생물학적 부모가 될 자격이 없음을 의미한다고 결론내리기도 한다. 또한 어떤 이들은 난임의 문제는 누구나 운이 나쁘면 생길 수 있으며 억울한 일이라고 생각한다.

일부 입양 서클의 구성원이 갖고 있는 이러한 신념 중 일부는, 그들이 서클 내 다른 구성원으로부터 격려를 받을 때 강화되기 쉬우며, 때로는 아주 확고하게 굳어지기도 한다. 각 구성원들은 자존감과 자기가치에 대해 고심한다. 예를 들어, 입양인이 자신을 "나쁜" 아이라고 느끼고 양부모 역시 여러 측면에서 입양인이 골칫거리라고 느낀다면, 이 아이는 자신의 정체성 안에 "나는 말썽꾸러기" 혹은 "나는 나쁜 종자야"라는 인식을 집어넣게 될 가능성이 있다. 신체적 변이, 과잉행동, 혹은 학습장애와 같은 특징들 역시 자녀를 하나의 "문제"로 여기는 상호인식에 영향을 줄 수 있다. 마찬가지로 입양자녀는 그들에게 닥치는 어려움이 무엇이든지간에 양부모에게 그 책임을 물을 수 있으며, 이는 스스로를 부모로서 부적격하다고 느끼는 양부모의 감정을 지지할 수 있다.

서클 내에서 성적인 이슈sexual issues는 특히 중요한 문제로 부각되는 경향이 있으며, 성적능력과 출산은 때때로 혼동되기도 한다. 양부모는 그들의 지속적인 정체성의 한 부분으로써 성적 결합에 대한 인식을 갖고 있다. 입양인은 친생부모의 성적능력의 결과와 이것이 그들 자신이 본래부터 성적으로 무책임함을 의미하는지에 대해 심각하게 고민하게 된다. 양부모 역시 동일한 질문을 가지고 있으며, 자녀에게서 나타나는 성적능력에 대해 과도하게 경계하거나 과민반응을 보이게 된다. 결국 또 다시, 사춘기의 아이는 부모의 (과도한) 근심을 경험하게 되고, 이러한 경험은 아이로 하여금 정말로 걱정해야 할 그 무엇이 있는 것인지에 대해 궁금하게 만든다. 각자가 가지고 있는 이러한 두려움의 결합은 자녀의 왜곡된 성적 정체성을 형성하는 데 기여할 것이다.

이와 동일하게, 정체성에 대한 그러한 질문에 대해 상호 지지적이고 교정적인 방식으로 답변될 가능성도 있다. 각자는 바로 그들 자신의 문제로 볼 수 있으며, 자신의 문제를 다른 입양 서클 구성원들의 문제와 적절히 구분 지을 수 있다. 이런 방식으로, 한 사람이 다른 구성원이 직면하고 있는 모순을 해결하도록 도움을 주게 된다.

입양 가족 시스템의 구성은 역설적 상호관계에 기반하고 있기 때문에 누가 그리고 무엇이 "진짜"인지, 혹은 확실한 것인지에 대한 문제들을 유발한다. 친생부모 혹은 양부모가 "진짜"인가? 어떠한 점에서 그러한가? 입양인은 정말로 입양가족의 "진정한" 일원인가?

입양서클의 모든 구성원들은 세상에 드러내지 않은 자신들의 또다른 모습을 깨닫게 된다. (아이를 입양 보낸 후) 친생부모는 직장인, 배우자, 그리고 부모로서 자신들의 삶을 다시 시작한다. 그러나 자신들이 아이를 포기했다는 비일반적이고 쉽게 지워지지 않는 경험에 대한 인식을 계속 간직하고 있다. 양부모는 다른 부모들과 똑같이 노력하며 자신의 자녀를 양육하지만, 그럼에도 그들은 생물학적으로, 자녀가 다른 사람의 아이라는 사실을 인식하고 있다. 이는 전혀 평범하지 않은, 마음속에 깊이 새겨지는 경험이다. 입양인은 자신이 서로 다른 친생부모와 양육부모를 가지고 있다는 인식 속에서 성장하며, 그들의 일생 동안 이와 관련된 문제를 해결하기 위해 노력하게 된다. 모든 구성원들은 그들이 평범하지 않고, 일반적이지 않으며, 또한 정상적이지 않은 존재라는 사실, 혹은 어쨌든 그들이 "그렇게 되도록 만들어진" 방식에 대해 각자 나름의 감정들을 품고 있다.

'진정성'(입양인이 갖는 자기 존재에 대한 진정성)에 대한 불안은 다양한 방식으로 표현될 수 있으며 다른 입양 서클 구성원들의 자기 인식에 영향을 줄 수 있다. 각 구성원은 '부인denial을 지나 수용'하기에서부터 '차이점에 대한 강조'에 이르기까지의 폭넓은 범위를 경험할 수 있는 기회를 가지며, 각자의 위치는 서로 다른 시기에 서로 다른 다양한 기능들을 수행하게 만든다.

서클의 모든 구성원들은 그들이 놓인 현실적 상황과 그들 자신을 조화시켜야 하는 특별한 과제에 직면해 있다. 이러한 과정을 통해 구성원들은 서로에 대해 가지고 있는 내적 갈등을 겪을 것이다. 예를 들어, 입양인은 자신이 입양가족의 다른 구성원들과 닮았다거나 혹은 닮지 않았다거나 하는 것에 대해 민감할 것이다. 그들은 자신이 가족의 진정한 구성원이 아니라고 느낄 것이며, 스스로를 잘못된 형상으로 인식할 것이다. 이와 동시에, 만약 양부모가 그들 자신의 이상적인 생물학적 자녀(친생자녀)에 대한 희망을 계속해서 갖고 있다면, 이러한 양부모의 희망은 입양인의 자기인식, 즉 자신은 "올바른" 존재가 아니며, 혹은 "잘못된" 존재라는 인식을 강화시키게 된다. 그들은 가족의 불확실성을 확인하는 과정 속에서 혼란스러워 할 것이다. 한편, 친생부모는 자신의 '진짜' 아이를 되돌려 받겠다는 생각으로 아이를 찾기 시작함으로써 이러한 결합(공모)에 연루될 수도 있다.

또한 이러한 삼자관계의 구성원들이 서로의 차이와 현실을 확인하는 것 역시 가능하다. 이를 위해서는 다른 구성원들의 독특한 과제수행을 협력해야 하며, 더불어 입양 가족 시스템의 특수한 발달과정을 받아들여야 한다.

공유된 주제의 함의

가족 구성원들이 서로에 대해 중요한 영향력을 가지고 있다는 사실은 놀랄만한 것이 아니다. 이는 모든 가족에게 해당하는 사실이다. 재혼가정과 같은 가족 시스템 역시 비혈연적 부모-자녀 관계를 포함하고 있다. 모든 가족들은 오랫동안 지속되어 온, '세대 간 신화'에 대하여 그들의 역할을 가지고 있다. 입양가족의 삶은 그것을 하나의 도전으로 만들 수 있으며, 그것은 그 구성원이 반드시 맞서야만 하는 인간적 문제의 깊이와 난해함이라고 할 수 있다.

입양 서클의 각 구성원들은 인생의 평범한 경험에서 비롯되는 상실감을 견뎌왔다. 이러한 상실감은 각 구성원들에게 결핍된 현실과 같은 취약성에 맞서고 또한 이를 해결할 것을 요구한다. 취약성의 종류와 그것이 향후 몇 년 동안 전개되는 방식은 사람마다 다를 것이다. 그러나 모든 관련자들은 상실감을 공통적인 요소로 가지고 있으며, 각 구성원들은 이러한 문제에 대한 해결방안을 추구하고 있다.

심리학자들은 자신에게 중요한 무언가를 빼앗겼다고 느낀 사람들이 어떻게 해서 자신에게 일어난 부당한 손해를 보상받을 자격이 있다고 생각하게 되었는지에 대해 말해 주고 있다. 잘못을 되돌릴 수 없다면 적어도 고쳐야 한다고 그들은 생각한다.

모든 것이 잘못되어 갈 때, 세상은 불공평할 수 있으며 이것이 반드시 누군가의 잘못 때문에 일어나는 일은 아니라고 진심으로 인정하는 사람은 별로 없다. 입양 서클 구성원들이 자신들의 불행한 운명에 대해 스스로에게 책임을 지우거나, 혹은 다양한 방식으로 타인에게서 위안과 확신을 얻으려고 하는 경우를 종종 볼 수 있다. 이들이 이러한 종류의 감정적 지지를 받게 되면 자존감이 향상된다. 그리고 상실감으로 고통받고 있는 희생자에게, "당신은 잘 한 겁니다." 또는 "당신은 괴로워할 필요가 없습니다."와 같은 메시지를 전달할 자격이 있다고 생각하게 된다. 이러한 감정적 회복을 이루는 과정을 통해, "한 개인의 비극은 불행한 운명 때문이었다."는 신념이 줄어든다.

많은 사람들이 입양 서클 내외로부터 이러한 종류의 지지를 받고 있다. 양부모는 자신의 자녀(입양인)에게 그가 좋은 아이였으며, 입양 계획은 그를 위한 사랑과 관심 속에서 만들어졌음을 확신시켜 줄 수 있다. 입양인은 친생부모에 대한 그리움에도 불구하고 양부모에게 그들의 사랑하는 마음을 재확인시켜 줄 수 있다. 또한 친생부모와 양부모는 서로에 대한 존경과 공감을 나눌 수 있다. 가족관계, 개인관계, 그리고 전문적 관계에서 중요한 타인들이 입양 서클에 찬성함으로 이 서클을 유지시킬 수 있으며, 모든 관련자들을 위한 유익하고 만족스러운 해결책을 제공함으로써 이를 지원할 수 있다.

사실, 최근 연구에 따르면, 양부모와 친생부모는 서로를 격려하고 상대방에 대해 공감을 나타내며, 자녀의 문제와 관련하여 많은 부분에서 함께 협력하고 있음을 볼 수 있다. 설문지에서 나타나는 그들의 응답은 각자가 서로에 대해 "인식하고" 있으며, 서로의 필요와 도움을 위해 행동할 의지가 있음을 보여준다. 이러한 연구는 입양 서클이 일반적으로 알려진 것과는 달리, 그 안에서 자기중심주의와 갈등적 욕구가 훨씬 적게 나타나고 있다고 말한다.

이와 동시에, 입양인, 친생부모, 그리고 양부모를 위한 지지그룹이 급격하게 증가하고 있다. 이러한 그룹에서 주목할 만한 점은 어떤 식으로든 그들의 상실감을 치유하고자 하는 구성원들의 직접적인 표현과 확실한 열정이다. 상실감을 해결하기 위해 요구되는 치료방법은 다양하다. 입양인들은 단지 그들이 혼자라고 느끼는 고민과 문제를 누군가와 나눌 기회와 이해심을 원한다. 이들 중 일부는 친생부모에 대해 확인되지 않은 정보를 원하는 반면, 다른 이들은 친생부모와의 일체감과 상봉을 원할 것이다. 친생부모 역시 다양한 종류의 치유 방법을 찾을 것이다. 일부는 단지 자신들이 이해되고 인정받는 것을 원하는 반면, 다른 이들은 그들의 사생활 보호를 원할 것이다. 또한 어떤 이들은 자신의 아이에 대한 정보를 원할 것이며, 또 다른 이들은 자녀와의 연락, 일체성, 그리고 상봉을 원할 것이다. 심지어 이들 중 일부는 아이를 다시 데려오기를 원할 수도 있을 것이다. 입양 서클의 다른 구성원들과 마찬가지로, 양부모들도 자신들 역시 고통받았던 상실감을 치유하려는 다양한 욕구를 표현한다. 어떤 양부모들은 마치 생물학적 가족과의 엄청난 차이를 보상받으려는 듯이 세상이 그들을 다른 생물학적 가족과 똑같은 가족으로 바라봐주기를 원한다. 또 어떤 양부모들은 이러한 차이점을 인식하고는 있지만, 생물학적 혈연관계의 결핍을 보상하려는 마음에서 자녀들에게 양부모를 평가하라고 요구하기도 한다. 이러한 평가는 친생부모의 존재를 부인하고 양부모에 대한 성실성과 헌신을 포함한다. 그들은 또한 입양인이 그들의 상상 속에 있는 이상적인 생물학적 자녀(친생자녀)와 동일하거나 혹은 그보다 더 뛰어날 것을 요구한다.

이러한 보상의 내용과 형태는 대표 집단들 간에는 물론, 집단들 내에서도 다양하게 나타난다. 한 집단은 자신이 피해받은 일로 인해 다른 집단(혹은 다른 관련 기관)을 비난할 수 있으며, 상대방에게 문제 해결을 요구할 것이다. 이러한 요구 뒤에 숨겨져 있는 격한 감정들은 자신들이 그러한 요구를 할 자격이 있다는 것을 의미하며, 이는 자신이 느끼고 있는 상실감의 정도를 반영한다. 입양 서클의 모든 구성원들은 그들이 겪고 있는 고통스러운 환경을 극복하기 위해 내부적으로는 그들 자신의 안에서, 그리고 외부적으로는 서로에 대해 투쟁하고 있다.

Key-point

- 우리가 입양 서클의 구성원들 각각의 발달 과제를 추적해 봄으로써 살펴보았듯이, 모든 구성원들은 생애 주기(life cycle)전반에 걸쳐 서로의 삶 속에서 다양하게 존재하고 있다. 이들의 존재는 상상(fantasy)과 현실(reality) 모두를 포함한다.
- 이 서클의 각 부분 내 구성원들은 그들 자신의 역설적인 구성요소들을 가지고 있다. 입양인들은 그들의 친생부모의 생물학적 자녀이지만, 양육되어지는 자녀는 아니다. 또한 그들은 양육됨으로써 양부모의 자녀이지만, 출생에 의한 자녀는 아니다. 친생부모는 생물학적 부모이나 양육하는 부모는 아니다. 양부모는 양육하는 부모이지만, 생물학적 부모는 아니다. 상상과 현실에 있어, 구성원들은 그들 자신이 아닌 것(what they are not)보다는 그들 자신인 것(what they are)에 대해 서로를 격려하는 경우가 나타난다.
- 입양 가족의 시스템은 주요 구성원들의 이미지가 주로 상상(환상)이나, 혹은 그들이 신화라고 부를 수 있는 것들을 통해 발달되는 현상이 있기 때문에 좀 더 복잡해진다.
- 입양인과 아이를 포기한 친생부모는 그들 자신의 끝나지 않은 상실감과 관련된 일들을 가지고 있다. 아이들은 (입양되었든 아니든) 종종 자신들이 유괴되었으며 근사한 친생부모가 여전히 애타게 자신들을 찾으며 기다리고 있다는 낭만적인 상상을 즐기곤 한다. 그들은 어느 날 완벽한 부모가 나타나기를 기다리거나, 혹은 그들 스스로가 친생부모를 기적적으로 찾을 것이라고 기대한다.
- 입양 서클의 구성원들은 각자가 경험한 상실감으로 인해 자존감이 저

하되기도 한다. 친생부모는 그들의 생물학적 자녀를 잃었다; 양부모는 그들이 낳은 자녀를 양육하는 경험을 가지지 못했다; 입양인은 같은 부모에 의해 태어나고 길러지는 기회를 얻지 못했다. 이러한 상실감은 각자의 방식으로 그들을 괴롭힌다. 때때로 각각의 구성원들은 상대방에게 상실감을 상기시키기도 한다.

- 모든 구성원들은 입양 서클의 구성원이 되는 것이 그들에게 어떠한 의미이며, 또한 그들이 서클 내에서 어떠한 구성원이 되어야 하는지에 대해 각자의 방식으로 고심하게 된다.

제6장

도움이 필요한 경우

임상적 개입을 위한 함의

입양 서클의 구성원들은 종종 그들의 발달 과정에 따라 다양한 시점에서 임상적 서비스를 필요로 하고 이를 요구한다. 이러한 도움은 토론집단, 지지그룹, 혹은 개별 상담을 통해 얻을 수 있다. 개인들, 부부들, 혹은 가족들이 그들 자신의 고통 속에 묶여 있는 자아를 발견할 때, 혹은 자신들이 다른 이들에게 걱정을 끼친다고 느낄 때, 정신치료학적인 개입이 필요할 것이다. 가족 구성원들이 그들의 문제를 해결하기 위해 최선의 노력을 하고 있지만 그 결과가 불충분할 경우, 가족 시스템 외부에서 보다 구체적인 도움을 받는 것이 필요하다.

입양 서클의 구성원이거나, 혹은 최종적으로 서클의 구성원이 될 사람들의 대표적인 문제는 입양에 집중되어 있기도 하지만, 때로는 그렇지 않기도 하다. 임신한 십대들은 자신의 아기를 포기할 것인지, 아니면 양육할 것인지에 대해 논의하게 된다. 이혼한 난임 부부는 그들의 결혼 생활 문제를 토론하기 위해 시간을 마련할 것이다. 양부모는 아이가 학교에서 일으키는 문제 때문에 그들의 13살 난 아들을 (임상가에게) 의뢰할 수 있다. 또한 한 가정은 둘 다 유아기 때 입양된 15살 된 딸과 17살 된 아들이 서로 지속적으로 갈등을 일으키는 문제와 관련해 도움을 요청하러 올 수 있다. 어느 60세의 친생모는 우울증을 겪고 있으며, 자신이 입양 보낸 아들을 몹시 그리워하고 있다. 이렇게 임상가에게 의뢰가 되면 과거나 현재의 기능장애에 대한 치료뿐만 아니라 미래의 문제들을 예방하기 위한 기회를 제공받을 수 있다. 이번 6장은 임상가들이 사용하는 조정/개입(임상가들이 의뢰인들의 관계나 이들의 문제에 대해 개입하여 상황이나 문제해결을 조정한다는 의미에서)에 초점을 두고 있다. 그리고 이후 7장에서는 법적 및 사회적 시스템을 통한 주요한 조정/개입에 대해 논의하고자 한다.

친생부모, 양부모, 및 입양인의 발달과제와 그들의 상호관계에 대해 논의했던 5장은 입양 서클 내의 참여자들이 일생을 통한 발달에 대해 그들 스스로 가질 수 있는 잠재적인 영향력에 대한 정보를 제공해 주고 있다.

친생부모의 경우 죄책감, 비난, 수치심, 그리고 상실감과 결별 등의 해결되지 않은 문제는 진행 중에 있는 그들의 발달과제에 장애물이 될 수 있다. 또한 친생부와 친생모가 서로 결혼을 했든 안했든 간에, 그 두 사람의 관계에서 지속적인 갈등이 존재할 수 있다. 결국 새로운 친밀관계를 형성하는 것에 어려움이 생기고, 다른 아이를 출산하거나 양육하기 위해 지나치게 확고한 이유들이 있게 된다. 친생부모는 그들의 미해결된 갈등을 해결하기 위한 도움이 필요하며, 정상적인 발달 과정의 한 부분과 같은 이러한 이슈들을 잘 수행할 수 있도록 격려 또한 필요하다.

한편, 양부모는 난임, 자존감, 그리고 그들의 자녀와의 분리와 애착을 둘러싼 문제로 인해 힘들어한다. 이러한 문제들은 자녀와의 관계에 있어 기대할 수 있는 안정감과, 양육의 즐거움을 방해할 것이다. 양부모는 비생물학적 자녀(입양인)의 양육에 있어 이러한 문제들을 처리하기 위한 도움이 필요하다.

또한 입양인은 입양가정 내의 신뢰와 영속성과 관련하여, 자신의 포기됨과 이와 연관된 상실감을 해결하기 위한 도움을 필요로 할 것이다. 그들은 궁극적으로 자신들을 각기 다른 생물학적 부모와 양육 부모를 가진 사람으로 받아들이고, 이해하기 위해서 동일시와 충성심에 대해 고민하게 된다.

친생부모, 양부모, 그리고 입양인은 상실감과 분노, 애착과 분리, 그리고 모순적인 특징들을 포함하고 있는 정체성에 대하여 공통된 주제들을 공유하고 있다. 이러한 공통된 주제들은 삶의 전반에 걸쳐, 환상과 현실의 측면에서, 서로 상호관계를 맺고 있다. 신념들의 결합이 나타나기도 하며, 혹은 가족 구성원들이 다양한 시점에서 진행 중인 신화에 대해 도전하기도 한다. 그러므로 치료자들은 개별 클라이언트들에 대해서, 그리고 입양 가족 서클 내 임상적 이슈의 상호작용적인 측면 모두를 이해해야 한다.

임상가들이 이러한 과제를 시도할 때에는 입양문제의 관련성을 최소화하거나 혹은 이를 과장시킬 위험성이 따르게 마련이다.

역사적으로, 입양을 어떠한 특수한 이슈도 발생시키지 않는 완벽한 해결책으로 여기며 최소화하는 편견이 존재해 왔다. 더구나 오늘날 일반적인 임상가의 대다수는 여전히 입양 이슈에 대하여 교육받지 않은 무지한 상태이다.

또 다른 극단에는 입양의 중요성을 과대평가하고, 모든 감정과 행동들을 입양이라는 렌즈를 통하여 인식하는 임상가들이 있다. 이러한 경향은 주로, 혹은 전적으로 입양 서클 구성원들의 문제에 개입했던 일부 임상가들에게서 나타나는데, 이들은 클라이언트의 경험 중 고정된 측면에만 빠지기 쉽다. 이와 유사하게, 이혼, 성적학대, 알코올 중독과 같은 다른 임상적 문제를 다루는 경우에도, 전문의들은 입양이슈에 과도하게 렌즈의 초점을 맞추지 않도록 조심해야 한다. 그러나 입양 및 이와 관련된 모든 부분의 다양한 복잡성에 대해 충분히 교육받은 임상가는 개인들의 개별적 성격과 모든 참여자들의 발달 과정뿐 아니라, 그들이 속해 있는 가족과 사회적 시스템을 이해하기 위해 노력할 수 있을 것이다.

입양 서클 내 임상 평가와 치료의 과정

입양 서클 내 임상작업은 개인적·가족적 발달사에 대한 임상가들의 기본적인 이해에 의존하고 있으며, 대안적인 가족 구조가 형성하는 특수한 이슈들을 통해서 정보를 얻고 있다. 그러므로 임상가들은 입양가족 시스템 내 구성원들의 특수한 과제들뿐 아니라, 이러한 과제들 간의 상호관계를 염두에 두고, 입증된 여러 기술들을 사용한다.

거의 일반적으로, 가족들보다는 개인들이 도움이 필요하다고 의뢰되거나, 혹은 개인들 스스로가 도움을 요청한다. 일반적인 실천과정에서는 입양과의 관련성은 초기면접을 위해 특별히 질문되어지지 않는 이상 보통은 즉각적으로 언급되지는 않는다. 오히려, 때때로 뒤늦게 떠오른 생각처럼, 임상작업의 평가 단계에서 나타나기 쉽다. 간혹 입양은 입양 가족 내에서 비밀로 유지되는 경우가 있다. 그리고 대부분의 친생부모의 가족에서도 아동의 출생 사실과 입양 보낸 사실이 비밀로 덮여진다.

임상가가 입양 관계를 둘러싼 사실들을 다루는 방식은 매우 중요하며 즉각적인 치료효과를 얻을 수 있는 기회를 클라이언트에게 제공할 수 있다. 일생의 중대한 사건인 입양에 대한 정보는 적응과 극복을 위한 모든 사람들(입양과 관련된)의 노력의 결과물을 담고 있기 때문에, 이를 통해 치료자는 입양경험이 자극시키거나 혹은 감소시킬 수 있는 문제들이 무엇인지에 대해 인지할 수 있게 된다. 일부 클라이언트들은 자신들의 이러한 경험(입양)이 신중하게 다루어진다는 사실로 인해 곧바로 안도감을 느끼게 될 것이다. 또한 다른 이들은 입양이 반드시 병리학적으로 상처를 남기는 사건이 아님을 알고 안심할 것이다.

각 개인을 평가하기 위해서는 입양과 관련된 이슈를 조사하는 것이 포함되어야 하지만, 전적으로 이에 의존하는 것은 옳지 않다. 임상가는 각 개인의 성격과 발달사 및 입양 이슈가 어떤 부분을 차지하고 있는지를 알려줄 수 있는 자료들을 수집할 필요가 있다. 그러므로 그들은 각 개인들의 성격구조, 가족 구성원 내에서의 위치, 그리고 사회문화적 환경 속에서 그 가족의 위치를 연구할 필요가 있다. 이러한 모든 연구는 그 개인과 가족이 발달상 어디에 있는지를 인지한 상태에서 진행되어야 한다. 이상적으로, 임상가는 개별 인터뷰와 가족 인터뷰를 통해 관련 자료를 수집한다. 이것이 가능하지 않을 경우, 가계도(가족사에 관한 중요한 자료를 수반하는 도표)와 생태도(가족 환경의 자원 및 공동체 관계의 도표)가 중요한 정보를 제공해 줄 수 있으며, 때때로 이것이 치료전문의의 도구 역할을 수행할 수 있다.

사례

15살이었던 스콧은 부모에 의해 아동보호센터에 의뢰되었다. 엄마에 의해 전화상으로 알게 된 스콧의 문제는, 그녀가 스콧의 서랍에서 마리화나를 발견했다는 것이었다. 또 다른 최근의 문제행동들은 거짓말과 동네 상점에서의 도둑질이었다. 그리고 오랫동안 계속되어온 학습의 문제들이 있었으며 스콧은 지금 "나쁜 무리에 끼어들었다." 스콧의 엄마는 이러한 행동들이 특별한 것은 아니며 아들이 항상 고집불통이었고 고의적으로 나쁘게 행동해 왔지만 결코 진짜 문제행동이었던 적은 없었다고 말했다. 그는 지금처럼 가족으로부터 스스로를 소외시켰던 적이 없었다고 했다.

치료자는 스콧과 동맹관계를 맺고 싶은 마음에 처음에는 엄마 없이 스콧 혼자만 만나기로 결정을 했다. 스콧이 치료자를 만나러 기관에 가는 것을 동의할지 모르겠다고 스콧의 엄마가 염려를 했기 때문에, 치료자는 스콧에게 직접 전화를 걸었다. 스콧은 주저하면서 기관으로 오겠다고 말했다. 스콧의 엄마는 아들을 첫 번째 세션에 데려다주었고, 그는 대기실에서 엄마와 대각선 방향으로 앉아있었다. 그는 핸섬했고 체격이 좋은 청년으로 옷차림이나 태도에서는 그가 그와 동행했던 중산층 여인(엄마)과 관련되어 있다는 아무런 실마리를 찾을 수가 없었다. 스콧은 치료자의 인사에 머뭇거리며 응답했고 악수를 하였으며, 끝날 때까지 기다리겠다고 약속을 했던 그의 엄마에게 냉담한 태도로 의문의 눈짓을 보였다.

치료자는 그의 부모가 걱정하는 몇 가지 사실들을 말하는 것으로 세션을 시작했다. 스콧은 그의 서랍을 몰래 뒤지고 꼬치꼬치 캐물었던 엄마의 행동에 대해 갑자기 소리를 지르면서 말하기 시작했다. "부모님은 언제나 내게 무슨 일이 있는지 알고 싶어해요. 자신들과는 상관없는 일인데도 말이죠."라고 강조하며 말했다. 그는 중산층 성인의 가치관을 비난하며 그의 가족보다 낮은 사회적 지위에 있는, 약간 사회적 기능이 떨어지는 자기 친구들 집단의 덕목을 찬양하는, 아주 전형적인 청소년의 성향을 가지고 있었다. 그는 자기 부모가 갖고 있는 교육적이며 전문적인 신념을 자신이 따라가기 원하는지 스스로에 대해 확신이 서지 않았다. 앞으로 무슨 일을 하면서 살고 싶은지 물었을 때 스콧은 그가 성장한 가정에서는 지금껏 아무도 없었던 노동자의 삶의 스타일을 원한다고 말했다.

이러한 반동일시의 성격은 평범한 청소년의 반항심을 넘어서는 것이기 때문에 치료자에게 충격을 주었다. 치료자는 스콧에게 가족과 아주 다르고 싶어 하는 것처럼 보인다고 말했다. 이에 대해, 스콧은 분노하며 소리를 질렀다 "내가 달라지고 싶어 하는 것이 아니라, 난 달라요." 침묵의 순간이 지난 후 그는 다시 말했다. "왜 내가 그들을 닮아야 하나요? 그들은 내 부모가 아닌데요." 그러고 나서 그는 자신이 아기였을 때 어떻게 입양이 되었는지에 대해 설명해 주었다. 그리고 좀 더 용기를 내어, 그는 자신의 친생모는 어렸고 미혼이었으며 그를 돌볼 수가 없었다고 설명하였다. 그는 친생모에 대해 여전히 어리고 선하지만 무책임한 노동자 계층 출신이라고 설명하면서 고정된 환상을 만들어냈다. 친생부에 대해 물었을 때 스콧은 무표정한 모습으로, 한 번도 친생부에 대해서는 생각해본 적이 없다고 말했다. 그는 그의 친생부가 자기처럼 체격이 건장하고 아마도 건축 현장에서 노동일을 했을 거라고 상상을 했다.

첫 번째 세션이 끝나갈 무렵, 치료자는 스콧은 지금 매우 괴로운 상황에 있다고 설명하며 자신의 친생부모에 대한 이미지와 양부모는 너무나 다르지만 친생부모에 대해서는 확실하게 아는 것이 많이 없고 상상만 하기 때문에 특히 어려운 일일 수밖에 없다고 말하였다. 치료자는 모든 십대 청소년들은 자신이 되고자 하며 닮고 싶은 사람을 생각하면서 직업을 갖는데 입양인의 경우에는 좀 더 복잡하다고 설명하였다. 치료자가 알고 있는 다른 십대 입양인의 경우에는, 입양됨에 대해서 조금씩 이해하게 되었고 친생부모와 양부모로부터 분리된, 자신이 진정으로 원하는 것에 대해 실제로 선택할 수 있었다. 이런 관점에서 볼 때 스콧은 이제 막 시작단계이며 저항이 적은 편이었다. 그는 "나는 그것에 대해 그런 식으로는 생각해 본 적이 없어요."라고 말했다. 그는 가족과 만나고 싶다는 치료자의 요청을 받아들였고 다른 개별 세션의 시간을 약속했고, 따라서 치료자는 그에 대해서 좀 더 잘 알 수 있었다. 치료자가 그의 부모만을 따로 만나는 것보다 가족 전부와 만나기로 결정한 것은 스콧과의 동맹계약을 지속적으로 유지하기 위해서였다.

가족과의 세션에서 치료자는 스콧과의 동맹을 시작할 수 있었고 또한 수용적이며 정상적인 태도로 입양 문제를 다룰 수 있었다. 이것은 개인의 역사와 가족의 역동 및 사회적 상황에 대해 한 층 더 발전된 설명을 하는 단계를 만들었다.

스콧의 가족은 초등학교 교사인 46세의 엄마, 엔지니어인 48세의 아빠, 그리고 11살짜리 여동생 제니이다. 가족 세션을 위해 가족이 방에 들어섰을 때, 치료자는 제니가 엄마와 너무나 많이 닮아서 깜짝 놀랐다. 양부와 스콧이 의자에 앉았고(스콧은 치료자와 가장 가까운 의자를 선택하여 앉았다), 제니는 소파에서 엄마 옆에 바싹 붙어 앉았다. 치료자는 세션을 시작했다. 양부모가 스콧에 대해 염려하고 있는 것을 알고 있으며 그래서 가족들에 대해 알아야 할 필요가 있었다고 말문을 열었다. 불과 몇 분안에 불꽃 튀는 대화가 오고갔다.

양부는 스콧의 일탈행동에 대해 불평을 했는데, 특히 마리화나를 피우는 것에 대해 불만을 표시했다. 스콧은 자신을 방어했으며, 엄마가 자신의 서랍을 뒤진 것과 자신은 사생활을 보호받을 권리가 있다는 것을 주장하였다. 그리고 자신은 앞으로도 자신이 하고자 하는 것은 무엇이든지 다 할 것이며 그것은 부모가 상관할 바가 아니라고 분명히 밝혔다. "네가 우리 집에서 함께 살고 있는 한 그건 우리가 상관할 일이다."라고 아버지가 말했다. "그래서 날 쫓아내기 위해 어떻게 할 건대요?"라고 스콧이 물었다. 이때 제니가 갑자기 눈물을 펑펑 흘렸고 양모는 흐느끼기 시작했다. 양부와 스콧은 곤혹스러워하기 시작했다.

치료자는 얼마 동안의 침묵의 순간을 지켜보았는데, 스콧이 아버지에게 질문을 했지만 양부는 아무런 대답을 하지 않았다. 치료자는 "스콧은 당신이 스콧을 내보내고 싶어 하는지를 알고 싫어 합니다."라고 말했다. 양부는 여전히 곤혹스러워했으며 이렇게 대답했다. "나는 더 이상 어떻게 해야 할지 모르겠습니다. 아무것도 효과가 없는 것 같습니다. 나는 스콧이 망가질까봐 두렵습니다." 치료자는 양부의 실망과 걱정을 알게 되었지만 스콧의 내몰림에 대한 질문을 다시 고쳐서 말했다. 그러자 양부는 "난 스콧을 내보내고 싶지 않습니다. 나는 스콧이 책임감 있는 우리 가족으로 남아있기를 바랍니다. 다만 이런 방식으로는 더 이상 안 된다는 것뿐입니다."라고 차분하게 말했다. 치료자는 같은 질문을 울고 있는 양모에게 했으며 양모는 스콧과 함께 있고 싶다고 말했다. 그 다음은 오빠에게 가장 따뜻한 애정을 표현하고 있는 제니에게 같은 질문을 했다. 그러고 나서 치료자는 스콧에게 그들을 믿는지 물었다. "난 제니를 믿어요." 스콧은 눈물을 감추려고 애를 쓰면서 말했다. "왜 부모님은 믿지 않니?"라고 치료자가 물었다. 스콧이 화를 내면서, 자신은 부모님이 자신을 정말 가족의 일원으로 느낀다고 생각하지 않으며, 자신은 너무나 다르다고 말하였다. 스콧은 부모가 계속해서 '그의 문제'를 언급하며, 그의 과거 모습과는 다른 사람으로 변하기를 원하고 있다고 생각했다. 그는 아버지가 자신이 '엔지니어 타입'이 되기를 바랐다고 말했다, 그러나 그는 결코 그렇게 한 적이 없으며, 부모와 같은 '보수적인 중산층'이 되고자 한 적도 없었다.

부모는 그들의 과거 경험에 대한 스콧의 생각을 통해 문제점을 알게 되었으며, 자신들은 스콧이 하고 싶어 하는 것을 하길 바랐으며, 다만 정직과 책임감의 분명한 기준은 준수했어야만 했다고 말했다. 양부는 스콧이 많은 재능을 가지고 있으며 전념하기만 한다면 많은 것들을 할 수 있는 아이라고 덧붙여 말했다. 스콧은 그 말에 발끈했으며 지금까지 내내 "전념하라"는 말을 들어왔다며 자신은 그 말을 제일 싫어한다고 말했다. 그들은 스콧이 재능이 없다고 느끼게 만들어버렸다.

그래서 치료자는 세션의 초점을 부모에게로 바꾸었고, 그들이 항상 스콧에게 실망을 느껴왔던 것이 사실이었는지 물었다. 이에 대해 그들은 "아니에요"라는 애정 어린 대답을 하였다. 양모는 스콧이 예쁘고, 안아주고 싶은, 원기 왕성한 아기였다고 말했다. 그는 누구에게나 기쁨을 주었고 우리에게 꿈을 실현시켜준 아이였어요. "꿈이 실현되었다고요?"라고 치료자가 질문을 했다. 양모는 스콧이 생후 2개월 때 입양이 되었다고 설명을 했다. 그녀와 남편은 아이를 가질 수 없을지도 모른다고 두려워했었기 때문이다. 입양 후 초기에는 아무런 문제가 없었고, 스콧은 여동생이 생긴 것을 좋아하는 것처럼 보였다. 제니는 생후 1개월 때 입양이 되었고 그때 스콧은 4살 반이었었다. 그들은 행복한 가족이라고 느꼈다.

단지 스콧이 학교에서 학업부진의 문제를 가지고 있었을 뿐이었다. 스콧은 읽기와 수학에 문제가 있어서 무척 힘들어했다. 그래서 두 과목에 대한 보충학습을 받았으며, 집에 오면 숙제를 끝마칠 때까지 자주 긴장을 하곤 했었다. 양부도 입양 후 초기에는 모든 것이 좋았다는 것에 동의했다. 제니는 자신이 얼마나 오빠와 재미있는 시간을 보냈었는지에 대하여 이야기하였고, 여전히 종종 재미있게 보내긴 하지만 그전만큼은 아니라고 말하였다. 제니는 핸섬하고 건장한 자기 오빠를 진심으로 숭배하였다.

부모와 여동생이 설명했던 가족의 생활에 대해 스콧도 동의하는지 물었을 때, 스콧은 "그렇기도 하고 아니기도 하죠."라고 말했다. 그렇다, 그들은 잘 어울리는 행복한 가족이었지만, 그는 부모님이 그의 학업문제 때문에 늘 실망을 했었고 한 번도 그가 충분히 노력했다고 생각한 적이 없었다고 알고 있었다. 양부는 덧붙여 말하길, 스콧이 좀 더 잘 할 수 있는데 더 열심히 노력하지 않아서 늘 실망스러웠다고 했다. 스콧은 조소하듯이 "전념하라"라고 내뱉듯이 말했다. 이때 치료자는 "엄마와 아빠는 스콧이 노력만 한다면 학업을 더 잘할 수 있을 거라고 생각한다. 하지만 스콧이 그렇게 할 수 있는지도, 원하는지도 확실하지 않으며, 부모님의 그런 염려를 스콧은 실망감이나 거절로 받아들였을 수 있다."며 뒤이어 말했다. 그리고 모두들 사이에는 침묵의 동의가 있었다.

치료자는 다음으로 제니에게 논쟁의 방향을 돌렸다. 제니는 다소 느긋하고 애정 어린 아동으로 아무런 문제가 드러나지 않는 평범한 학생처럼 보였다. 그녀는 특히 양모와 가까운 관계를 가졌고, 아무런 혈연관계가 없음에도 양모의 외모를 꼭 빼닮았다. 반대로 스콧은 마른 체격의 양부와 전혀 닮지 않았으며 피부색도 현저히 달랐다. 시간이 약간 흐르고 난 뒤, 치료자는 결론을 내렸다. 이 가족은 서로 강한 유대관계를 가지고 있으며 이것은 오래전에 형성되어 온 것으로 가족들은 서로를 깊이 생각하고 보호하고 있는 것으로 보인다고 말했다. 또한 그 유대관계가 지금 현재는 약간 불안정한 것처럼 보이며 그래서 가족들은 무슨 일이 일어날까봐 걱정하고 있는 것으로 보인다고 말했다. 그러한 상황은 치료자가 알고 있는 다른 입양가족을 떠올렸는데, 그 가족에 입양된 아동은 자신의 입양가족이 아무런 혈연관계가 없는데도 영원한 관계를 맺을 수 있는지에 대한 특별한 질문을 했었다. 이들 가족들은 이처럼 힘든 시간을 거쳤음에도 영원히 한 가족이라는 것을 서로에게 안심시킬 방법을 찾아야만 했다. 그리고 이것이 이 가족의 진실인지는 잘 모르겠지만 일부분으로는 생각된다고 말했다.

치료자의 이러한 코멘트에 대해 가족들이 모두 약간 동요한 것 같았지만 잘 경청하였다. 다른 진단 세션의 시간이 잡혔는데, 세션의 반은 가족 전체를 위한 것이고 나머지 반은 부모들만 참여하는 것이다.

첫 번째 가족 세션은 많은 효과적인 방법들로 진행이 될 수 있었다. 이 특별한 치료자는 그녀가 보기에 가장 명백한 문제라고 생각되는 '가족의 영원성' 문제에 전적으로 초점을 맞추기로 결정하였다. 치료자는 가족의 긍정적인 애착관계는 확인된 반면 나중에 치료가 필요한 진짜 갈등에 대해서는 탐색하지 못했음을 강조하였다. 치료자는 최종 코멘트에서, 가족의 어려움들과 입양문제들 사이에 연관성이 있다는 것에 대해서는 혹여 방어적인 반응이 있을 수 있기 때문에 부드럽게 말했다.

스콧과의 두 번째 개별 세션은 다음번 가족 세션이 있기 전에 이루어졌다. 이번에는 스콧의 학습문제와 자존감의 감소, 그리고 이러한 문제들이 그를 그의 가족 내에서 '괴짜'로 느껴지도록 만들었던 방식에 대해 초점이 맞추어졌다. 스콧은 그의 아빠와 엄마가 서로 매우 가까운 사이며 제니와 엄마는 특히 더 가깝다고 생각했다. 치료자가 제니와 엄마가 서로 굉장히 많이 닮았다고 말하자 스콧도 그렇다고 말했다. 치료자는 농담식으로 물어봤다. "정말로 제니가 입양되었다고 생각하니?" 스콧은 미소를 지으며 자신도 그 부분에 대해서 자주 생각했었고, 어찌나 두 사람이 많이 닮았는지 오싹할 정도였다고 말했다. 그리고 자신은 아빠와 전혀 닮지 않았다고 덧붙였다. "감사한 일이죠. 아버지는 어깨가 없는 남자니까요." 치료자는 스콧이 부부의 난임과 같은, 아빠의 또 다른 결핍 부분을 생각하는 것은 아닌지 놀랐지만 이런 질문을 하는 것은 너무 성급하다고 느꼈다. 치료자는 스콧이 가족 내에서 괴짜같이 느끼는 것과 친생부모일 가능성도 있는, 닮고 싶은 누군가를 찾기 원한다는 이 두 가지 사실을 서로 관련지었다. 다음 가족세션을 준비하면서, 스콧은 사실 지난번 세션이 좋았고 치료자가 그의 부모님만 따로 만났던 것 또한 좋았다고 강조했다.

두 번째 가족세션의 초반 분위기는 크게 화가 나진 않은 것 같았으나 여전히 격렬했다. 치료자가 지난번 세션에 대해 어떤 의견이 있는지 물었으나 아무런 대답이 없었고 치료자도 더 이상 캐묻지 않았다. 대신에, 가계도를 사용하여 가족의 역사에 대한 정보를 수집하는 것에 중점을 두었다. (그림 6-1을 보라). 부모들은 그들 각자의 원가족에 대해 설명을 했고 스콧과 제니는 가끔 질문을 하거나 그들이 알고 있는 친척들의 이름을 말하기도 했다. 두 부모들의 가족들은 상당히 안정되어 있었고 교육과 성취에 대해 높은 가치관을 갖고 있었다. 가족의 화합을 또한 매우 중요시하며, 정기적인 모임과 만남을 가지고 있었다.

스콧의 양모는 4형제 중의 막내로 모친과 특별히 가깝게 지내왔으며(지금은 돌아가셨다), 그녀가 가족 내에서 우상적인 '아기'였다는 사실에 가족 모두가 동의하였다.

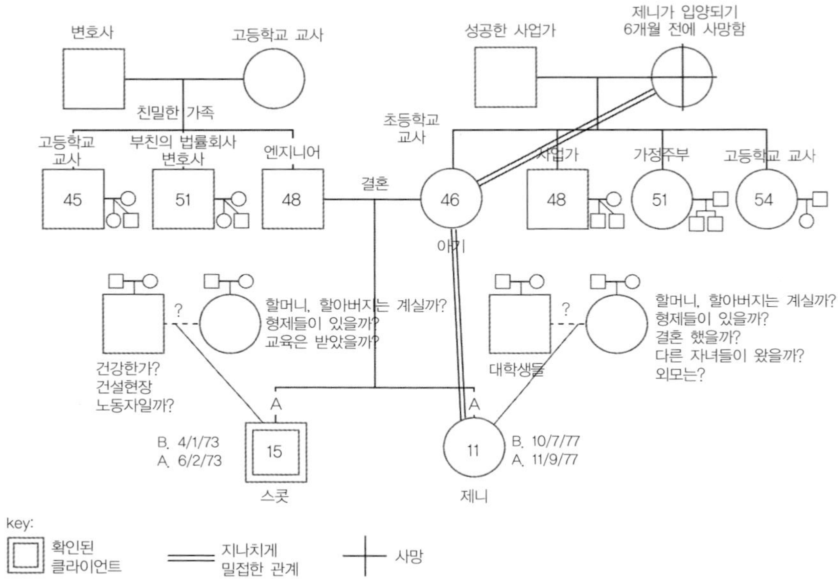

[그림 6-1] 스콧 가족의 가계도

스콧의 양부는 3형제 중, 둘째 아들이었다. 그의 형은 부친의 법률회사에서 함께 일하고 있으며 남동생은 모친처럼 고등학교 교사였고, 양부모는 20대 중반에 만나서 데이트하고 2년 후에 결혼을 했다. 그들은 서로에 대해 늘 편안함을 느끼며 많은 관심사들과 가치관을 나누었다. 가족에 대한 계획과 희망에 대해 질문을 하자, 두 사람 모두 세 명 내지 네 명의 자녀를 갖고 그들이 성장했던 가족처럼 그들의 가족이 서로 가깝게 지내는 것이었다고 말했다. 그리고 자녀들에게 고등교육의 기회를 주고 싶었다. 스콧은 자세가 불편해 보였고, 치료자는 그 소망을 실현하는 것이 지금 약간의 문제가 생겼다고 설명하였다. 양부는 덧붙여서 자신은 아들과 함께 일하는 것이 소망이었다고 말하였다. "당신의 형님과 아버지처럼 말이죠?"라는 치료자의 물음에 그는 수줍게 끄덕였다.

이때 스콧과 제니의 입양에 대한 탐색이 진행되었다. 치료자는 부부의 난임의 원인에 대해서는 그 어떠한 질문도 하지 않았으나 그 대신 입양에 대한 그들의 노력들과 관련된 질문을 하였다. 두 아이 모두 기관을 통한 입양이었고 순조롭게 이루어졌었다. 제니는 입양의 절차들에 대한 질문들을 했고, 스콧은 그들이 얼마를 지불했는지를 알고 싶어 했다. 치료자는 스콧에게 스스로 얼마 정도의 가치가 있다고 생각하는지를 농담조로 물어보았다. 그는 미소를 지었고(가족 세션에서 그가 처음으로 웃었던 때이다), "이천이나 삼천만 달러 정도요."라고 자신의 가치를 매겼다. 양부 또한 농담조로 스콧에게, 스콧이 그를 실망시킨 것은 유감으로 생각하지만 기관의 서비스에 대한 기본적인 비용은 있는 것이며, 그것은 몇 백 달러 정도로, 모든 아동들에게 똑같이 적용되는 것이라고 말해 주었다. 이때, 세션의 분위기가 한층 더 편안해졌다.

스콧과 제니가 가계도를 펼쳤고, 치료자는 스콧의 친생부모 쪽에 그림을 그려놓고, 스콧에게 친생부모에 대해 무엇을 알고 있는지 질문하였다. "많지는 않아요."라고 스콧이 대답을 하였다. 치료자는 약간 특정한 질문들, 즉 나이, 교육, 건강에 관해 물어보았고, 이미 스콧과의 개별 세션에서 얻었던 정보를 참고로 하였다. 양부모에게 질문을 했을 때, 그들은 더 이상의 정보를 줄 수가 없다고 말했다. 따라서 많은 물음표가 가계도에 표시 되었다. 제니의 경우에도 비슷한 과정으로 진행되었는데, 제니는 질문에 매우 불안해했다. 그녀가 부모에 대해 아는 것이라고는, 그녀의 부모가 대학생이었고 아기를 키울 준비가 되어있지 않았다는 것뿐이다. 제니는 그들이 끝내 결혼을 했는지 못했는지는 알지 못하였다. 더 많은 물음표들이 가계도에 표시가 되었다. 제니도 스콧도 이러한 질문들에 대한 답을 찾고 싶다는 말을 하지 않았다. 가계도를 보면서 그들의 미래에 어떤 일이 있었으면 좋겠냐고 물었을 때, 제니는 유치원 교사가 되고 싶으며 아이를 많이 갖고 싶다고 말했다. 스콧은 모르겠다고 말했다. 그리고 아마도 결혼을 하겠지만 오랜 시간이 지난 후에 할 것이며, 건축현장에서 일을 할 것 같고 아이는 나중에 가질 거라고 말했다.

가계도를 보면서, 치료자는 양모의 가족에서 엄마와 막내딸들 사이에 친밀한 관계의 패턴이 있음을 알게 되었다. 제니의 입양은 양모의 모친이 죽은 지 6개월 후에 이루어졌으며 이것이 아마도 가까운 모녀 관계를 재설립하는 데에 특별한 의미를 갖게 했을 것이다. 치료자는 양부가 그의 형제들이 그랬던 것처럼 부모님과 공통적인 직업을 공유하지 않았기 때문에 "혹시 가족 내에서 일종의 괴짜였던 건 아니었을까요?"라고 큰 소리로 말했다. 양부는 조심스럽게 "당신이 그렇게 말할 수 있다고 생각합니다."라고 말했다. 스콧은 "괴짜"라는 단어를 의기양양하게 언급하면서, 그것은 그의 개별 세션에서 나왔던 주제라는 걸 알았다고 지적하였다.

스콧과 제니는 "30세 이상만"을 위한 집단세션에는 참여할 필요가 없었고, 음료수를 사러 나갔다가 자동차에서 부모와 만나기로 약속하였다. 다음 주에 피드백 세션을 위한 계획이 짜여졌다.

가계도를 만드는 과정은 친생부모의 존재에 대한 민감한 자료를 수집하는 좋은 방식이었으며 또한 가족 양식의 영향력에 대해 생각하게 만들었다. 그리고 스콧의 돌출행동을 유발하게 만든 역동 단계를 형성하였다. 이번 세션에서는 스콧이 엄마와 제니의 애착관계와 자신의 학업 성적에 대한 아빠의 압력이 가족 역사로부터 비롯된 것임을 이해하기 시작 했다. 치료자는 부모들이 얼마만큼 이것에 대해 흥미진진해 하는지 알고 싶었다.

양부모는 아이들이 세션에서 빠진 이후 눈에 띄게 편안해 보였다. 치료자는 이것이 궁금했고, 양부가 "이건 정말 힘드네요." 라고 대답했다. 그는 이전에는 결코 해본 적이 없는 방식으로 모든 일을 생각하기 시작했다고 말했다. "엔지니어들은 이런 식으로 생각하지 않죠."라고 농담을 던졌다. 양모는 이것이 힘들고 벗어나고 싶었으며 상상했던 것보다 훨씬 더 복잡하다는 생각이 들었다고 말했다. 동시에, 스콧이 첫 번째 세션 이후 더 차분해졌고 더 노력을 했기 때문에 희망이 생겼다고 말했다.

치료자는 양부모에 대해 더 많이 알기 위해, 특히 그들의 부모역할 부분에 대해서 토론을 벌이기 시작했다. 두 사람 모두 스콧에 대해 큰 애정을 보였다. 양모는 스콧을 입양할 수 있어서 너무나 감사하다고 했다. 양부는 스콧을 입양한 후 한동안 즐거운 시간을 가졌었는데 요즘의 어려움들 때문에 상실감을 느낀다고 말했다.

치료자는 그들이 이러한 행동문제들을 어떻게 다루었는지를 물어보았고, 이들이 사실은 자녀양육에 있어서 많은 제약들을 정해두었고, 우유부단하게 훈육하고, 일관성이 없고 따라서 비효과적이었다는 것을 알았다. 그들의 단호함이 부족했기 때문에, 양부모는 그들의 친구들과 제니가 스콧이 집을 나가는 것은 양부모 때문이라고 말하는 것에 동의할 수밖에 없었다. 그들은 아이를 잘 훈육하는 방법을 모르겠다고 인정하였고, 그러나 제니는 키우기가 매우 쉬웠기 때문에 그럴 필요가 없었다고 말했다. 치료자는 그들이 아들을 잘 훈육하지 못하는 모습에 당황스러웠다. 왜냐하면 그들은 지적이었고, 강하며 섬세한 사람들이며, 특히 양모는 학교에서 한 반의 많은 아이들을 다루고 있었다. 그런 그들이 왜 스콧은 다루기 힘들어 하는가?

부모들은 아무런 설명을 하지 못했다. 치료자는 양부모에게 자신이 알고 있는 한 양부모에 대해 이야기 해주었다. 그 양부모는 아이를 갖게 된 것에 대해 감사하는 마음을 가진 나머지 약간 과잉보호하기 시작했다. 그래서 필요할 때조차 훈육을 하기 어려울 수밖에 없었다. 양모는 이 이야기를 들으면서 자신의 경우를 말하는 것일지도 모른다는 생각을 했다. 양부는 자신들이 스콧과 싸우게 될까봐, 그래서 혹시라도 스콧이 떠나버릴까봐 줄곧 두려워했었다고 말했다. 치료자는 "혹시 그 반대는 아니었을까요" 하고 질문을 던졌다. 즉, 그렇게 딱딱한 규제들이 오히려 스콧에게는 거리감을 느끼게 했던 것은 아닐까 하는 것이다. 이 말에 양부모는 굉장히 당황스러워 하며 서로를 쳐다보았다.

다음으로 치료자는 부부의 난임에 관해 질문을 했다. 약간 불편한 침묵의 순간들이 흐른 후, 양부가 자신의 정자 수가 적었다고 말했다. 양모 또한 난임의 원인은 아마도 자신에게 있었을 거라고 말했는데 자신의 생리가 불규칙적이기 때문이라고 하였다(그러나 계속된 질문에서도 양모에게 문제가 있다고 진단되었던 것은 없었다). 양부는 자녀들이 자신의 정자 수가 적었다는 것에 대해서는 알지 못한다며 아이들이 아는 것을 원치 않는다고 하였다. 치료자는 가족 세션에서 이 문제를 다루는 것이 두렵냐고 물었고 양부는 그렇다고 하였다. 그래서 치료자는 이것을 개인적이며 성인들의 문제로 인정하고 부부세션에서 따로 다루기로 하였다. 치료자는 양부의 난임이 양부가 아들에게 많은 행동규칙 두기를 주저하는 것에 일부 연관이 되었다고 생각되지만 양부가 매우 민감한 반응을 보였고 양모 또한 양부를 보호하려는 태도를 보였기 때문에 이번에는 그 문제에 대해 더 이상의 논의를 하지 않기로 결정하였다.

치료자는, 때때로 아주 오래전의 감정들이 우리의 현재의 기능에 포함되어 있다고 조언하였다.

피드백 세션은 세 파트로 나뉘어 구성되었다. 가족 전체가 함께 하는 시간, 부부만의 시간, 그리고 스콧과 치료자만의 시간. 치료자는 자신이 이 가족을 겨우 알기 시작하는 단계이며 가족의 생각에 대해 어떤 조언을 해야 할지 이제 조금씩 정리가 되고 있다는 말로 세션을 시작하였다. 치료자는 자신이 보기에 이

가족은 매우 가깝지만 중요한 건 가까움에도 불구하고 서로를 잘 이해하지 못하고 있으며 그렇기 때문에 문제가 생기는 것으로 보인다고 말했다. 아이들을 자신들의 혈통과 그대로 똑같이 만들고 발전시키고 싶은 부모의 강한 소망이 그들로 하여금 자녀들의 개인적인 자질을 깨닫기 어렵게 만들었던 것이다. 가계도 만들기를 통해, 치료자는 양부가 자신의 부친과 형의 관계처럼 자신도 특별한 아버지와 아들의 관계를 만들고 싶다는 소망 때문에 스콧이 흥미도 없고 재능도 없는 분야의 기술을 발전시키도록 지나치게 압력을 가했을 가능성이 있다고 조언하였다. 양모도 마찬가지로 자신이 모친과 가졌던 매우 만족스러운 관계를 그대로 재현하기 위해 제니와 가까운 관계를 만들었을 가능성이 있었다고 말했다.

치료자는 제니가 이제 나이가 들면 부모로부터 독립을 할 때가 올 것이고, 그때 아마도 엄마의 욕구를 만족시키고 싶지만 자신의 욕구가 생기고 그것을 인정하고자 하는 마음과 부딪히게 될 것이라고 추측했다. 또한 모든 가족들이 현재 진행되고 있는 이러한 가족의 패턴들과 싸우게 되는데, 그것은 탄력에 의해 자연히 없어지게 되는 것이 아니라 가족들 서로가 진정으로 선택함으로서 그것을 분리해 낼 필요가 있는 것이라고 덧붙였다.

치료자는 스콧이 지금 가족 내에서 가장 힘든 위치에 놓여 있다고 생각되며, 그 때문에 이러한 문제 행동을 보여 온 것이라고 말했다. 또한 스콧이 과거 수년 동안 보상을 받아왔기 때문에 아무도 그가 학업문제로 감정적인 고통을 겪어왔다는 것을 추측하지는 못했다. 그러나 스콧은 그런 문제를 가진 다른 대부분의 아이들처럼, 자신에게 어떤 부족함이 있으며 스스로를 비밀스러운 '실패자'로 생각하기 시작했고, 이것은 그가 자신에 대해 나쁘게 느끼도록 만들었다. 그는 자신의 부모들이 "실패자"라고 알고 있는 아이들과 어울리기 시작했고, 이것이 그가 스스로에 대해 어떻게 느꼈는가를 이야기하는 방식이었다. 치료자는 교육과 성취에 대한 가족의 세대적 가치관이 스캇의 상처에 소금을 뿌려댄 격이었다는 자신의 견해를 가족들과 나누었다. "당신 가족의 또 다른 실상은 스캇과 제니의 입양 사실을 마치 출산한 것처럼 한다는 것입니다."라고 치료자는 말했다.

> 가장 중요한 면에서, 당신의 가족은 친생가족과 같이 기본적인 일상생활에서 생활하고 사랑하고 싸우고 일합니다. 그러나 입양가족에는 특별히 요구되는 사항들이 있습니다. 예를 들면, 스캇과 제니에게는 다른 친생부모가 있으며 이들이 그 친생가족에 대해 생각하고 어떤 감정을 가지는 것은 아주 자연스러운 일이라는 것입니다. 특히, 스캇의 나이에는 그가 원하는 성인에 대해 생각을 하는데, 그때 그는 자신이 누구를 닮았는지 누구처럼 될지에 대해 생각을 해야만 합니다. 제니도 비슷한 생각을 하게 되겠지요. 제니는 우연히 지금의 엄마와 많이 닮았고 그래서 어떤 면에서는 더 쉽게 적응을 했지만, 여전히 똑같은 질문들이 많이 있습니다. 엄마와 아빠 또한 아마도 궁금한 점들이 있겠지요.

치료자는 자신이 설명한 가족의 문제 해결을 돕기 위해 스캇과 가족의 개별 세션이나 부모 세션들을 통합하여 진행하는 것을 제안하였다. 스캇은 약간 딴청을 피웠지만 정기적인 세션은 기꺼이 동의하였다. 제니와 부모들은 가족 세션을 갖는 것에 동의하였다. 세부적인 해결방법을 찾기 위해 부모들과 개별적으로 가진 세션에서 그들은 스콧을 위한 행동 규칙을 확실히 세우기 위한 도움을 요청하였고 다음 세션에서 스콧과 함께 작업하기 위한 계약서의 초안을 만들기로 하였다.

치료자는 스콧에게 내재되어 있는 부정적인 감정과 관련된 개별 작업의 목적을 확인하기 위해 잠깐 동안 스콧을 만났다. 그는 예를 들어 록 콘서트와 같은 중요한 일이 있을 경우에는 세션에 참석할 수 없다고 치료자에게 강력히 주장하였다. 치료자는 스케줄을 융통성 있게 하겠지만, 토론하기 괴로운 주제이거나 치료자에게 어떤 일로 화가 나서 치료에 오고 싶지 않을 때도 있을 것이라고 말했다. 그리고 치료에 오기 위해 더 열심히 노력함으로써 이런 힘든 시간을 통과하여 문제를 해결하기 바란다고 말했다.

이 사례에서의 치료적 작업은 같은 치료자가 청소년과 가족 모두를 만나는 타당성에 대한 의문을 불러일으킨다. 이 특별한 치료자는 이런 방식으로 작업하는 것에 익숙해 있으며 각각의 치료 대상자들과 직접 경험하는 것을 선호한다. 스콧과의 초기 경험에서, 치료자는 스콧이 치료자와의 치료적 협조관계를 유지할 수 있으며 개별 작업과 가족작업이 서로의 치료효과를 끌어올릴 수 있을 것이라고 판단했다. 스콧 자신이나 타인에게 위험하다고 판단되는 징후를 제외하고는, 비밀보장에 관한 전통적인 원칙이 스콧에게 제시되었다. 치료자는 이상과 일탈 모두를 포함하는 심리적 기제의 하나로서, 자신을 마치 친생모로 전이시킬 수 있는 가능성을 주의하였다.

이 가족의 치료는 앞서 추천되었던 대로 진행이 되었다. 스콧은 가족과 부모들과 마찬가지로 매주 1회씩 치료자를 만났다. 1년 반 동안의 치료작업 동안, 제니와 스콧은 세 번의 세션에서 함께 만났다.

스콧과의 세션에서는 제일 우선적으로 스콧이 가지고 있는 불충분한 느낌들에 대해 중점을 두었고, 두 번째로는 학습문제에 대해서, 그리고 가족 역동 안에서 진행되었던 감정의 방식들에 대해 초점을 맞추었다. 스콧은 자신에 대한 아버지의 실망감을 확실히 느꼈으며 자기 아버지는 아들이 남자 제니가 되기를 바랐다고 느꼈다. 스콧은 오랫동안 이런 상상을 했는데, 사실 제니는 양부모의 친딸이며 단지 자신을 보호하기 위해서 제니가 입양되었다고 말한 것이라고 생각했다. 그리고 자신의 친생모는 자신의 학습능력에 문제가 있다는 것을 알았기 때문에 자신을 입양 보냈을 거라고 믿었다. 세션이 진행되면서, 스콧은 친생부모에 대한 호기심이 증가하였고 나중에 친생부모에 대한 정보를 찾아보아야겠다는 생각을 했다. 스콧과 치료자와의 관계는 좀 더 강도가 높았는데, 이는 15세 소년들에게서는 흔한 것이다. '전이'는 처음부터 다루어졌지만, 스콧의 행동이 예전으로 상당부분 되돌아간 종결단계 동안에는 특히 두드러졌다. 치료자는 스콧의 친생모가 존재하지만 스콧과 접촉하지 않는 것과 마찬가지로, 스콧에게 있어서 종결은 치료자가 존재하지만 스콧과의 접촉은 없다는 것을 의미하는 것이라고 설명했다.

가족 세션에서는 가족들 간의 상호작용 문제에 중점을 두었다. 치료자는 양부의 은밀한 의사전달방식과 아들에 대한 압력을 지적했는데, 양부는 그것을 점차 인정할 수 있었고 조절할 수 있게 되었다. 양모와 제니는 좀 더 적절한 거리를 두게 되었고 이는 아버지와 딸 사이에 보다 많은 정서적인 접촉을 갖게 했다. 그리고 양부가 스콧에게만 과도하게 집중하는 것을 줄이게 했다. 제니는 스콧에게서 나타났던 입양과 관련된 문제들을 똑같이 나타냈으며, 자녀들끼리의 세션에서는 두 사람 모두에게 공통적으로 관련된 사항들에 대해서 서로 격려하기도 했다. 부모의 세션에서는 부모역할을 하는 데 있어서의 방해물들에 중점을 두었고, 해결되지 못한 난임의 갈등들에 대해 일부 재작업에 들어갔다. 양부모는 서로가 스콧과 제니의 부모 역할을 하는데 있어서 각자 필요한 것들을 가르쳐주며 도울 수 있었다.

가족 내에서 그리고 학교에서의 스콧의 인간관계는 치료 초기에 상당히 개선되었다. 그러나 지역사회 내에서의 스콧의 기능은 여전히 불안정하였다. 비록 그가 내면적으로는 변하기 시작했지만, 어울리는 친구들 집단을 바꾼다거나 그에게 미치는 집단의 영향력과 싸운다는 것은 그에게 어려운 일이었다. 그는 양부모가 자신에게 만든 효과적인 행동규칙에 순응하였고, 행동면에서는 규칙을 벗어나지 않고 준수하였다. 여름방학 때는 지역에 있는 초급대학의 프로그램에 등록하였고 임학과 보호림 분야에 흥미를 갖게 되었다. 부모님의 열성적인 지지를 받아, 그는 졸업 후에 이 프로그램에 계속해서 다닐 계획을 세웠다.

4년 후, 양부모는 다시 제니의 문제를 의논하기 위해 치료자를 찾아왔다. 제니는 매혹적인 아가씨로 자라있었다. 양부모는 제니가 성적으로 발달해서 혹시 임신을 하지 않을까 하고 두려워하고 있었다.

제니와의 진단적 세션에서, 치료자는 제니가 자신이 성적인 이미지가 강한 사람이 아닌가 하는 갈등에 휩싸여 있다는 것을 알 수 있었다. 제니가 양모와 많이 닮았던 이전의 사춘기 때는 자신의 생물학적 유전에 대한 궁금증과 생각들을 억눌렀었다. 그러나 이제 제니의 신체는 양모와 매우 달라졌으며, 제니가 자신의 생물학적 혈통에 직면했다는 사실에 그저 서로 놀라울 따름이었다. 동시에, 양모는 자신의 이상적인 친딸의 이미지를 가진 제니를 잃었으며, 자신의 딸의 성적인 이미지가 드러나는 것에 대해 실망하고 혼란스러워했다. 제니는 정체감을 찾아가는 한 부분으로 자신의 친생모가 했을 거라고 상상했던 행동들을 가끔 하기도 했었다. 제니는 책임감 있는 성적 행동과 무책임한 성적 행동 사이를 왔다 갔다 했다.

그리고 자신의 친생모도 그렇게 했을 거라고 생각했던 것처럼, 자신도 임신을 하게 되는 기회가 생겼다. 그녀는 자기 자신을 방어하고 비난을 한 동시에 자신의 친생모를 방어하며 비난을 했다. 그녀는 자신이 누구를 닮았는지 혼란스러웠으며 친생모와 닮고 싶은 소망과 친생모를 닮으면 어쩌나 하는 두려움을 동시에 가졌다.

제니는 매주 한 번씩 치료자와 만났으며, 그녀의 부모님은 4개월간의 치료기간 동안 매달 한 번씩 치료자와 만났다. 그동안 모녀간의 세션이 세 차례 있었다. 치료의 초점은 제니가 스스로에 대해 알아가도록 돕는 것이었다. 제니는 자신의 감정들과 행동을 검토하고 나서, 자신이 친생모를 재현할 필요가 없으며 양모의 이상적인 자녀가 될 필요도 없다는 것을 깨닫게 되었다. (제니와 양모는 모두 초기의 강한 애착관계로부터 제한된 애착관계로 바뀌게 되었다.)

치료의 마지막에는 제니가 자신의 성적인 행동을 적절히 통제하게 되었으며, 양부모님도 제니의 통제에 대해 안심하게 되었다.

스캇과 제니는 위험한 행동을 해왔었다. 스캇은 학교에서 정학을 당하게 되었으며 불법적인 행동들에 연관되어 있었다. 제니는 쉽게 임신을 할 수 있거나 성병에 걸릴 수 있는 상태였다. 그들의 부모들은 그들처럼 도전적이거나 융통성이 있지 못했으며 지금의 치료자처럼 입양 문제에 대해 알고 있거나 기술적으로 충분히 숙련된 치료자도 없었기 때문에, 이 젊은이들 중 누구든지 병원의 입원환자가 되는 것으로 결말이 났을지도 모르는 일이었다.

그들의 이러한 역사 때문에, 가정 이외의 곳으로 입양인을 보내는 것은 특별한 논란들과 문제들을 가져온다. 때때로 입양인의 심화된 문제행동은 최초의 입양동의(아동을 포기하는 것)를 재현하게 만든다. 입양인과 가족에 대한 이런 현상을 제대로 해석하여 입원과 상처의 반복을 방지할 수 있는 경우도 있다. 가족체계 내에서 역동이 매우 강력한 경우에는 아동의 재배치가 불가피할 수도 있다. 입양인이 행동방식을 그만둘 수 없을때는 내쫓기거나 부모들이 아동에 대한 책임을 반납하기로 결정하게 된다. 입양인은 다시 버려진 나쁜 아기가 된다. 양부모들은 아이를 책임감 있게 돌볼 수 있는 다른 사람을 찾을 수 있는 상황에 아이를 다시 옮겨 놓음으로서 친생부모가 했던 아동의 포기를 재현한다. 그리고 의식적이든 무의식적이든 아동의 친생부모가 와서 아이를 데려가기를 바란다. 뿌리찾기와 상봉에 착수하기 전에 이러한 바람들이 명확해지는 것이 치료작업을 위해 필요하다. 따라서 병원입원이나 시설입소 치료에서는, 치료자들이 입양인의 분리 및 방임과 관련된 이런 특별한 이슈들을 다루기 위한 팀을 구성하여 치료를 해야 한다.

그러한 이슈들은 입양인과 그들의 가족들이 직원들 및 다른 환자들과 맺게 되는 여러 종류의 관계들뿐만 아니라 입양인의 가출 형태와 퇴원 계획을 세우는 데에도 반영이 된다. 시설입소 배치의 위기는 때때로 가족역동을 재생시키며 입양가족 관계의 영속성을 가져오는 재계약을 만들어 낼 수 있다. 비록 그러한 재계약이 이루어지더라도, 입양관련 이슈들은 입양서클 당사자들의 일생 동안 계속되며 성인기의 다른 시점에서 개입을 필요로 한다. 이러한 일생의 특징은 친생부모에게도 똑같이 적용되는 것으로 여기 미세스 엘리자베스 엠의 사례에서도 잘 나타나 있다.

엠 부인은 48세 때 우울증 치료를 받으러 갔다. 그녀는 일생 동안 반복되는 우울증으로 고통을 겪고 있었지만 한 번도 그것 때문에 치료를 받은 적은 없었다. 그녀는 근래에 들어 많이 쇠약해졌다는 느낌이 들어 아마도 폐경기가 다가왔나 보다고 생각 했고, 자신에게 정신과 상담을 권유했던 산부인과 의사와 상담을 했었다. 엠 부인의 과거력에서 그녀의 원가족은 알콜중독자였던 아버지와 우울증 환자였던 어머니가 있는 문제 많은 가족이라는 것이 드러났다. 엠 부인 자신이 알코올중독자와 첫 번째 결혼을 했으며 그 남자와 이혼한 후 다시 결혼하여 세 명의 자녀를 낳고 행복하게 살았다. 그녀는 특히 큰 아들인 조나단과 강한 애착관계를 맺었는데, 조나단은 현재 대학에 입학하여 집을 떠났다. 그녀는 아들이 떠나면서 극도의 상실감을 느꼈다. 이러한 극도의 상실감은 엠 부인이 심하게 고통스러워했던 여섯 번째 세션에서야 겨우 이해할 수 있게 되었는데, 그녀가 16살 때 아기를 낳아 포기했던 사실을 알게 되었다.

그녀는 조나단과의 헤어짐을 통해 자신의 첫 번째 아기를 상실했던 아픔이 다시 떠올랐는데, 그 상실감은 32년 전에 충분히 애도하지 못했었던 것이다.

엠 부인이 털어놓은 이야기인즉, 자신은 의기소침하고 불안했던 십대소녀였는데 유명한 축구 선수와 미친듯이 사랑에 빠졌고 그의 아기를 임신하게 되었다. 되돌아보면, 엠 부인은 이것이 그와 결혼할 수 있는 방법이며 그렇게 되면 불행한 집을 떠날 수 있을 거라고 생각했던 것이다. 그러나 그는 결혼을 거절했고, 엠 부인은 숙모의 집으로 피신했다가 아이를 낳아서 입양을 보냈다. 그녀의 슬픔은 아기를 잃은 것보다는 남자친구를 잃은 것과 좀 더 관련이 있었다. 그녀는 아무에게도 자신의 첫 번째 아기에 대해서 말하지 않았고, 자신도 그 아기를 생각하지 않으려고 노력해 왔다. 그녀의 치료는 첫 번째 임신에 이르기까지의 우울증과 아이를 잃은 것에서 비롯된 우울증에 초점을 맞추어 진행되었다.

엠 부인은 결코 자신의 첫 번째 아기에 대해서 남편이나 자녀들에게 말한 적이 없었으며 앞으로도 말해 줄 자신이 없었다.

뿌리찾기와 상봉이 점점 더 보편화되고 있다는 말을 들으면서, 그녀는 자기 아들이 잘 지내고 있다는 것을 확인할 수 있으면 좋겠다는 생각을 종종했다. 그녀는 여전히 자신과 가족을 보호해야 한다고 생각하기 때문에 아들과 계속해서 연락을 하고 싶은 마음은 없었다.

이 사례는 입양 서클의 이슈들이 전체적인 발달과 성격 구조의 맥락 안에서 이해되어야 한다는 또 다른 예이다. 엠 부인의 우울증과의 싸움은 청소년 시절부터 시작되어온 것으로 부모와의 관계의 결핍과 관련되어 있었다. 임신으로 결론이 난 그녀와 축구선수와의 애정관계는 이 결핍을 보상하려는 시도였던 것이다. 역설적으로 이러한 애착관계는 더 큰 상실을 만들어 낸다. 그것은 엠 부인의 우울증이 전적으로 아이를 포기한 것 때문이라는 과장된 선입견에 빠지게 했지만, 드러난 요인들을 볼 때 그녀의 인생 초기의 결핍을(또는 내적 우울증) 알 수 있는 아주 미미한 선입견일 것이다.

입양에 관한 임상 작업의 특수한 사항들

최근 치료자들은 임상 치료에서 입양 이슈를 다루기 시작하였다. 이 장의 나머지 부분에서는 이러한 치료의 특수한 사항들 중 일부에 대해 정리하고자 한다.

입양 서클에 대한 인식

입양 서클의 하위시스템과 개인에 관한 평가 및 치료는 입양 서클 전체에 대한 인식을 기반으로 이루어져야 한다. 또한 서클의 구성원들이 일생동안, 환상과 현실의 측면에서, 어떻게 서로의 삶의 일부분으로 남아있는가에 대한 인식이 요구된다. 입양 서클 구성원들 중 그 어느 누구도 다른 구성원들의 존재를 잊어버리지는 않는다. 구성원들은 그들의 인생에 있어 중요한 타인들에 대한 나름의 생각과 감정들을 표현하고, 또한 표현하도록 격려될 필요가 있다. 그렇지 않다면, 이들은 허구적 존재로 남아있게 되며, 구성원들이 발달상 과제를 완수함에 있어 점차 갈등을 일으키게 될 것이다.

친생부모나 입양인을 찾는 노력을 지원하는 것이 치료의 중요한 부분을 형성하는 경우가 있을 것이다. 만약 그들이 서로에게 적응함에 있어 도움이 필요한 경우, 이러한 치료 계획은 기존의 구성원들을 포함하는 것이 바람직하다.

특수과제의 정상화

치료적 방법 가운데 중요한 부분은 입양 서클 구성원들의 특수 발달 과제를 정상화하는 것이다. 서클 구성원들이 특수한 이슈들을 해결하는 것은 자연스럽고 필수적인 과정임을 인식해야 하며, 그러한 과정은 비정상성에 대한 감정을 완화시키고 그들의 여러 가지 고민들을 해결하게 한다. 이와 동시에, 치료자들이 이러한 과제에 직면함에 있어 서클 구성원들 간의 개별적 차이의 범위를 중요시하여, 건강상태와 정상성을 정의함에 있어 엄격한 기준을 적용하지 않는 것이 좋다. 예를 들어, 뿌리찾기에 대한 필요성은 비성공적인 입양의 지표로써 인식되기도 한다. 현재 일부 측면에서 뿌리찾기에 대한 관심의 부족을 병리학적으로는 부인으로 인식되고 있다. 입양 서클의 구성원은 그들이 성공적으로 공통의 이슈를 해결함에 따라, 서로 매우 다르게 생각하고, 느끼고, 행동한다. 그들의 발달 과제의 정상성에 대한 인식은, 서로 다른 가족과 생활 경험이라는 구조 속에 형성되어 있는 공동체적 요소들에 초점을 둔, 지지 그룹들을 통해 강화될 수 있다.

발달에서의 대안적 과정에 대한 욕구 수용

특수 과제의 정상성에 대한 인식과 관련하여, 때때로 발달단계에 있어 대안적 과정이 존재한다는 사실을 수용하는 것이 필요하다. 예를 들어, 친생부모는 그들이 또 다른 자녀를 양육할 수 있기 전에, 아이를 입양 보낸 경험이 없는 다른 부모들 보다, 훨씬 더 많은 시간이 필요할 것이다. 어느 정도 나이가 들었을 때 입양된 아이들은, 아마도 다른 아이들이 지나치게 엄격하다고 느낄 수 있는, 강한 통제적 환경이 필요할 것이다. 입양된 아이들은 정체성과 분리를 둘러싼 문제가 훨씬 복잡하기 때문에, 입양경험이 없는 그들의 친구들과는 달리 수월하게 성년기로 진입하지는 못한다. 또한 뿌리찾기와 상봉, 혹은 오랫동안 진행된 친생부모와 입양인 사이의 일부 접촉방식은 가족생활의 한 부분이 된다. 그러므로 대안적인 가족 구조는 발달단계의 대안적인 과정을 포함하는 것이 필요하다.

건강한 방어에 대한지지

특수 발달 과제와 대안적 발달 과정이 있다고 해서 입양 서클 구성원들이 다른 개인들처럼 동일한 기본적 욕구들을 가지고 있지 않다는 것은 아니다. 치료자들은 종종 개인들의 부인denial과 가족의 비밀이 야기하는 부정적인 결과를 관찰해 왔다. 이러한 경험과 함께, 그들은 수시로 변화하는 일상적 방어의 필요성을 간과하기 쉽다.

모든 관련자들에게 입양 문제의 중요성과 강도는 자연스러운 성쇠를 나타낸다. 즉, 입양 관련 문제들이 중요시 되며 반드시 처리되어야 할 경우가 있지만, 반면 각 개인들은 부인denial이나, 혹은 일부 다른 방어의 사용을 통해 안정을 유지하려는 경우도 있다. 숙련된 치료자는 이러한 욕구들이 생기는 것을 인지하며 지지한다.

역전이의 관리

입양 서클의 형성은 삶의 형성, 자녀에 대한 책임감, 또한 입양인, 양부모 및 친생부모의 요구와 권리 등과 같은 중요한 인간적·사회적 이슈들을 포함하게 된다. 이러한 이슈들은 임상가의 명확성과 효율성을 위협할 정도로 폭넓은 범위의 생각들과 감정들을 불러일으키는 중요한 부분들이다. 따라서 이러한 감정들은 복잡하면서도 종종 매우 심각한 임상 증상을 가장 잘 평가하고 치료할 수 있는 방식으로 인식되고 관리되어야 한다.

전이

입양 서클과 치료작업을 하고 있는 치료자들은, (입양과 관련된) 어떠한 특징들에 대해 친생부모, 양부모, 혹은 입양인이 가지고 있는 감정이 전이된 대상이 되기도 한다. 치료자들은 아이를 데려다 주었거나, 혹은 데려간 사회사업가로서의 경험을 하게 될 수도 있다(사실 치료자가 훈련된 사회사업가일 경우도 있다). 즉, 때때로 치료자들은 자녀를 과잉보호하는 양부모가 되기도 하며, 혹은 거부당한 친생부모가 되기도 할 것이다. 공통적인 강력한 전이는 치료자를 (그가 비록 남성일지라도) 친생모로 대하는 입양인에 의해 나타난다. 때때로 치료자는 마침내 입양인을 구출하고 돌보기 위해 나타난 이상적인 친생모로 여겨지기도 한다. 이러한 전이에 대해 양부모는 그들이 친생부모에 대해 가지고 있는 경쟁적인 감정을 재경험할 것이며, 이 치료자를 보다 나은 부모로 여길 것이다. 주의를 기울이지 않는다면, 그러한 전이는 치료노력을 파괴하지는 않는다 하더라도 심각하게 위태로운 상황을 만들 수가 있다. 대신에, 적절한 해석은 생산성이 높고, 치료결과를 향상시킬 것이다.

종결

모든 입양 서클 멤버들에 의해 경험된 거대한 상실감은 치료 과정에 있어 종결을 중요한 단계로 만든다. 이는 이전의 상실감이 재등장하거나 재경험되는 경우라 할 수 있다. 치료를 마치고 치료자에게 작별을 고하면서, 클라이언트는 동시에 자신의 삶에 있어 중요한 영향력을 지닌 타인에 대해서도 작별인사를 하게 된다. 입양 서클과 치료작업을 하는 치료자들은 이러한 중요한 치료가 완료되기 위해서는 충분한 시간과 기회가 용인되어야 함을 확신할 필요가 있다.

요약하자면, 입양 서클 멤버들의 치료는 생활 주기를 따라 다양한 잠재적 시점에서 일어난다. 효과적인 치료 결과를 얻기 위해, 이러한 치료는 특수한 입양 서클의 기능에 대한 인식을 기반으로 수행되어야 하며, 입양 서클 내의 모든 멤버들이 클라이언트에 대해 가지고 있는 잠재적인 영향력과 이들이 요구하는 특수 과제들에 대해서도 인식해야 한다.

이러한 방법으로 교육받고 이를 지향하는 치료자는, 친생부모 · 양부모 · 입양인, 그리고 그들의 광범위한 가족들이 잘 적응하고 극복하도록 돕기 위해, 자신의 숙련된 총체적 기술들을 효율적으로 사용할 수 있을 것이다.

Key-point

- 친생부모, 양부모, 그리고 입양인은 상실감과 분노, 애착과 분리, 그리고 모순적인 특징들을 포함하고 있는 정체성에 대하여 공통된 주제들을 공유하고 있다. 이러한 공통된 주제들은 삶의 전반에 걸쳐, 환상과 현실의 측면에서, 서로 상호관계를 맺고 있다.
- 오늘날 일반적인 임상가의 대다수는 여전히 입양 이슈에 대하여 교육받지 않은 무지한 상태이다. 또 다른 극단에는 입양의 중요성을 과대평가하고, 모든 감정과 행동들을 입양이라는 렌즈를 통하여 인식하는 임상가들이 있다. 이러한 경향은 주로, 혹은 전적으로 입양 서클 구성원들의 문제에 개입했던 일부 임상가들에게서 나타나는데, 이들은 클라이언트의 경험 중 고정된 측면에만 빠지기 쉽다. 이와 유사하게, 이혼, 성적학대, 알코올 중독과 같은 다른 임상적 문제를 다루는 경우에도, 전문의들은 입양이슈에 과도하게 렌즈의 초점을 맞추지 않도록 조심해야 한다.
- 입양서클 구성원들 중 그 어느 누구도 다른 구성원들의 존재를 잊어버리지는 않는다. 구성원들은 그들의 인생에 있어 중요한 타인들에 대한 나름의 생각과 감정들을 표현하고, 또한 표현하도록 격려될 필요가 있다. 그렇지 않다면, 이들은 허구적 존재로 남아있게 되며, 구성원들이 발달상 과제를 완수함에 있어 점차 갈등을 일으키게 될 것이다.
- 치료적 방법 가운데 중요한 부분은 입양 서클 구성원들의 특수 발달과제를 정상화하는 것이다. 서클 구성원들이 특수한 이슈들을 해결하는 것은 자연스럽고 필수적인 과정임을 인식해야 하며, 그러한 과정은 비정상성에 대한 감정을 완화시키고 그들의 여러 가지 고민들을 해결하게 한다.

제7장

입양 서클의 외부적 환경

사회적 및 법적 실행의 함의

입양 가족은 도움이 필요한 아이들의 양육과 보살핌을 위해 발달된 사회적 구조로써, 이는 양부모와 친생부모의 상호보완적 욕구를 충족시켜 준다. 이러한 사회적 구조는 비공식적인 기반 위에서 역사적으로 형성되어 온 입양 제도와 더불어 가족생활 그 자체만큼이나 오래된 것이다. 입양 서클 구성원들(양부모, 친생부모, 입양인)을 위한 사회적 및 법적 서비스들이 현실적 차원에서 점점 더 다양한 형태로 등장하였으며, 종종 입양 서클의 내부 및 외부에서 격렬한 논쟁을 일으키기도 했다. 이러한 논쟁의 강도는 서클 형성에 포함되는 외부적 환경과 개개인의 성격의 복잡함과 관련되어 있다.

과학적인 증거나 사례에서, 그리고 실제조사를 통해 수집된 자료를 보면, 입양 서클의 구성원들이 폭넓은 경험을 가지고 있다는 것이 명백해지고 있다. 이러한 모든 경험들의 공통적인 특징은 모순을 해결하고자 하는 욕구라고 할 수 있다. 입양서클의 모든 구성원들(입양삼자)은 그들의 생물학적이며 기능적인 관계의 모순을 감수해야만 한다. 친생부모는 낳아준 생물학적 부모이지만 길러준 부모는 아니며, 양부모는 길러준 부모지만 아동을 낳아준 생물학적인 친생부모는 아니다. 또한 자녀들은 그들을 낳아준 부모와 길러준 부모가 다르다.

우리는 이러한 현실과의 대면이 모든 입양 구성원들에게 스트레스를 주며, 그들이 이러한 부담감을 해결할 수 있는 나름의 최선책을 찾아야 한다는 것을 주지해 왔다.

이러한 스트레스는 일부 연구자들에 의해 사회적 제도로서 전통적인 입양이 가지는 부적절함의 증거로 인용되어 왔다. 어떻게 이러한 스트레스가 완화되거나 예방될 수 있는지에 대해서는 다양한 의견들이 있다. 입양 참여자들의 각 그룹 내 발달과제를 되돌아보면서, 우리는 일부 사회적 및 법적 관습들이 일부 입양 구성원들에게 문제들을 발생시키고 있는 것을 볼 수 있다. 우선 이러한 문제들을 살펴보기로 하자. 이후 이러한 문제들을 상황 내에 배치해 놓고, 대안들을 모색해 보고자 한다.

사회적 및 법적 시스템의 문제

친생부모

친생부모는 개인적으로 혹은 조직적으로 일부 사회적 및 법적 관행들에 대해 이의를 제기해 왔다. 많은 친생부모들은 그들이 입양결정을 내리도록 강요받았다고 느끼며, 만약 그들이 재정적·감정적 지원을 제공받았다면, 그들의 자녀를 스스로 양육할 수 있었을 것이라고 주장한다. 또한 친생부모들은 완고한 사회 복지사와 가족들이 입양이야 말로 그들과 자녀를 위한 최선책임을 믿도록 강요했기 때문이라며 이들에게 책임을 묻기도 한다. 때로 그들은 깐깐한 의사와 변호사들을 지나치게 비난하기도 하는데, 이들이 친생부모보다 재정적으로 능력 있는 양부모가 필요하다는 것을 강조했기 때문이다. 친생부모들은 자신들로 하여금 재정적 및 사회적 자원에 대한 권한을 위임하게 만드는 사회적 구조에 대해서 이야기한다. 일부 친생모들은 그들이 이러한 사회적 구조 속에서 자식을 포기하는 고통을 감수하며 성공적인 인생을 살겠다는 생각을 했었다고 고백한다. 대신, 그들은 평생 동안 슬픔과 후회 속에서 살아야 했다. 자식을 포기했다는 사실에 얽매인 채 살아가는 일부 친생부모들의 경우, 입양기록을 폐쇄하는 관행이 그들과 어쩌면 자녀의 행복까지도 위협하고 있다는 것을 깨닫게 되었다. 그들의 고통을 줄이기를 바라는 마음에서, 많은 친생부모들은 현재 입양 서류의 공개를 요구하고 있다. 일부 친생부모들은 그들 자녀의 행복과 관련된 자료를 계속해서 찾고 있으며, 다른 일부의 친생모는 상봉을 원하며, 또한 몇몇은 실제적으로 자녀를 다시 되찾아오고 싶어 한다. 일부 친생부모들은 사회적 및 법적 과정들이 그들로 하여금 친생부모가 되도록 강요했으며, 이후에는 양육부모가 아닌 친생부모가 되는 것을 더욱 어렵게 만든다고 진술하고 있다.

양부모

양부모들은 그들이 입양을 결정하자마자 시작된 사회적·법적 장애물들에 대해서 이야기한다. 그들은 자신들을 입양 과정에서 즉각적으로 배제시켰던 입양기관의 정책과 진행과정들에 대해 언급한다. 그들은 아마도 개별적인(입양기관을 통하지 않은) 입양이 불법으로 되어있는 주州에서 살고 있는 것 같다.

입양을 예정하고 있는 양부모들은 입양할 아동을 찾는 과정이 종종 불가능한 미로처럼 보이는 것을 (법적으로) 통과시키기 위해 서로 돕고자 일부 영역에서 단체를 조직하고 있다.

입양가능한 건강한 유아의 숫자가 수요보다 훨씬 못 미치기 때문에, 양부모는 그들이 매우 경쟁적인 싸움터에 있음을 발견하게 된다. 만약 그들이 입양기관을 통해 경쟁한다면, 그들은 입양기관의 평가기준에 따라서, 또한 점차적으로는 친생부모의 선호에 따라서 자신들이 양부모로서 적절함을 증명할 필요가 있다. 양부모들은 만약 그들이 다른 사람들의 가치와 실천에 동의하지 않는다면(즉, 기관에서 제시하는 양부모 평가기준을 받아들이지 않는다면), 아마도 아이를 입양할 수 없다는 현실에 직면해야만 할 것이다. 만약 그들이 자국 내에서, 혹은 외국이나 국제적으로 개별적인(입양단체를 거치지 않은) 입양을 선택했다면, 그들은 엄청난 시간, 에너지 그리고 돈을 입양을 위해 투자해야만 한다. 그들은 입양 과정의 다양한 단계에서 끝나버린 많은 입양 실패를 경험했을 것이다. 그렇게 실패를 경험할 때 마다, 결국 아동과의 애착을 맺기 위한 준비를 방해하는 상당한 감정적 소모와 재정적 손실이 발생하게 된다.

과거 몇 십 년 동안, 양부모들은 모든 아이들에게는 행복하고 건강한 사람으로 성장할 수 있기 위한 훌륭하고 애정 있는 가정이 필요하다는 주장을 받아들였다. 그래서 심지어 나이가 많은 "특별한 욕구를 가진 아동(장애아동)"들도 이러한 입장에서 받아들였다. 현재 양부모들은 입양기관과 개인입양알선가들이 그들에게 적절하고 때로는 중요한 배경 정보를 제공하지 않았으며, 그로 인해 평생 동안 지속되는 구체적인 문제들과 욕구들을 충족시킬 수 있는 준비를 하지 못했다는 이유로 이들을 비난하고 있다. 이러한 측면에서 양부모들은 사회적 및 법적 시스템이 자신들로 하여금 유능한 양육부모가 되는 것을 더욱 어렵게 만들고 있다고 느낀다.

입양인

입양인에게 일생의 과제는 그들의 생물학적 유산과 그들의 입양 가정에서의 경험을 통합하는 것이다. 많은 입양인들은 그들에게 주어진 친생부모에 대한 정보의 부족과 친생부모와의 직접적, 혹은 심지어 간접적인 연락의 부족으로 인해 이러한 과정이 훨씬 더 어렵게 진행되고 있음을 느낀다. 또한 일부 입양인들은 이러한 대안가정(입양가정)과 맺어지는 과정에서 자신들에게는 결정권이 없는, 즉 입양 서클 내에서 단지 한 개인에 불과한 존재로서 느끼는 상당한 무력감을 표현하기도 한다.

일부 입양인은 친생부모가 자신들을 포기하고, 자신들과 연락하지 않는다는 이유로 그들의 친생부모를 비난한다. 다른 일부는 양부모가 자신들에게 (입양)정보를 제공하지 않거나, 양부모의 욕구를 충족하기 위해 자신들을 이용한다면서 양부모를 비난하기도 한다. 또 다른 일부에서는 준비되지 않은 양부모들이 입양을 할 수 있도록 지지를 한 사회복지사들과 변호사들의 무책임함을 비난하기도 한다.

친생부모와의 연락이나 출생배경에 대한 추가적인 정보가 자신들의 완전함을 이루는 데 도움이 된다고 믿는 입양인들은 자신들이 스스로 결정을 할 수 있도록 입양정보가 그들에게 공개되어야 한다고 요구하고 있다. 그들은 이러한 정보를 갖는 것이 그들의 권리라고 생각한다. 일부 입양인들은 정보 공개나 연락을 거절하는 친생부모에게 억지로 강요하지는 않겠지만, 또 다른 일부 입양인들은 자녀의 이러한 요구에 대해 응답하는 것이 친생부모로서의 도덕적 책임감이라고 생각할 것이다. 또한 일부 입양인들은 양부모의 허락을 기다리는 반면, 다른 일부는 양부모의 허락 없이 진행시킬 것이다.

일부 입양인들은 친생부모와 양부모를 통합하기 위해서 친생부모에 대한 보다 많은 정보가 필요하다고 느낄 것이다. 그들이 자신들의 생물학적 뿌리를 찾을 때, 그들은 종종 사회적 및 법적 장애물에 직면할 것이며, 그들의 이러한 요구가 도움을 받지 못한다고 느낄 것이다. 또한 그들은 폐쇄적인 자료시스템이 그들의 정체성에 대한 모순과 맞서기 위해 필요한 자원들을 빼앗았다고 생각한다.

입양 배경

입양 서클의 구성원들은 이혼이나 재혼, 혹은 만성적 질병과 같은 특별한 환경을 가진 가족들과 마찬가지로, 구체적인 발달 과제에 직면한다. 우리는 사람들이 이러한 환경을 성공적으로 극복한 방법보다는, 이러한 환경들이 부과하는 문제점들에 대해 더 많이 듣고 있다. 우리는 생물학적 가족들 중 몇 퍼센트가 이를 성공적으로 해결했으며 이들 중 몇 퍼센트가 행복하고 건강한 사람들로 구성되어 있는지에 대해 알려줄 조사연구 결과를 가지고 있지 않으며, 어떻게 이러한 측정이 이루어질 수 있는지에 대한 합의 또한 부재하다. 그리고 우리는 입양 서클 가족들 중 몇 퍼센트가 이를 성공적으로 극복했는지, 혹은 입양 제도를 선택한 것이 의심할 여지없이 다른 대안들, 즉 준비되지 않은 상태에서 자녀를 기르거나, 자녀가 없는 채로 지내거나, 혹은 양육을 위해 준비되지 않은 누군가에 의해 길러지는 것보다 우월한 선택이었음이 분명하다는 것을 알려줄만한 설득력 있는 조사결과 역시 갖고 있지 못하다.

비록 입양 서클 구성원들 중 상당수가 생물학적 가족만큼 혹은 더 우월하게 이러한 문제들을 극복하고 있다는 긍정적인 관점과 추측을 우리가 받아들인다 해도, 우리는 그들의 노력에 대해 우리가 듣고 있는 부분에 대해 관심을 기울여야 하며, 실제로 그들에게는 해당되지 않는 대안가족생활의 양상에 대해 언급하는 사람들의 이야기에 주목해야 한다.

사회적 및 법적 기관으로서 가져야 하는 이러한 관심은 우리가 봉사하고 있는 이들의 삶의 질을 향상시키기 위해 실천서비스를 개혁해야 하는 우리의 책임이라 할 수 있다. 이제 우리의 최근 정책과 실천 서비스에 대해 검토해 보기로 하자.

최근의 이해와 가치

가정을 필요로 하는 아이들에 대한 보살핌과 관련된 사회복지실천은 사회적 구조와 가치를 반영하고 있다. 이러한 실천들은 국가별, 입양기관별, 그리고 입양기관과 독립적인 시설 간에 다양하게 나타난다. 입양실천에 대해 단일한 기준을 강요하기 위한 연방정부와 국가적 차원의 아동복지 기구들에 의한 간헐적인 노력에도 불구하고, 현실적인 입양 실천들은 주 정부 법과 지역적 관습에 의해 상당부분이 결정되고 있다. 입양의 문제시되는 기능과 결과 및 다양성에 대한 이해의 부족을 해결하고, 전체적으로 혹은 부분적으로 모든 주 정부에 의해 법률로 제정될 단일 입양법Uniform Adoption Act을 제정하기 위한 전국 컨퍼런스NCCUSL:National Conference of Commissioners on Uniform State Laws의 노력이 진행 중에 있다. 유사한 노력이 국제입양을 통제하기 위한 지침들을 만들었던 헤이그 협상Hague Conference에서도 진행되었다. 이러한 노력들은 긍정적으로 평가될만 하지만, 어떠한 정책이 실제적으로 입양 실천들을 개선할 것인가에 대한 수많은 논리적인 견해 차이들과 정치적·이데올로기적 논쟁에 의해 방해받기가 쉽다.

입양가족 서클에 대한 우리의 연구와 자녀 및 가족생활에 대한 우리의 일반적인 지식으로부터 도출되는 이해는 무엇인가? 엘리자베스Elizabeth Cole와 캐서린Kathryn Donley의 최근 저서는 입양 현장에 내재해 있는 다음의 열 가지 가치들을 열거하고 이에 대해 논의하고 있다.

1. 아이들은 가족 안에서 성장할 권리를 부여받았다. 그들은 적어도 한 사람의 성인을 포함한 안전하고, 양육적인 환경을 필요로 한다.

2. 만약 친생가족이 이러한 환경을 제공할 능력이 없거나 의지가 없는 경우, 그 아이는 대안적인 가족을 필요로 할 것이다.
3. 대안가족을 필요로 하는 아이들을 위해, 일단 그 아이의 친생부모가 양육을 제공할 능력이나 의지가 없다고 판단될 경우, 입양은 대리 양육을 위한 가장 우선시되는 방식이다.
4. 입양결정은 아이가 입양가정으로 배치되는 초기에 이루어져야 하며, 가능한 한 배치가 지연되지 않도록, 그리고 불확실성 또한 가장 최소화되는 상태에서 진행되어야 한다.
5. 입양은 모든 참여자들의 (입양인, 친생부모, 그리고 양부모) 일생에 걸친 경험을 만들어 낸다.
6. 친생부모와 양부모는 입양 전후에 상호 공유할 정보 및 입양 합의의 형태와 정도를 선택하는 것이 바람직하다.
7. 입양된 자녀는 자신의 입양배경과 입양가정으로의 배치, 중요한 유전적, 사회적 내력, 친생부모 그리고 출생에 대한 정보를 부여받을 권리가 있다.
8. 정보는 양부모에게 자유롭게 제공되어야 하며, 이를 통해 나이에 맞는 적절한 방식으로 유년기 동안 그들의 자녀와 의사소통이 가능해질 수 있다.
9. 만약 양부모가 입양인에게 정보를 제공하기를 거부할 경우, 입양인은 정보공개를 위한 접근권을 가져야 한다.
10. 양부모가 되기 위한 준비는 양부모에 대한 조사나 양부모 자격 실사에서 탈락시키는 것에만 신경을 쓰기보다는, 그

들의 잠재적인 양육 능력을 강화시키는 것에 중점을 두어야 한다.

이러한 가치들은 자녀의 욕구를 우선적으로 설명하고 있다. 우리가 이미 이전 장의 논의에서 살펴본 것과 같이, 입양이 아이를 위해 성공적일 될 수 있으려면 입양 시스템이 반드시 성공적이어야 한다. 입양 서클 구성원들을 둘러싸고 있는 법적·사회적 실천들은 모든 입양 구성원들의 복지를 위해 기여해야 하며, 이를 통해 아동은 현실적으로 안전하고, 양육에 알맞은 환경을 제공받을 수 있다.

입양 시스템이 안정되어 잘 이루어지게 하는데 미치는 영향력은 아이가 실제로 입양가정에 배치되기 훨씬 이전에 이미 작동하기 시작했다. 우리는 입양 결정을 내리는 것과 관련된 양부모와 친생부모의 경험이 아이의 경험에 여러 면에서 상당한 영향을 주는 것을 보아왔다. 친생부모는 포기에 대한 그들 자신의 결정을 내릴 수 있는 능력이 필요하며, 자녀의 상실을 슬퍼할 필요가 있다. 그들은 이러한 상실이 그들에게 무엇을 의미하는지에 대해 현실적일 필요가 있으며, 그들의 일생 동안 다양한 방식으로 발생하는 이러한 사건들의 결과에 직면할 필요가 있음을 이해해야 한다. 그들은 그들과 그들의 자녀를 위해 옳다고 여겨지는 입양 계획을 세울 필요가 있다.

양부모는 그들의 난임에 대해 가슴 아파할 필요가 있으며, 친생자녀보다는 입양된 자녀의 양육이라는 대안이 그들에게 미치는 중요성을 받아들일 필요가 있다. 그들은 양부모가 되는 것의 어려움을 인지할 필요가 있으며, 모든 입양인은 특별한 욕구를 가지고 있음을 이해하는 것이 중요하다. 또한 그들이 필수적이고 중요한 과제를 해결할 준비가 되어있는지에 대해 결정할 필요가 있다.

양부모는 자녀의 출생배경에 대한 모든 가능한 정보를 가지고 있어야 하며, 이를 통해 양부모는 그들이 처리해야 할 여러 위험들에 대해 가능한 정보에 근거한 해결책을 선택할 수 있다. 또한 그들은 그들의 자녀를 위해 제공된 입양계획을 결정함에 있어 그들 자신에게 솔직해질 필요가 있다.

입양을 위한 친생부모와 양부모의 준비는 적절한 방식으로 완성될 필요가 있으며, 이는 최소한의 지연(입양이 될 때까지의)과 영속성(영원히 양부모와 함께 살수 있다는)에 대한 약속을 기초로 입양을 준비할 수 있게 한다. 또한 이러한 과정은 자녀의 안정감이 침해당하는 것을 아주 최소화할 것이다. 또한 입양 가정으로의 배치는 모든 입양구성원들을 지원하는 방식으로 수행될 필요가 있다. 친생부모는 그들의 슬픔에서 회복되어야 하며, 양부모와 자녀는 그들의 새로운 가정을 형성하기 위해 지지가 필요하다. 연장아동의 경우는 이러한 전환(입양과정)에 있어서 추가적인 도움이 필요하다. 각각의 가족 서클은 이를 처리하기 위한 나름대로의 메커니즘을 가지게 될 것이다. 어떤 경우에는 실질적인 의식들을 원하기도 하며, 보다 사적인 방식을 원하는 경우도 있을 것이다.

입양 문제는 입양 배치로 끝나지 않으며, 입양 구성원들은 일생동안 이 문제를 다루기 위해 도움이 필요하다는 사실이 점차 명백해지고 있다. 모든 구성원들의 발달 과제는 시스템 내부에서의 변화를 요구한다. 초기에 잘 적응했던 것들이 개인적 욕구와 환경이 변화함에 따라 예전만큼 잘 적응하지 못할 수도 있다. 그러므로 입양 서클의 기능방식에 있어서 변화가 필요하다. 입양인은 자신들이 두 가정에 속해 있다는 사실에 직면할 때, 그들은 추가적인 정보를 필요로 하거나, 혹은 친생부모와의 연락을 요구할 것이다. 친생부모 역시 정보 및 연락과 관련하여 다양한 욕구가 있을 것이다. 모든 관계와 마찬가지로, 친생부모, 양부모, 그리고 입양인 간의 경계선은 각각의 변화하는 욕구에 적응하기 위해 일생동안 유연해야 할 필요가 있다.

정책과 실천에 대한 함의

욕구가 어떻게 하면 최선의 방식으로 충족될 수 있는가를 규정하는 것보다 욕구에 대해 말하는 것이 훨씬 쉽다. 이는 때때로 대립하는 욕구들이 있으며, 일부 규정은 어느 한 욕구를 다른 욕구보다 더 가치 있게 평가하기 때문이다. 이제 우리가 논의했던 욕구들에 대해 어떻게 하면 사회적, 법적 시스템이 최선의 방식으로 대응할 수 있는가에 대해 살펴보기로 하자.

입양 준비

논쟁은 항상 채택된 입양 배치가 이루어지는 동안 제공된 서비스의 질을 둘러싸고 제기되어 왔다. 부모에 의해서 부모 스스로 혹은 입양 알선자의 도움을 받아 아동을 '낯선 사람'에게 비공식적 혹은 직접적으로 입양 배치하는 것이 미국에서는 오랫동안 특징적인 입양 실천으로 계속되어 왔다. 미네소타, 미시건, 매사추세츠, 델라웨어, 코네티컷을 제외한 모든 주에서 개인입양알선가에 의한 입양 배치를 허용하고 있다. 19세기 후반부터 이 주들은 공공 및 민간 기관들에게 수양부모나 양부모에게 아이의 입양 배치를 하는 것을 주관하는 자격을 주고 있다. 과거 몇 십 년 동안 입양 기관과 개인입양알선가들은 그들의 정책과 실천으로 인해 비판받아 왔다. 자신들이 입양인에게 최선의 이익을 보장하기 위한 엄격한 기준을 가지고 있다고 여기는 입양기관들은 대부분 그들의 요구(양부모의 자격조건)의 엄격함으로 인해 비판받아 왔다. 개인입양알선가들은 그들의 이기적인 본성과 타인의 복지에 대한 관심과 지식의 부족으로 인해 비판받아 왔다. 개인입양알선가들은 지역 입양기관들의 신념과 실천 업무를 문제 삼는 방식으로 아기들을 모집하기 위해 안간힘을 썼으며, 그 결과 대부분의 양부모들이 선호하는 건강한 백인 아기들을 그들이 더 많이 보유할 수가 있었다. 잘못 처리된 입양사례는 입양기관과 개인입양알선가 양쪽 모두에서 발생하고 있으며, 훌륭하게 마무리된 입양 역시 두 부문에서 모두 나타나고 있다.

친생부모와 양부모가 광범위한 욕구와 상황을 가지고 있다는 사실을 염두해 볼 때, 입양기관과 개인입양알선가를 통한 서비스 모두를 제공하는 것이 적절할 것이다. 일부 친생부모와 양부모는 그들의 지역 입양 기관의 기준을 선호하고, 지원하며, 이러한 기관들이 제공할 수 있는 보호서비스에 만족할 것이다. 다른 이들은 일부 입양 단체의 절차들이 비능률적이라고 느낄 것이며, 개인입양알선가를 선호할 것이다. 예를 들어 그들은 입양기관이 요구하는 나이 기준을 충족시키지 못할 수 있으며, 입양기관의 실천에 불편함을 느낄 수 있다.

입양기관에 의해 수집된 입양 전에 관련된 정보는 기본적으로 양부모와 그들이 제공할 수 있는 사회적·심리적·경제적 환경에 집중되어 있다. 발달과 관련하여 생물학적 요인에 대한 점차 증가하는 증거(유전적, 태아기, 출생 직후)로 인해, 입양 알선자들과 부모들은 이러한 정보에 대해 보다 많은 가치를 부여하고 있다.

친생부모, 양부모, 그리고 입양인에 대한 충분한 양의 정보가 상호 교환 가능할 때 가장 인식적이고 전문적인 입양 합의가 만들어질 수 있다. 우리는 입양인이 성장함에 따라 그들이 친생부모에 대한 정보를 필요로 하는 방식에 대해 살펴본바 있다. 그러므로 입양 기관은 입양구성원들에 대한 모든 이용가능한 의학적·사회적·심리학적 정보를 알고 있을 필요가 있다. 그러나 이러한 정보를 수집하는 것은 정보가 수집되는 상황에 따라 복잡해진다. 각각의 구성원들은 정보 공급을 의식적 혹은 무의식적으로 방해할 수 있는 아젠다agenda를 가지고 있다. 친생부모는 자신의 아이가 가장 적절한 입양대상 후보자로 받아들여지기를 원한다. 하지만 그들은 자신들의 어떤 특정한 요인이나 가족의 배경적 특성이 이를 가로막을 수도 있다고 느낄 것이다.

더구나, 친생부모는 그들 자신과 그들의 가족에 대해 충분히 알지 못하며, 더 많은 정보를 찾지 못할 수도 있다. 그들은 아동을 입양 보낼 당시에는 알려줄 말한 의학적 배경을 충분히 가지고 있지 않을 수 있지만, 몇 년 후에는 좀 더 알려줄만한 정보를 갖게 될 수도 있다. 친생모는 실제적으로 아이의 친생부에 대해 거의 알고 있지 못할 수도 있으며, 혹은 이러한 입양에 대해 친부를 개입시키지 않기 위해 그에 대한 정보나 그의 신분을 알리지 않을 수도 있다. 그러므로 친생모가 사생활에 대한 자신의 권리를 행사하고 있는 동안, 양부모는 특정한 아이의 입양을 위한 결정의 기반이 되는 정보에 대해 제한된 접근만을 허용받게 된다.

양부모는 친생부모와 입양기관으로부터 자신들이 양부모로 선택되기를 원한다. 그들은 만약 그들 배경의 어느 일정 부분이 알려질 경우, 입양을 원하는 다른 양부모들과의 경쟁에서 지게 될 것을 두려워한다. 때문에 그들은 의식적 혹은 무의식적으로 일정 정보는 제외시켜 버린다. 따라서 친생부모와 양부모의 정보를 상호 공유하기 위한 가장 좋은 기회가 되는 순간, 양쪽 모두에게 감춰둔 정보를 공개하도록 설득해야 한다. 최근의 실천현장에서는, 입양 기관들은 정보를 수집하고 보관할 것을 의무화 하고 있지만, 개인입양알선가들은 이러한 의무가 없다. 많은 개인입양알선가들은 거의 정보를 수집하지 않으며, 그들이 수집한 정보의 기록도 보관하지 않고 있다.

더 많은 주(州)들이 입양배치를 위한 정보뿐만 아니라 적절한 방식으로 입양인과 공유할 수 있는 정보의 필요성을 인식하고 있으며, 많은 주들이 현재 지속적인 정보수집을 위한 시스템을 구조화하고 있다. 이를 통해 친생부모는 입양이 이루어지고 난 이후, 이와 관련된 사실에 대해 지속적으로 의사소통이 가능하게 될 것이다.

입양 배치와 입양인, 그리고 최신의 자료를 위한 정보 수집은 아직까지 표준화되어 있지 않다. 표준화의 목적을 달성하기 위해, 우리는 중요한 배경정보를 요청하는 설문지를 개발할 필요가 있으며, 입양 배치가 이루어지기 이전에 완성된 설문지를 받아볼 수 있도록 해야 한다. 동시에, 실질적인 정보가 수집되는 맥락에서 있어서 개방성을 극대화하기 위해 우리가 할 수 있는 것들을 실행에 옮기는 것이 필요하다. 즉, 입양 기관들은 그들이 입양기관으로서의 업무 허가증을 받기에 앞서 입양 과정에 대한 구체적인 훈련을 받아야 한다. 또한 배경정보를 공유하는 것을 간과하거나 이를 무시한 입양단체 혹은 개인입양알선가들에 대한 제재 역시 필요하다.

입양인과 그들의 구체적인 과제를 위한 친생부모와 양부모의 준비

하나의 완벽한 해결책으로써의 입양이 사실은 하나의 신화에 불과하다는 것이 이제 여러 자료에 의해 명백해졌다. 친생부모는 입양에 대한 모든 사실을 감추지 못하며, 포기된 자녀(입양인)는 입양 부모에게 특별한 과제를 추가로 안겨준다.

이는 최근에 우리가 이해한 단계이기 때문에 이러한 이해를 입양구성원들과 공유하는 것이 우리의 의무라고 할 수 있다. 그러므로 친생부모를 돕기 위한 상담이 제공되어야 하며, 양부모는 이러한 현실을 직시하고 그들이 직면하고 있는 문제들을 염두하여 좀 더 정보에 근거한 결정을 내릴 필요가 있다. 또한 친생부모는 입양의 의미에 직면할 필요가 있다. 그들은 정말로 자녀를 떠나보낼 수 있으며, 그들의 자녀가 다른 부모와 애착을 맺고 양육되는 것을 허용할 수 있는가? 어떤 면에서 그들은 아동이 반드시 나중에 추가적인 정보나 연락을 원할 것이라고 예측할 수 있는가? 어떻게 그들은 이것을 관리할 수 있으며, 자녀의 욕구를 충족시켜 줄 수 있는가?

양부모는 입양 상황을 둘러싸고 진행되는 일부 이슈에 대해 그들과 자녀가 공유하고 있으며, 이러한 이슈는 때때로 구체적인 도전을 제시하게 될 것이라는 현실에 직면하기 위해 상담이 필요하다. 그들은 이러한 문제들을 해결하기 위한 능력을 가지고 있는가? 또한 그들은 자녀가 두 가족을 가지는 문제를 해결하기 위해 요구되는 단계를 밟아감에 있어 어떠한 단계라도 취할 수 있도록 허락해 줄 수 있는 유연성을 가지고 있는가?

이러한 상담은 입양 경험에 있어 균형적인 관점을 제공해 준다. 즉, 양부모가 입양 경험에는 쉽고 평온한 과정부터 매우 혼란한 과정까지 광범위한 다양성이 있다는 사실을 알게 될 것이다. 또한 다른 많은 가족과 마찬가지로, 그들의 입양된 자녀를 양육하는 것이 쉽고 즐거운 일이라는 것도 알게 될 것이다. 입양인은 그 가족에 잘 적응할 것이며, 안락한 가족관계에서 기쁨을 얻을 것이며, 또한 어떤 특별한 어려움 없이 잘 성장할 것이다. 반면 다른 극단에는 특정한 자녀의 입양이 대혼란을 야기하는 가정도 있다. 입양인은 다양한 종류의 취약성을 가진 채 입양되었으며, 특별히 입양가정에 적응하는 데 어려움을 겪을 것이다. (물론 이러한 상황은 생물학적 가족 내에서도 충분히 일어날 수 있다. 그러나 이는 입양이라는 추가적인 이슈가 더해질 경우 보다 어려운 문제가 된다) 그들 자신과 가족에 대해 알게 된 정보로부터, 입양에 대한 이러한 관심은 잠재적인 위험과 잠재적인 만족에 대하여 충분히 인지된 상태에서 결정을 할 수 있다. 그들은 또한 그들이 맺고자 하는 종류의 계약에 대해 보다 정보에 기반한 결정을 내릴 수 있다.

이러한 종류의 상담은 입양 배치 전 단계에서 가장 잘 일어날 수 있으며, 사실 이러한 상담은 현재 입양 기관의 프로그램에는 종종 포함되어 있지만, 개인입양알선가에 의한 입양에 있어서는 거의 이용가능하지 않다. 대부분의 경우 법적 승인을 받기 훨씬 전에 입양 배치가 일어나기 때문에, 법원의 최종승인은 유일하게 보장된 통제수단으로 남아있다. 법원은 (입양) 승인 전에 이러한 상담에 대해 요구할 수 있다. 이러한 과정은 이상적인 과정보다는 덜 적절하나, 전혀 상담이 없는 것보다는 훨씬 바람직하다고 할 수 있다.

바라건대, 모든 입양 관련자들을 실질적으로 준비시키는 진지한 노력이야말로 모든 사람들에게 막대한 고통을 주고 특히 입양인에게 심각한 상처를 주는 친생부모의 잘못된 포기나, 혹은 불법적인 입양을 방지할 수 있을 것이다. 최근 조사에 따르면 연장아 입양사례 중 10%~15%가 취소되었으며, 양부모는 입양인이 가지고 있던 이전의 심각한 행동문제에 대한 지식의 부족과 그들의 준비성 부족을 중요한 요인으로 언급하였다.

입양 계약 형성

1920년대부터 최근까지, 영유아 입양은 비밀계약에 의해 이루어졌다. 각 주州별로 편차가 있으나, 친생부모에 대해 수집된 정보는 일반적으로 법정 보증하에 관리되며, 단지 "훌륭한 사례"에 한해서만 정보가 공개되었다. 심지어 비밀정보를 공개해야 하는 어쩔 수 없는 의학적 이유가 있다고 보이는 경우에도, 법원이 이러한 훌륭한 사례라고 동의하는 경우는 드물었다. 비록 아이가 입양되기 위해 태어났다고 하더라도, 최초의 출생증명서는 공개되기 위해 일부 수정되었으며, 그 아이는 새로운 법적 신분을 받게 되었다.

이러한 관행은 입양가족이 다른 생물학적 가족과 같다는 믿음과 아동을 포기함으로서 친생모는 그녀의 과거로부터 자유로울 수 있다는 시각과 더불어 지속되었다.

우리는 이미 비밀보장의 관행이 입양 서클의 일부 구성원들에게 가져다주는 여러 가지 어려움들에 대해 설명하였다. 일부 친생부모와 양부모, 그리고 입양인은 현재 입양 파일에 있는 일반적인 자료를 원하고 있으며, 때때로 그들은 서로를 찾을 수 있게 해주는 신원관련 정보를 원하기도 한다. 최근에 이러한 파일의 공개를 둘러싸고 심각한 논쟁이 일어나고 있다. 우선 이러한 논쟁과 관련된 입양실천현장의 상태를 살펴보고, 전통적인 비밀 입양계약에서 수정이 가능한 부분은 무엇인지에 대해 논의해보고자 한다.

입양자료에의 접근

모든 주에서 양부모와 성인입양인은 확인되지 않은 정보에 대해 법원에 신청할 권리를 가지고 있다. 그러나 이러한 권리는 잘 알려져 있지 않으며, 이를 실행하는 과정은 복잡하고 혼란스러우며, 실망스러운 경향이 있다. 심지어 입양 기록이 공개된 상황에서도, 이러한 자료는 18~20년 전에 일어난 입양에 대해 불충분한 자료만을 포함하고 있는 경우가 많다. 이렇게 불충분한 자료를 찾고 나서 뒤따르는 좌절감은 보다 완성되고 충분한 자료수집의 욕구를 불러일으킨다.

최근에 거의 20개 주에서 확인 가능한 정보의 공개를 위해 "수동적인" 상호 합의등록이라는 일종의 장치를 가지고 있다. 이는 매우 최근에 일어난 발전이라 할 수 있다. 1970년대에 이러한 조항을 가지고 있는 주는 하나도 없었다. 상호 합의는, 친생부모와 성인 입양인은 적당한 법원, 사설 입양기관, 혹은 주 관할 사무소 내의 확인 가능한 신원 정보에 대한 그들의 요구를 반드시 등록해야 함을 의미한다. 만약 친생부모와 입양인이 등록을 했다면, 정보는 양측 모두에게 제공된다. 그러나 이러한 등록은 널리 알려지지 않았으며, 등록과정은 종종 비현실적이며, 결과적으로 실망스럽다. 만남이 이루어졌을 때, 상봉은 제대로 관리되지 않은 방식으로 진행되며, 지극히 개인적 문제라고 취급된다.

최소한 16개 주州가 보다 "적극적인" 등록 시스템을 채택하고 있으며, 이를 통해 각 주는 중개단체를 통해 18명 이상의 입양인들을 위한 신중한 조사를 제공하였다. 주州의 중개단체는 친생부모를 찾기 위한 노력과 기록을 관리하고 있다.

만약 이러한 과정이 성공적일 경우, 중개단체는 친생부모에게 입양인과 연락할 의지가 있는지 문의하게 된다. 만약 친생부모가 원하지 않는다면, 더 이상의 과정은 진행되지 않는다. 만약 친생부모가 긍정적인 대답을 할 경우, 상봉을 위한 준비에 있어 친생부모와 입양인 모두에게 일부 상담이 제공된다. 일부 주는 주에서 지정한 단체보다 이러한 중개단체가 자료를 조사할 수 있도록 허가하고 있다. 최근에는 사설 뿌리찾기 단체들과 개인들이 독립적인 뿌리찾기 서비스를 제공하고, 상봉을 실행하기 위한 국가적 등록을 담당하고 있다. 이러한 사설 중개단체들은 자신들이 주州에서 지정한 중개단체보다 훨씬 더 성공적이며 보다 적절하다고 주장한다.

정보를 확인하기 위한 파일 공개에 강력하게 반대하는 단체는 워싱턴 D.C에 기반하고 있는 전국 입양 위원회the National Committee for Adoption이다. 이 로비단체는 친생모의 익명성을 보호하기 위해 자료 공개에 반대하고 있다. 낙태보다는 입양을 지지하는 다른 일부단체 역시 지속적인 비밀유지를 옹호하고 있으며, 종교적인 임산부 보호시설의 새로운 물결 역시 이러한 선택을 강화하기 위해 움직이고 있다.

'낙태보다는 입양' 운동의 외부에서는 상호 합의에 의한 신분

확인 정보의 공개에 대해 거의 반대하지 않는다고 할 수 있다. 놀랍게도 조사연구 결과는 지금까지 양부모의 압도적인 다수가 그들 자녀(입양인)가 친생부모를 찾고 싶어 하는 소망을 지지하고 있으며, 친생부모의 상당수가 그들 자녀의 뿌리찾기에 대해 환영하고 있음을 보여주고 있다.

입양인이든 친생부모든 어느 한쪽만이 상봉에 대해 관심을 갖고 있는 경우, 이슈의 명확성 부족과 상당한 논쟁이 발생한다. 일부 입양인은 그들이 입양정보를 확인할 권리를 가지고 있다고 느끼는 반면, 그들의 친생부모는 그들의 사생활 보호에 대한 법적 권리를 주장할 것이다. 일부 이해타산적인 입양구성원들은 성인 입양인의 권리가 다른 구성원들의 권리를 침해한다고 확신하는 반면, 다른 이들은 정보 공개는 상호 합의를 요구하기 때문에 모든 성인 구성원들은 동등한 권리를 가지고 있다고 생각한다. 심지어 이러한 이슈는 권리가 소멸된 생물학적 부모(친생부모)가 그들의 자녀에 대한 상봉을 원할 경우, 좀더 혼란스러워진다.

뿌리찾기 단체를 통해 발전되어온 중개기관을 통한 뿌리찾기 작업은 개방된 입양 파일공개와 관련된 민감한 문제들을 위해 가장 바람직한 해결책으로 보인다. 이러한 중개기관들은 모든 입양구성원들의 권리와 욕구를 존중하는 과정과 기술을 개발하기 위한 훈련이 필요하다. 최근에 이러한 중개기관들의 뿌리찾기 작업과정은 온화한 설득기술뿐만 아니라 서비스의 질을 정기적으로 재평가하는 것까지 포함하고 있다. 때때로 상봉은 한쪽에 의해 단호하게 거절되기도 하며, 결국 성사되지 못하기도 한다.

오늘날의 입양 계약

오늘날 입양 계약의 범위가 점차 확대되고 있다. 비밀 입양이 여전히 지배적인 유형이지만, 일부는 변화가 있었다. 입양파일 공개에 대한 주정부 법과 실천의 변화과정을 살펴보면, 친생부모와 양부모는 더 이상 입양을 일생 동안의 비밀로 약속하지 않는다. 일부 주에서는 친생부모가 아동을 포기하는 것과 동시에, 입양인이 성장했을 때 출생배경 정보를 공개하는 것에 대한 그들의 찬반 여부를 등록해야 한다. 1980년부터 1990년까지 정보공개에 대한 그들의 선호를 등록한 미시건 주의 친생부모들 중 80%는 정보공개에 대해 찬성의사를 밝혔고, 나머지 20%는 나중에 결정할 선택권을 가졌다.

대부분의 주에서는 최근 입양기관과 개인입양알선가들에게 다음의 확인 불가능한 정보를 수집하고 이를 공유할 것을 요구하고 있다.

1. 입양인의 출생일과 장소
2. 입양 당시 생물학적 부모(친생부모)의 나이와 그들의 일반적인 신체적 외형에 대한 묘사
3. 생물학적 부모의 종교, 도시, 인종
4. 생물학적 부모와 입양인의 병력
5. 양육권의 소멸 형태(자발적 혹은 법원의 지시)
6. 입양 배치와 관련된 사실과 배경
7. 입양 당시 생물학적 부모의 다른 자녀의 성별과 나이

8. 생물학적부모의 교육정도, 직업, 관심분야, 기술
9. 입양이 실행된 이후에 제공된 생물학적 가족 구성원의 의학적·사회적 조건에 대한 보충적인 정보

이러한 자료를 지속적으로 수집할 수 있도록 표준화된 과정은 없다. 가장 커다란 반대는 이러한 정보를 지속적으로 투입하는 것이 친생부모가 자녀를 떠나보내도록 하는 것과 양부모와 입양인이 서로 친밀해지는 것을 모두 방해하는 것이라고 생각하는 이들로부터 제기된다. 보다 개방된 입양 계약과 관련하여 유사한 염려들이 생긴다. 입양 내에서의 개방성은 연속성이 뒤따른다. 입양 형태의 세 가지 일반적인 그룹은 이러한 연속성을 따라 분류되며, 일반적으로 완전한 개방, 어느 정도의 반개방, 그리고 비밀이라는 유형에 적용될 수 있다.

변화는 이러한 각각의 그룹 내에서 일어나며, 각 그룹들은 입양 형태를 완전한 개방 유형의 극단에 위치시키기도 하고, 엄격한 비밀 입양의 극단에 놓기도 한다.

우리는 이미 비밀 입양에 대해 논의한 바 있다. 어느 정도 개방된 입양 내에서 입양기관 혹은 개인입양알선가들이 중개기관과 의사소통의 통로 기능을 한다. 일반적인 합의사항에는 편지, 사진, 선물 교환이 포함된다. 양부모와 친생부모가 서로 만난 적이 있든 없든, 서로를 확인했든 아니든, 일단 입양 배치가 마무리되면 그들은 이차적인 계약을 가진다는 합의를 내리게 된다. 이러한 합의의 효율성은 계획된 대로 이를 실행할 수 있는 친생부모와 양부모 양측의 능력과, 입양인의 일생 동안 서비스

를 제공할 것을 약속하는 중개기관의 신뢰성에 달려있다.

완전히 개방된 입양에서 친생부모와 양부모는 신분확인 정보를 공유하기로 합의하며, 그들이 수년 내에 실행에 옮길 계약형태에 대한 준비를 한다. 일부는 직접적으로 의사소통을 하지만, (즉, 중개기관이 포함되지 않는다) 직접 대면하는 접촉은 피한다. 계약서의 내용 중 가장 큰 개방의 정도에는 가족 방문과 더불어 아이들이 친생부모와 함께 시간을 보내는 것까지 포함하고 있다.

최근에 『The Adoption Triangle』의 저자 파노Pannor와 바란Baran은 입양의 새로운 범주를 형성해야 한다는 권고를 한 바 있다. 이들 저자들은 심지어 개방 입양조차도 친생부모의 고통이나 입양인의 감정적 어려움을 충분히 치유하지 못하며, 모든 이전의 입양 형태들이 더 이상 실행되어서는 안 된다고 결론내리고 있다. 대신 그들은 모든 가능한 재정적, 사회적 지원을 친생부모에게 제공함으로 그들이 자녀를 스스로 양육할 수 있도록 해야 한다고 주장한다. 친생부모가 여전히 자녀를 양육할 의지나 능력이 없는 경우에 대해, 이들은 친생부모가 계속 부모로 남아있을 수 있는 후견인 제도를 제안한다. 이전의 입양 합의하에서는 양부모가 되었을 이들이 이제는 자녀(입양인)에 대해 완벽한 법적, 재정적 책임성을 지닌 보호자가 되는 것이다. 상호합의된 방문을 통해 관계가 완전히 개방될 것이다.

보다 개방된 입양 합의의 효율성에 대한 연구 조사는 아직 시작 단계에 있다. 개방된 입양 실천을 하고 있는 기관들은 긍정적인 결과를 보고하고 있으나, 매우 적은 수의 사례와 장기적인 자료의 부족은 다른 입양 합의와 비교하여 이러한 결과에 접근

하여 이를 평가하는 것을 불가능하게 만든다. 때문에 우리는 단지 가능한 이점과 단점에 대해 주목하는 단계에 있을 뿐이다.

〈표 7-1〉 입양의 개방성

	발생 가능한 이점	발생 가능한 단점
친생 부모	- 결정에 대한 통제력 증가 - 양부모 결정에 참여함으로 자녀에 대한 양육 만족감 - 어떻게 자녀가 지내고 있는지 알지 못하는데 따른 불안감(근심) 감소	- 질투를 포함하여 양부모를 향한 부정적인 감정과 반대감정 증가 - 양부모의 양육에 대해 실망하는 경우, 자녀의 복지에 대한 염려 증가 - 자녀를 "떠나보내는" 어려움 증가 (자녀와 양부모 간의 친밀감 형성에 방해) - 필요한 경우, 건강한 방어기제 사용이 좀 더 어려워짐
양부모	- 입양을 보다 현실적으로 받아들이며 생활 - 자녀의 출생에 대해 보다 현실적인 직면 - 자녀의 출생에 대해 자녀와 보다 현실적인 의사소통 - 친생부모에 대한 긍정적인 감정 및 자녀와 친생부모에 대해 의사소통 가능	- 친생부모의 욕구를 충족시켜야 한다는 감정 vs. 입양가족의 욕구를 만족시켜야 한다는 감정의 대립 - 자녀 양육에 대한 친생부모의 선호를 만족시켜야 한다는 걱정 - 친생부모의 출산능력에 대한 시기심을 포함하여, 친생부모에 대한 반대감정 - 친생부모의 건강이 좋지 않은 경우 생물학적 출생에 대한 염려 증가 - 양부모와 입양인 관계의 향상에 방해가 되는 친부모에 대한 걱정 - 필요한 경우 건강한 방어기제를 사용하는 것이 어려움

입양인	- 친생부모와 양부모 모두에 대해 알게 됨으로써 자신에 대한 통합성이 증가 - 보다 실제적으로 유전 형질을 인식하여 정체성 형성에 도움 - 친생부모를 자신과 관련되고 자신을 염려하는 사람으로 인식하여, 친부모에 대한 긍정적인 이미지 형성 - 입양을 버림보다는 포기로 인식	- 친생부모가 입양인을 되돌려달라고 청구할지도 모른다는 두려움의 증가 - 친생부모와 양부모 양측 모두와 관계를 형성하는 동안, 증가하는 충성심 관련 이슈 - 친생부모가 존재하고 있기 때문에, 양부모와 주요한 결속감을 형성하는 데 어려움 - 입양 관계의 영속성에 관한 염려 증가 - 필요한 경우 건강한 방어기제를 사용하는 것이 어려움

입양 후 서비스 제공

우리가 아직은 다양한 입양 형태가 가지고 있는 각각의 상대적 장점을 판단할 수 있는 위치에 이르지는 못했으나, 분명한 것은 어느 한 가지 입양 형태가 모든 입양 서클에 대해 올바른 것은 아니라는 사실이다. 일부는 완벽하게 개방된 입양 하에서 행복하지만, 다른 일부는 비밀 입양 내에서 행복할 수도 있다. 입양구성원들은 자녀의 욕구를 평가하기 위한 충분한 정보와 기회를 제공받을 필요가 있으며, 이러한 욕구를 가장 적절하게 충족시킬 수 있는 방법 역시 주어져야 한다. 일부 양부모는 아동에게 집착하고 아동에 대한 소유권을 주장하는 친생부모는 포함시킬 수 없다고 생각 할 것이다. 반면에 다른 일부 양부모는 이것이 충분히 가능하다고 여길 수도 있을 것이다. 일부 친생부모들은 자녀와의 연락을 유지하는 것이 불가능하다고 생각하는 반면, 다른 친생부모들은 이것이 불가능하지 않다고 여길 것이다.

바라건대 양부모와 친생부모는 그들 모두 자녀의 최대의 이익을 고려하여 그들 각자의 양육 능력과 조화되는 합의를 이끌어 낼 수 있을 것이다. 비밀 입양의 형성을 둘러싸고 참여자들이 느끼게 되는 정신적 압박감의 종류가 입양의 다른 특정 형태에 대한 압박감으로 대체되어서는 안 된다.

친생부모와 양부모가 내려야 하는 결정들이 매우 복잡하다는 것을 점차 알게 됨에 따라, 우리는 어떠한 종류의 시간 구조가 이러한 결정을 내리기에 적절하며, 결정을 취소할 수 있는 기간은 어느 정도로 허용해야 하는지에 대해 생각해야 한다. 아동이 영속적인 가정으로 가능한 빨리 배치되어야 한다는 점에 대해서는 일반적인 합의가 이루어져 있다. 동시에 친생부모는 입양 결정에 대해 그들 스스로, 가족 내에서, 그리고 서로 간에 갈등을 겪게 될 것이다. 따라서 가능한 빠른 시일 내에 입양 배치가 필요한 아동의 욕구와, 그들 자신의 갈등을 해결해야 하는 친생부모의 욕구 사이에는 때때로 충돌이 일어나기도 한다. 주州들은 입양의 취소를 위한 시간 허용에 있어 다양하다. 전통적으로 입양기관들은 입양의 취소를 위한 시간허용이 만료된 이후에만 아이를 입양 보냄으로써, 양부모와 입양인을 보호하고 있다. 입양 배치는 공식적인 합의가 파기의 위험에 놓이기 전에 이루어진다. 대부분 개별적인 입양이 이루어지고 있는 캘리포니아에서는 5%가 합의 이전에 취소되었으며, 대부분은 첫째 주 내에

파기되었다. 바라건대, 때때로 아동을 포기하기 이전에 친생부모에게 보다 적극적이고 정보에 기반한 상담을 제공할 경우 입양 결정에 대해 친생부모들이 보다 큰 확신을 가질 수 있게 하며, 결과적으로 더 적은 입양계약 파기를 가져오게 된다.

일단 입양 계약이 형성되고 나면, 사회적 및 법적 시스템은 모든 가능한 보호를 지원해야 하며, 새로운 가족 구조(입양가정)를 지원해야 한다. 이러한 시스템은 친생부모, 양부모 그리고 입양인을 위한 직접적인 서비스를 포함하고 있다.

입양 배치과정에서, 입양구성원들은 입양인의 정상적인 발달과제 중에 입양 후 서비스에 대한 욕구가 정상적으로 포함되어 있다는 것을 인식해야 한다. 이러한 서비스는 개별적 혹은 가족상담, 동료 지원 그룹, 최근의 법과 실천에 대한 정보제공, 그리고 진행 중인 적절한 정보와 관련된 중개기관과의 연락이 포함된다. 서비스는 법적 중재 역시 포함하게 될 것이다. 친생부모 혹은 양부모는 본래의 계약이 일부 방식 내에서는 실행될 수 없다는 것을 깨달을 것이며, 특히 자녀의 변화하는 발달적 욕구에 직면하여 이러한 현상이 나타날 것이다. 어느 한 측 혹은 양측 모두 다소간의 접촉을 위해 계약 내의 변화를 요구할 것이다. 변화에 대한 이러한 요구는 반드시 정중한 방식으로 해결되어야 하며, 입양 가족 서클 발달의 한 부분으로 여겨져야 한다.

입양 서클 주위에는 입양 법과 실천들을 만드는 전문가들이 있다. 여기에 평가와 조사 연구를 통해 입양 서클에 대해 좀 더 알려는 지속적인 노력이 요구된다고 할 수 있다. 이는 상담과 훈련 프로그램을 통해 알려진 지식들을 가르치고, 자원을 널리 배포하며, 최근의 지식 상태에 기반하여 사회적, 법적 개선을 위해 일하는 것을 포함한다.

우리가 현재 알고 있는 최선의 방식 내에서 변화를 위해 노력한다고 해도, 현재 우리는 20년 전에 만들어진 중대한 정책들에 대해 비판하고 있음을 기억해야 한다. 우리는 우리가 결정을 함에 있어 부주의하다고 믿고 있는 이들을 위해 지금보다 20년 앞서 생각해야 한다. 이러한 대안 가정을 이해하고 이들을 위해 활동하고자 노력하고 있는 이들은 그들이 입양에 대한 기반 지식 형성에 기여하고 있다는 자부심을 가져야 한다. 입양에 대한 기반 지식은 입양가족 서클 내 사람들의 삶을 향상시키는 데 이용될 수 있을 것이다.

Key-point

- 입양서클의 모든 구성원들(입양삼자)은 그들의 생물학적이며 기능적인 관계의 모순을 감수해야만 한다: 친생부모는 낳아준 생물학적 부모이지만 길러준 부모는 아니며, 양부모는 길러준 부모지만 아동을 낳아준 생물학적인 친생부모는 아니다, 또한 자녀들은 그들을 낳아준 부모와 길러준 부모가 다르다.
- 양부모는 그들의 난임에 대해 가슴아파할 필요가 있으며, 친생자녀보다는 입양된 자녀의 양육이라는 대안이 그들에게 미치는 중요성을 받아들일 필요가 있다. 그들은 양부모가 되는 것의 어려움을 인지할 필요가 있으며, 모든 입양인은 특별한 욕구를 가지고 있음을 이해하는 것이 중요하다. 또한 그들이 필수적이고 중요한 과제를 해결할 준비가 되어있는지에 대해 결정할 필요가 있다.
- 입양 문제는 입양 배치로 끝나지 않으며, 입양 구성원들은 일생동안 이 문제를 다루기 위해 도움이 필요하다는 사실이 점차 명백해지고 있다. 모든 구성원들의 발달 과제는 시스템 내부에서의 변화를 요구한다. 초기에 잘 적응 했던 것들이 개인적 욕구와 환경이 변화함에 따라 예전만큼 잘 적응하지 못할 수도 있다. 그러므로 입양 서클의 기능방식에 있어서 변화가 요구된다.
- 입양 배치과정에서, 입양구성원들은 입양인의 정상적인 발달과제 중에 입양 후 서비스에 대한 욕구가 정상적으로 포함되어 있다는 것을 인식해야 한다. 이러한 서비스는 개별적 혹은 가족 상담, 동료 지원 그룹, 최근의 법과 실천에 대한 정보제공, 그리고 진행 중인 적절한 정보와 관련된 중개기관과의 연락이 포함된다.

부록

The Adoption Life Cycle

부록 A: 친생부모들의 발달 과제

단계	목표/과제	감정적 이슈들
아동을 포기 하기로 결정	아동을 입양보내기 위한 결정을 내리는 것	*임신에 대한 책임을 받아들이는 것(죄책감/수치심) *아기에 대한 양가감정을 해결하는 문제 *애착과 상실감
입양을 위한 준비	*법적인 절차를 밟기 *부모로서의 권리를 포기하기	*출산을 통한 분리를 다루는 것 *아동을 포기하는 것에 대한 스스로의 감정 및 관련된 모든 사람들의 감정을 받아들이는 것 *자신의 능력과 양부모의 능력에 대한 환상이나 두려움들을 해결하는 것
입양	*아기에 대한 실제적인 소유를 포기하기 *입양의 유형과, 입양 후 양부모 및 아동과의 연락의 정도를 결정하기	*애도의 과정: 현실자각, 놀람, 찾기, 분모와 죄책감(자책감), 자아의 상실감, 확인
입양 후 중년의 시기	*자기 삶에 몰두하기 *입양 계약을 이행하거나 재검토하기	*계속되는 애도 *아이를 찾거나 다시 되돌려 받는 환상을 다루며, 비밀이 탄로날 것에 대한 두려움을 다루는 것 *자신뿐만 아니라 관련된 다른 사람들을 용서하는 것 *아동의 다른 한쪽 친생부모(친생부/친생모)와의 충돌, 성관계, 자신이 기르고 있는 자녀와의 관계 등을 다루는 것
생애 후반기	*아동을 찾기로 결정하기, 또는 아동이 친생부모를 찾음 *차분한 마음으로 아동포기를 받아들이기	*간헐적인 애도 *어쩌면 자신이 모르는 친손자(입양 보낸 아동의 자녀)가 있을지도 모른다는 가능성을 받아들이는 것 *만일 아동과 연락이 되었을 경우, 친생자녀의 실체를 다루는 것

부록 B: 양부모들을 위한 발달 과제

단계	목표/과제	감정적 이슈들
입양을 하기로 결정	*자신은 아이를 잘 낳을 수 없다는 것을 받아들이기 *혈연관계가 아닌 아동의 부모가 되기로 결정하기 *입양의 유형을 결정하기	*자신이나 배우자의 임신 실패를 받아들이는 것 *임신, 성적 타당성, 부모능력을 구별하는 것 *가계가 지속될 수 없다는 것에 대하여 배우자와 전체가족들의 반응을 다루는 것
입양 진행과정	*사회적 및 법적 절차를 밟기	*입양을 위한 공식적인 조사를 받는 것을 수긍하는 것 *부모로서의 능력에 대한 사회적인 인정을 받는 것 *혈연관계를 상실한 것에(친생자를 낳지 못하는) 대한 애도하기
입양	*가족의 새로운 구성원을 받아들이기	*친생자녀에 대해 가졌던 환상의 상실감을 애도하기 *긴급한 부모역할에 적응하기 *가족 구성의 한 부분으로서 친생부모와 그들 가족의 '유령'을 받아들이기 *아동과 유대 맺기 *심리적인 부모역할을 수용하기(생물학적 부모 역할과 비교하여) *비생물학적 자녀를 받아들이기 위해 전체 가족과의 관계를 재편성하기 *입양에 대한 지역사회의 태도를 다루기
학령전기의 아동과 양부모	*가족생활 중의 한 가지 사건으로서 입양을 이해하기 *입양사실의 공개하기: 입양사실을 이야기하거나 혹은 하지 않거나(누구에게, 언제, 무엇을)	*관계의 영원성을 시험하는 것 *입양을 했다는 소식에 대한 주위의 반응들을 다루는 것

단계	목표/과제	감정적 이슈들
학령기의 입양 아동과 양부모	*확대된 지역사회 내에서 가족생활의 한 가지 사건으로서 입양을 이해하기	*친생부모로부터 연락이 오기를 바라거나/연락 오는 것을 두려워하는 아동의 감정을 다루는 것; 그리고 자신이 좋은 아이가 될 수 있기를 바라거나/그렇지 못할까봐 두려워하는 아동의 감정을 다루는 것 *친생부모에게 '되돌려 보내지는 것'에 대한 아동의 극심한 불안감/양가감정을 다루는 것 *아동이 입양아라는 것에 대한 지역사회의 반응들을 다루는 것
청소년기의 입양 아동과 양부모	*가족 경계선들에 대한 융통성 증가시키기 *다른 형태의 가족 모델을 수용하기(심리적 대 유전적 유대) *생물학적 기초 위에 입양가정에서의 양육에 의해 구성된 아동의 정체감을 수용하기 *분명한 근친상간 금기의 부재시에 성적인 경계선을 유지하기	*분리-개별화 이슈들: 쫓아내는 것이 아닌 독립을 획득하는 것 *핵가족과 3인가족의 차이를 구별하기 *안정적인 정체감을 발달하도록 돕는 방법으로서 청소년이 친생가족에 대해 갖는 관심을 인정하고 받아들이기 *성정체성 문제들, 그리고 생물학적 이미지 대 양부모로 부터의 이미지에 대해 아동이 투쟁하는 것을 받아들이기 *재계약하기; 입양을 다시 수용하기
청년기의 입양인과 양부모	*가족체계로의 여러 가지 출입을 수용하기	*청년의 출산 능력과 혈연에 대한 애착을 갖는 것에 대해 이해하기 *입양가족과의 결속을 재확인하기 *양부모가 가졌던 환상속의 친생자녀가 사라졌음을 애도하기
노년기의 양부모	*세대적 역할의 변화를 받아들이기 *평안함으로 입양상황을 받아들이기	*유전학적인 세대계승이 이루어지지 않는다는 것을 이해하고 다루기 *생물학적 자손계승을 할 수 없음에 대한 애도와 심리학적 자손계승을 인지하는 것 *죽음을 맞이함

부록 C: 입양인들을 위한 발달 과제

단계	목표/과제	감정적 이슈들
입양 전		
임신과 출산에 대한 인지	*생존	*유전적 근거에 관련된 상황들, 출생전과 출생의 경험, 기질
분만 후	*엄마-자녀의 분리 및 옮겨짐에 대한 상처로부터 생존하기	*분리감과 상실감 *환경에 변화가 일어남
입양		
신생아	*분리의 상처로부터 회복하기 *양부모와 유대관계 맺기	*애착
학령전기	*신뢰감 발달시키기 *부모와 애착관계를 유지하는 동시에 진취성과 자율성을 발달시키기 *만일 이 시기에 입양에 대해 부모가 말해 줄 경우, 입양에 대한 '정보'를 통합시키기	*공격성과 자제력 *자존감과 애착
학령기 아동	*다양한 관심분야에 대한 능력을 개발시키기 *만일 이 시기에 입양에 대해 부모가 말해 줄 경우, 입양에 대한 '정보'를 통합시키기 *가족의 영원성을 확인하기	*두 세트의 부모가 존재함을 인지하고 양가감정을 다루기 *입양관계의 영원성과 관련된 불안감과 싸우기 *버림받음의 감정과 관련된 자존감과 싸우기
사춘기와 청소년	*자아의 유전적인 부분과 심리적인 부분에 직면하기 *여러 가지 가족모델을 수용하기 *생물학적인 부분과 양육적인 부분을 통합하여 정체감 형성하기 *내쫓김이 아닌 독립을 성취하기	*두 세트의 부모에 대한 양가감정 및 괴로움과 싸우기, 그리고 다시 관계 맺는 것을 시작하기 *분리-개별화

단계	목표/과제	감정적 이슈들
입양		
청년기	*새로운 가족 및 직업과 관련된 선택하기 위해 혈통과 타협을 하기 *친밀한 관계를 만들기(배우자를 선택할 때 생물학적인 친족을 선택할 가능성을 가려내기) *3인 가족의 수용에 근거하여 입양 가족과 재계약 맺기 그리고 유대 관계를 재확인하기 *뿌리찾기를 할 것인지 여부를 결정하기	*혈통적 지속성 *생물학적인 가족과 뿌리찾기 가능성에 대한 관심이 지속됨
성인기	*자신의 혈연인 아동을 출산하기 *자신의 생물학적 및 심리적 과거를 통합하여 새로운 세대를 이끌기 *자신의 자녀들에게 자신의 입양사실을 알리기	*세대적 역할의 변화를 수용하는 것
노년기	*결속과 통합의 견지에서 자신의 인생경험을 수용하기	*죽음을 맞이하는 것

참고문헌

1장

1. A. Baran and R. Pannor on a panel entitled "Sharpening the Focus" at the 13th International Conference of the American Adoption Congress, Garden Grove, Calif., 11, April 1991.
2. A. Landers, Los Angeles Times/Creaters Syndicates, 5, July 1991.
3. New York Times, 10, July 1991. "Tough Adoptions: New York Tries 'Hard Sell'"
4. K. Dukakis with J. Scovell, Now You Know (New York: Simon & Schuster, 1990).
5. L. Caplan, An Open Adoption (New York: Farrar, Straus & Giroux, 1990).
6. A. Haley, Roots (Garden City, N. Y.: Doubleday, 1976).
7. A. Kraft, J. Palombo, P. Woods, D. Mitchell, and A. Schmidt, "Some Theoretical Considerations on Confidential Adoptions: Part Ⅲ. The Adopted child," Child and Adolescent Social Work, 2 (1985): 139–153.
8. A. Kraft, J. Palombo, P. Woods, D. Mitchell, and A. Schmidt, "Some Theoretical Considerations on Confidential Adoptions: Part Ⅱ. The Adoptive Parent," Child and Adolescent Social Work, 2 (1985): 69–81.
9. A. Kraft, J. Palombo, P. Woods, D. Mitchell, and A. Schmidt, "Some Theoretical Considerations on Confidential Adoptions: Part Ⅰ. The Birth Mother," Child and Adolescent Social Work, 2(1985): 13–21.

10. A. Baran and R. Pannor at the 13th International Conference of the American Adoption Congress, Garden Grove, Cal., 11, April 1991.

2장

1. L. Millen and S. Roll, "Solomon's Mothers: A Special Case of Pathological Bereavement," American Journal of Orthopsychiatry, 55 (1985): 411–418.
2. For a fine overview, see A. b. Brodzinsky, "Surrendering and Infant for Adoption," in The Psychology of Adoption, ed. D. M. Brodzinsky and M. D. Schechter (New York: Oxford University Press, 1990).
3. C. A. Bachrach, "Adoption Plans, Adopted Children, and Adoptive Mothers," Journal of Marriage and the Family, 48 (1986): 243–253.
4. A. Washington, "A Cultural and Historical Perspective on Pregnancy-Related Activity Among U.S. Teenagers," Journal of Black Psychology 9 (1982): 1–28.
5. J. G. Dryfoos and R. Lincoln, Teenage Pregnancy: The Problem That Hasn't gone Away (New York: Alan Guttmacher Institute, 1981).
6. E. Y. Deykin, L. Campbell and P. Patti, "The Postadoption Experience of, Surrendering Parents," American Journal of Orthopsychiatry, 54 (1984): 271–280.
7. Bachrach, "Adoption Plans."
8. J. M. Horn and R. G. Turner, "Minnesota Multiphasic Personality Inventory Profiles among Subgroups of Unwed Mothers," Journal of Consulting and Clinical Psychology, 44 (1976): 25–33.
9. B. Plain, Blessings (New York: Delacorte Press, 1989).
10. L. Caplan, An Open Adoption (New York: Farrar, Straus & Giroux, 1990).

11. S. Gold-Steinberg, "Legal and Illegal Abortion: Coping with the Impact of Social Policies on Women's Lives" (unpublished diss. University of Michigan, 1991).
12. Caplan, Open Adoption.
13. Millen and Roll, "Solomon's Mothers."
14. Plain, Blessings.
15. J. Gediman and L. Brown, Birthbond (Far Hills, N. J.: New Horizons Press, 1989).
16. E. K. Rynearson, "Relinquishment and its Maternal Complications: A Preliminary Study," American Journal of Psychiatry, 139 (1982): 338-340.
17. Millen and Roll, "Solomon's Mothers."
18. A. Sorosky, A. Baran and R. Pannor, The Adoption Triangle (New York: Doubleday, 1978).
19. Deykin, Campbell, and Patti, "Surrendering Parents."
20. R. Winkler and M. van Keppel, Relinquishing Mothers in Adoption: Their Long-Term Adjustment (Melbourne: Institute of Family Studies, 1984).
21. E. Y. Deykin, P. Patti, and J. Ryan, "Fathers of Adopted Children: A Study of the Impact of Child Surrender on Birthfathers," American Journal of Orthopsychiatry, 58 (1988): 240-248.

3장

1. H. D. Kirk, Shared Fate (New York: Free Press, 1964).
2. A. Sorosky, A. Baran, and R. Pannor, The Adoption Triangle (New York: Doubleday, 1978).
3. D. Renne, "There's Always Adoption: The Infertility Problem," Child Welfare, 56 (1977): 465-470.
4. F. M. Andrews, "Psychological Aspects of Infertility," (Unpublished study, University of Michigan, 1990).

5. S. Chess and A. Thomas, Temperament and Development (New York: Brunner/Mazel, 1977).
6. L. M. Singer, D. M. Brodzinsky, D. Ramsay, M. Steir, and E. Waters, "Mother-Infant Attachment in Adoptive Families," Child Development, 56 (1985): 1543-1551.
7. J. Triseliotis and J. Russell, Hard to Place (London: Glower, 1984).
8. A. Kadushin, Adopting Older Children (New York: Columbia University Press, 1970).
9. B. Tizard, Adoption: A Second Chance (London: Open Books, 1977).
10. J. Lamb and S. Leurgans, "Does Adoption Affect Subsequent Fertility?" American Journal of Obstetrics and Gynecology, 134 (1979): 138-144.
11. B. Bettelheim, at a mother's meeting, Chicago, 1970.
12. V. Wasson, The Chosen Baby (Philadelphia: Lippincott, 1939).
13. T. B. Brazelton, Families: Crisis and Caring (Reading, Mass.: Addison-Wesley, 1989).
14. D. M. Brodzinsky, L. M. Singer, and A. M. Braff, "Children's Understanding of Adoption," Child Development 55 (1984): 869-878.
15. J. L. Pickar, "Children's Understanding of Parenthood," (Unpublished diss., University of Michigan, 1986).
16. P. McCullough, "Launching Children and Moving On," in The Family Life Cycle, ed. B. Carter and M. McGoldrick (New York: Gardner Press, 1980).
17. Ibid., 172.
18. Ibid., 177.
19. Kirk, Shared Fate.
20. D. M. Brodzinsky, "A Stress and Coping Model of Adoption Adjustment" In The Psychology of Adoption, ed. D. M. Brodzinsky and M. D. Schechter (New York: Oxford University Press, 1990).

4장

1. For a full discussion, see R. Cadoret, "Biologic Perspectives of Adoptee Adjustment," In The Psychology of Adoption, ed. D. M. Brodzinsky and M. D. Schechter (New York: Oxford University Press, 1990).
2. S. Fraiberg, The Magic Years (New York: Scribner, 1959).
3. J. Piaget, The Child's Conception of the World (Paterson, N. J.: Little-field, Adams and Co., 1963).
4. E. Erickson, Childhood and Society (New York: Norton, 1950).
5. L. H. Campbell, P. R. Silverman, P. B. Patti, "Reunions Between Adoptees and Birthparents: The Adoptees' Experience," Social Work, 36 (1991): 329–335.
6. S. Aumend and M. Barrett, "Self-Concept and Attitudes Toward Adoption: A Comparison of Searching and Non-Searching Adult Adoptees," Child Welfare, 63 (1984): 251–259.
7. J. Triseliotis, In Search of Origins (London: Routledge and Kegan Paul, 1973).
8. Campbell, Silverman, and Patti, "Reunions," 334.
9. A. Sorosky, A. Baran and R. Pannor, The Adoption Triangle (New York: Doubleday, 1978, revised 1984).
10. P. Brinich, "Some Potential Effects of Adoption on Self and Object Representations," Psychoanalytic Study of the Child, 37 (1980): 107–133.
11. E. Rosenberg and T. Horner, "Birthparent Romance and Identity Formation in Adopted Children," American Journal of Orthopsychiatry, 61 (1991): 70–77.
12. Sorosky, Baran, and Pannor, Adoption Triangle.
13. M. D. Schechter, P. V. Carlson, J. Q. Simmons and H. H. Work, "Emotional Problems of the Adoptee," Archives of General Psychiatry, 10 (1964): 37–46.
14. P. Toussieng, "Thoughts Regarding the Etiology of Psychological

Difficulties in Adopted Children," Child Welfare, 41 (1962): 59–65.

15. A. Elonen and E. Schwartz, "A Longitudinal Study of Emotional, Social and Academic Functioning of Adopted Children," Child Welfare, 48 (1969): 72–78.
16. J. L. Hoopes, Prediction in Child Development: A Longitudinal Study of Adoptive and Nonadoptive Families (New York: Child Welfare League of America, 1982).
17. M. Bohman, Adopted Children and Their Families (Stockholm: Proprius, 1970).
18. B. W. Lindholm and J. Touliatus, "Psychological Adjustment of Adopted and Non-adopted Children," Psychological Reports, 46 (1980): 307–310.
19. D. M. Brodzinsky, C. Radice, L. Huffman and K. Merkler, "Prevalence of Clinically Significant Symptomatology in a Nonclinical Sample of Adopted and Nonadopted Children," Journal of Clinical Child Psychology, 16 (1987): 350–356.
20. M. Norvell and R. F. Guy, "A Comparison of Self-Concept in Adopted and Nonadopted Adolescents," Adolescence, 12 (1977): 443–448.
21. W. W. Simmons, "A Study of Identity Formation in Adoptees," Dissertation Abstracts International, 40, 12-B Part 1, 5832.
22. L. Stein and J. Hoopes, Identity Formation in the Adopted Adolescents (New York: Child Welfare League of America, 1985).

5장

1. A. J. Ferreira, "Family Myth and Homeostasis," Archives of General Psychiatry, 9 (1963): 55.
2. L. M. Singer, D. M. Brodzinsky, D. Ramsay et al., "Mother-Infant Attachment in Adoptive Families," Child

Development, 56 (1985): 1543–1551.

3. P. Sachdev, Unlocking the Adoption Files (Lexington, Mass.: Lexington Books, 1989).
4. Sachdev, Unlocking Files.

6장

1. M. McGoldrick and R. Gerson, Genograms in Family Assessment (New York: Norton, 1985).
2. A. Hartman, Working with Adoptive Families Beyond Placement (New York: Child Welfare League of America, 1984).
3. R. C. Winkler, D. W. Brown, M. van Keppel, and A. Blanchard, Clinical Practice in Adoption (New York: Pergamon Press, 1988).
4. L. Coleman, K. Tilbor, H. Hornby, and C. Boaals, Working with Older Adoptees (Portland, Maine: University of Southern Maine, 1988).
5. L. C. Berman and R. K. Bufferd, "Family Treatment to Address Loss in Adoptive Families," Social Casework, 67 (1986): 3–11.

7장

1. E. S. Cole and K. S. Donley, "History, Values, and Placement Policy Issues in Adoption," in The Psychology of Adoption, ed. D. W. Brodzinsky and M. D. Schechter (New York: Oxford University Press, 1990).
2. J. Goldstein, A. Freud, and A. Solnit, Beyond the Best Interests of the Child (London: Free Press, 1973).
3. J. Goldstein, A. Freud, and A. Solnit, Before the Best Interests of the Child (New York: Free Press, 1979).
4. Child Welfare League of America, Standards for Adoption Service, rev. ed. (New York: CWLA, 1978).
5. Child Welfare, Standards.
6. K. A. Nelson, On the Frontier of Adoption: A Study of Special

Needs Adoptive Families (Washington, D.C.: Child Welfare League of America, 1985).

7. A. Sorosky, A. Baran, and R. Pannor, The Adoption Triangle, rev, ed. (New York: Doubleday, 1984).
8. Child Welfare, Standards.
9. Child Welfare, Standards.
10. Sorosky, Baran, and Pannor, Adoption Triangle.
11. A. Hartman, Finding Families (Beverly Hills, Cal.: Sage, 1979).
12. I am indebted to Joan Hollinger, Professor of Law at the University of Detroit School of Law for her generous sharing of knowledge of adoption laws and practices. Most of the information reported here was culled from her presentation at the 13th International Meeting of the American Adoption Congress in 1991, Garden Grove, California, her writings in Adoption Law and Practices (1988, supp. 1989, 1990, 1991), which she also edits, and her presentation at the Family Therapy Seminar at the University of Michigan Department of Child Psychiatry, 1991. Professor Hollinger is also the reporter for the proposed Uniform Adoption Act, referred to in the text.
13. P. Sachdev, Unlocking the Adoption Files (Lexington, Mass.: Lexington Books, 1989).
14. J. S. Gediman and L. P. Brown, Birthbond (Far Hills, N. J.: New Horizon Press, 1989).
15. R. Pannor and A. Baran on a panel entitled “Sharpening the Focus” at the 13th International Conference of the American Adoption Congress, Garden Grove, Calif., 11 April 1991.
16. J. Demick and S. Wapner, “Open and Closed Adoptions: A Developmental conceptualization,” Family Process 27 (1988): 229–249.
17. R. G. McRoy, H. D. Grotevant, and K. L. White, Openness in Adoption: New Practices, New Issues (New York: Praeger, 1988).

저자 약력

Elinor B. Rosenberg

미시간 대학교 정신과 임상 조교수이자 아동 및 가족을 위한 대학 센터의 선임 직원이다. 그녀는 미시간 주 앤아버에 살고 있다.

옮긴이 약력

이미선

- 한신대학교 사회복지학과 졸업
- 서울여자대학교 대학원 사회사업학과 졸업, 문학석사 및 사회복지학 박사
- 대한사회복지회 국외입양부 사후관리과 상담원 및 양연과, 국내입양과장 역임
- 현재 경기과학기술대학교 사회복지학과 교수

입양의 생애주기

초판발행 2023년 10월 20일 **1판 1쇄 인쇄** | 2023년 10월 25일 **1판 1쇄 발행**

지은이 Elinor B. Rosenberg
옮긴이 이미선
펴낸이 최용구 | **펴낸곳 도서출판 신정**
주소 (04316) 서울시 용산구 원효로 89길 19 (원효로1가)
전화 02)3211-4782, 0266(영업부), 3211-4783(편집부), 3211-4784(팩스)
이메일 shinjeong72@naver.com | **홈페이지** www.sjbook.co.kr
등록 2001년 5월 11일 제13-702호
기획마케팅 최용구 장만동 송대용 최충구 | **책임편집** 석기은 황가연

ISBN 978-89-5912-891-4 93590
정가 20,000원